Bernhard Funk
Diebstahl im Handel

Bernhard Funk

Diebstahl im Handel

**Deliktbekämpfung im Spannungsfeld zwischen
Ökonomie und Rechtsnorm**

DUV Springer Fachmedien Wiesbaden GmbH

Die Deutsche Bibliothek — CIP-Einheitsaufnahme

Funk, Bernhard:
Diebstahl im Handel : Deliktbekämpfung im Spannungsfeld
zwischen Ökonomie und Rechtsnorm / Bernhard Funk. —
Wiesbaden : DUV, Dt. Univ.-Verl., 1996
    (DUV: Wirtschaftswissenschaft)
    Zugl.: Frankfurt (Main), Univ., Diss., 1995

ISBN 978-3-8244-0321-9   ISBN 978-3-663-08422-8 (eBook)
DOI 10.1007/978-3-663-08422-8

© Springer Fachmedien Wiesbaden 1996

Ursprünglich erschienen bei Deutscher Universitäts-Verlag GmbH, Wiesbaden 1996.
Lektorat: Monika Mülhausen

Gedruckt auf chlorarm gebleichtem und säurefreiem Papier

Vorwort

Wieviel Ladendiebstahl müssen wir uns leisten und wie wenig Ladendiebstahl können wir uns leisten. So lautet, provokant formuliert, das Entscheidungsproblem von Handelspraktikern und Strafverfolgungsbehörden. Die Durchsetzung von Normen kann als ein Objekt ökonomischer Kalküle betrachtet werden. Darum geht es in der vorliegenden Arbeit.

Die Komplexität der Wirkungsbeziehungen zwischen kundenfreundlicher Warenpräsentation und Ladendiebstahl und die damit zusammenhängenden Effizienzprobleme werden hier mit Hilfe von ökonomischen Theoriebausteinen aufgezeigt. Neu ist nicht nur die theoriegeleitete Analyse von realweltlichen Problemen der Handelspraktiker, sondern auch die Anwendung der in der deutschen Forschung noch eher selten beachteten Economics of Crime. Die Diskussion um eine Entkriminalisierung von Ladendiebstahl, die hier aus der Perspektive der Wirtschaftswissenschaften untersucht wird, verdeutlicht, mitunter schmerzlich für die betroffenen Händler und die in die Pflicht genommenen Strafverfolgungsbehörden, in welchem Spannungsfeld Rechtsnormensetzung und Knappheit der Mittel stehen.

Bei der vorliegenden Veröffentlichung handelt es sich um die überarbeitete Fassung meiner im November 1995 unter dem Titel "Diebstahl im Handel - Eine ökonomische Analyse" vom Fachbereich Wirtschaftswissenschaften der Johann Wolfgang Goethe-Universität in Frankfurt am Main angenommenen Dissertation.

Herrn Professor Dr. Dr. h. c. Rudolf Gümbel danke ich sehr herzlich für zahlreiche Anregungen und die fruchtbare Forschungsatmosphäre, die für die Verwirklichung des Projektes eine große Hilfe waren. Herrn Professor Dr. Hans Bartels danke ich für konstruktive Kritik und die Übernahme des Zweitgutachtens. Bei den Mitarbeiterinnen und Mitarbeitern des Lehrstuhls für Handelsbetriebslehre, besonders bei Herrn Dr. Joachim Böhler und Herrn Dr. habil. Herbert Woratschek, bedanke ich mich für die interessierte Teilnahme an meiner Disputation. Herrn Dr. Lutz Hoffmann danke ich für fachbezogene Diskussionen. Mein Dank gilt auch der Graduiertenförderung der Universität Frankfurt am Main.

Schließlich danke ich meinen Eltern, wohlwissend, daß der Umfang eines Vorwortes dafür nicht ausreicht.

Bernhard Funk

Inhaltsverzeichnis

Verzeichnis der Abbildungen

Verzeichnis der Tabellen

Verzeichnis der Abkürzungen

AER	American Economic Review
AE-GLD	Alternativentwurf eines Gesetzes gegen Ladendiebstahl
ASR	American Sociological Review
Az.	Aktenzeichen
BB	Betriebsberater
BGB	Bürgerliches Gesetzbuch
DBW	Die Betriebswirtschaft
EAS-System	Elektronisches Artikelsicherungssystem
Hg.	Herausgeber
HGB	Handelsgesetzbuch
hrsg.	herausgegeben
HWA	Handwörterbuch der Absatzwirtschaft
JITE	Journal of Institutional and Theoretical Economics
OLG	Oberlandesgericht
Rz.	Randziffer
Sp.	Spalte
StGB	Strafgesetzbuch
StPO	Strafprozeßordnung
WiSt	Wirtschaftswissenschaftliches Studium
ZfB	Zeitschrift für Betriebswirtschaft
ZfbF	Schmalenbachs Zeitschrift für betriebswirtschaftliche Forschung
ZFP	(Marketing) Zeitschrift für Forschung und Praxis

1 Einleitung

1.1 Problemstellung

Der Besuch einer größeren Einkaufsstätte des Einzelhandels in Fußgängerzonen unserer Großstädte vermittelt Einsichten besonderer Art: Der Eingangsbereich wird flankiert von uniformierten Wächtern, im Inneren des Gebäudes muß eine elektronische Sicherheitsschleuse passiert werden und auf Schildern erfolgt der Hinweis, Ladendiebstahl sei kein Kavaliersdelikt.

In dieser Arbeit geht es um ein Problem der betrieblichen Praxis: Delikte zu Lasten von Handelsunternehmen. Nach Schätzungen entstehen dem bundesdeutschen Einzelhandel jährlich Schäden in Höhe von über vier Milliarden DM durch Ladendiebstahl[1]. Die erhebliche Summe deliktbedingter Verluste hat zur Folge, daß Handelsunternehmen umfangreiche Ressourcen zur Prävention und Sanktion von Delinquenz einsetzen müssen[2]. Die Notwendigkeit, begrenzte Budgets auf unterschiedliche Sicherungsaktivitäten aufzuteilen, resultiert in ökonomischen Wahlproblemen. Die Untersuchung von ökonomischen Wahlproblemen beim Faktoreinsatz zur Durchsetzung von Eigentumsrechten in Handelsunternehmen ist Gegenstand der vorliegenden Untersuchung.

Kriminalität ist normalerweise kein typisches Untersuchungsobjekt ökonomisch-theoretischer Analysen. Gerade darin liegt die Herausforderung der vorliegenden Arbeit in ihrer deutlichen Abgrenzung zu rechtswissenschaftlichen und kriminologischen Ansätzen. Mit Hilfe von Bausteinen der ökonomischen Theorie, insbesondere mit Modellstrukturen der im deutschen Sprachraum noch wenig vertretenen Economics of Crime, soll versucht werden, spezifisch ökonomische Dimensionen der Bemühungen zur Deliktbekämpfung darzustellen. Dem ökonomischen Konzept ist der Gedanke der Effizienz immanent. Die zentrale Fragestellung der Arbeit lautet daher: Welche Faktoren beeinflussen die Effizienz von Sicherungsaktivitäten des Handels zur Durchsetzung von Eigentumsrechten?

---

[1] Vergleiche dazu die Ausführungen in Kapitel zwei.

[2] Die Begriffe 'Delinquenz' und 'Delinquenten' werden, hier nicht im engen Sinne einer 'juvenile delinquency' gebraucht. Vgl. zur kriminologischen Begriffsabgrenzung: Schneider, Hans Joachim: Kriminologie, Berlin/New York 1987, S. 83.

Da die Durchsetzung von Eigentumsrechten nicht zum Nulltarif zu haben ist, soll gezeigt werden, wie der Handel auch bei Sicherungsmaßnahmen einem ökonomischen Kalkül folgt. Dazu wird der These gefolgt, daß Handelsunternehmen bei der Festlegung der Intensität von Sicherungsmaßnahmen im Sinne der ehrlichen Kunden vorgehen. Die Sicherheit der Eigentumsrechte wird als ein Ergebnis betrieblicher und staatlicher Produktionsaktivitäten verstanden. Bei der Sicherheitsproduktion kommt es zu einer Aufgabenteilung zwischen Handelsunternehmen und dem Staat. Mit Hilfe von Polizei, Gerichten und durch seine Gesetzgebung beeinflußt der Staat mittelbar den Faktorverzehr der handelsspezifischen Sicherheitsproduktion. Im Rahmen der Arbeit werden daher jene Einflußgrößen untersucht, die auf die Input-Output-Effizienz der Sicherungsaktivitäten des Handels einwirken. Zu diesen Einflußfaktoren gehören neben den Allokationsentscheidungen des Staates bei der Verfolgung von Kriminalität vor allem die Eigenschaften der Marktpartner (bzw. Delinquenten).

Durch eine entscheidungstheoretische Modellierung des Täterkalküls sollen Rückschlüsse auf die Gestaltung ökonomisch vorteilhafter Sanktionsdesigns möglich werden. Eine entscheidungstheoretische Formulierung der Problemstruktur steht in deutlichem Kontrast zu den bisher in der Forschung zum Ladendiebstahl bekannten empirischen Erhebungen und zu den psychologischen Deutungen des Täterverhaltens.

Die ökonomisch-theoretische Analyse des Sachverhalts ist jedoch kein Selbstzweck. Unter Einsatz der dargestellten Modellstrukturen werden Aussagen zu aktuellen Enwicklungen der Handelspraxis abgeleitet: Zu behandeln sind die Versuche einer Reallokation staatlicher Ressourcen durch Entkriminalisierung von Ladendiebstahl, die Verbundenheit der Sicherheitsproduktion verschiedener Einkaufsstätten ('Spillover') und die Möglichkeiten zur Lösung von Abgeltungsproblemen beim Einsatz sogenannter City-Streifen. Die Analyse verfolgt darüber hinaus das Ziel, Hinweise über zukünftige Entwicklungstendenzen zur Lösung der Diebstahlsproblematik aufzuzeigen. In ökonomisch-theoretischer Perspektive handelt es sich um einen mikroökonomisch fundierten Ansatz der theoretischen Handelsbetriebslehre.

1.2 Vorgehensweise

Zur Abgrenzung des Untersuchungsgebietes werden in *Kapitel zwei* zunächst die im Rahmen der Arbeit berücksichtigten Deliktarten und Tätergruppen vorgestellt. Das empirische Ausmaß der Delinquenz wird durch Zahlenmaterial belegt und dabei insbesondere auf die kriminologischen Probleme bei der Ermittlung von reliablen und validen Daten verwiesen. Die Erörterung des Diskussionsstandes in der Literatur zeigt, daß empirisch-deskriptive Ansätze durchaus in großer Zahl vorhanden sind, ökonomisch strukturierte Beiträge in der Minderheit sind und diese im wesentlichen einer empirischen Forschungskonzeption folgen. Daher wird eine eigenständige ökonomisch-theoretische Argumentationsstruktur entwickelt, die die Durchsetzung von Eigentumsrechten als ein Effizienzproblem begreift.

Zur Beschreibung der ökonomischen Wahlprobleme ist ein ökonomisches Instrumentarium erforderlich. Dazu erfolgt in *Kapitel drei* in dogmengeschichtlicher Perspektive eine Überprüfung, inwieweit das Phänomen der Kriminalität in ökonomischen Ansätzen bereits untersucht wurde. Im Mittelpunkt steht die Frage, ob Kriminalität in den jeweiligen Theorieansätzen überhaupt berücksichtigt ist, und wenn ja, auf welche Weise Handlungsspielräume von Wirtschaftssubjekten in die ökonomische Analyse inkorporiert worden sind. Der Nobelpreisträger Gary S. Becker hat in einem Modell der Economics of Crime auf die speziellen Allokationsprobleme der Strafverfolgungsbehörden bei der Optimierung des Ressourceneinsatzes hingewiesen. Dieser Gedankengang wird verwendet, um die ökonomische Dimension des optimalen Faktoreinsatzes bei der Kriminalitätsbekämpfung darzulegen.

Um die Struktur von Sanktionsdesigns zu beleuchten, die zur Bekämpfung von Diebstahlsdelikten im Handel eingesetzt werden, zeigt die Darstellung in *Kapitel vier* modelltheoretisch die Substitutionalität von Entscheidungsvariablen auf, über die auf das Verhalten potentieller Täter eingewirkt werden soll. Dazu wird das Täterverhalten mit Hilfe der Entscheidungstheorie modelliert. Darauf aufbauend können Aussagen über die optimale Struktur von Sanktionsdesigns gemacht werden. Um zu verdeutlichen, wo die Grenzen der entscheidungstheoretischen Erklärung des Täterkalküls liegen, wird eine verhaltenswissenschaftliche Perspektive herangezogen.

Einkaufsstätten des Handels zeichnen sich durch die Tatsache aus, daß der Zutritt nicht an eine Faktorabgeltung geknüpft ist. Die sich daraus ergebenen Probleme einer Identifizierung von Tätern werden mit Hilfe eines informationsökonomischen Konzeptes analysiert. Es wird auf die Zielkonflikte, die durch den gleichzeitigen Einsatz von verkaufsfördernden und diebstahlsabwehrenden Anreizen in Einkaufsstätten entstehen, eingegangen. Die Behandlung der besonderen Problematik von Personaldelikten schließt das Kapitel ab.

Nach Diskussion elementarer Probleme der Gestaltung von Sanktionsdesigns erfolgt die Prüfung der Effizienz des Faktoreinsatzes, mit dem bestimmte Werte der Variablen des Sanktionsdesigns erzeugt werden. Auch die Generierung von Sicherheit - so die These - läßt sich einer produktionstheoretischen Betrachtung unterziehen. Dazu werden in *Kapitel fünf* konzeptionelle Schwierigkeiten aufgezeigt, die einer exakten Formulierung von Input-Output-Relationen im Bereich der Sicherheitsproduktion entgegenstehen. Die Verbundenheit der Faktoreinsätze des Staates und der Handelsunternehmen und auch die Interdependenz der Sicherungsmaßnahmen verschiedener Einkaufsstätten werden dargelegt. Daraus ergeben sich Argumente, die zeigen, warum es Grenzen einer Substitution staatlicher durch private Faktoreinsätze zur Bekämpfung von Delinquenz in Handelsunternehmen geben kann.

Aufgrund der Feststellung, daß Sicherheitsdienstleistungen bestimmte Charakteristika aufweisen, die der Kategorie des öffentlichen Gutes zu eigen sind, werden Problemstrukturen aufgezeigt, die vorliegen, wenn die Faktorabgeltung dieser Sicherheitsdienstleistungen durch mehrere unabhängige Handelsunternehmen durchgeführt werden soll. Die Problemstellung wird am Beispiel des Einsatzes der sogenannten City-Streifen in den Einkaufszonen der Großstädte erläutert.

Das abschließende *Kapitel sechs* behandelt die möglichen Entwicklungstendenzen der Sicherheitsproduktion im Einzelhandel.

2 Empirischer Befund, Problemrezeption und deliktspezifischer Ressourcenverbrauch

2.1 Empirischer Befund

2.1.1 Elementare Begriffsabgrenzungen

Die vorliegende Arbeit untersucht betriebswirtschaftliche Probleme, die durch Eigentums- und Vermögensdelikte entstehen, die in Einkaufsstätten des Handels oder im Umfeld dieser Einkaufsstätten begangen werden. Ausgangspunkt der Analyse ist zunächst die Frage, in welchem Umfang Ladendiebstahl und ähnliche, strafrechtlich sanktionierte Handlungen in der betrieblichen Praxis von Handelsunternehmen auftreten. Neben den verschiedenen Formen dieser Erscheinungen interessiert auch das dadurch verursachte Schadensausmaß. Anschließend wird die Rezeption des Themenkreises in der Literatur diskutiert. Diese Rezeption ist aus der Sicht einer der ökonomischen Theorie verpflichteten Handelsbetriebslehre noch unbefriedigend. Damit ergeben sich Möglichkeiten und Bedarf für einen neuen Untersuchungsansatz. Dieser Theorieansatz nutzt Bausteine der ökonomischen Theorie zur Analyse von Effizienzproblemen bei der Durchsetzung von Eigentumsrechten in Handelsunternehmen.

Zunächst steht der Zusammenhang zwischen der Entwicklung der Betriebsformen im Einzelhandel und der Diebstahlsproblematik im Vordergrund. Die Betriebsform ist ein zentraler Begriff in der Handelsbetriebslehre. Die Wahl der Betriebsform ist eine konstitutive Entscheidung und kennzeichnet auf mehreren Dimensionen (z. B. Fläche, Sortiment und Bedienungssystem) die Unternehmenspolitik im Handel[1]. Durch Unterschiede im Marketing-Mix werden unterschiedliche Betriebsformen begründet[2]. Neue Betriebsformen-Konzepte repräsentieren de facto eine veränderte Transaktionstechnologie[3].

Der Handel kennt das empirische Phänomen der Dynamik der Betriebsformen[4], d.h., die stete Veränderung der Transaktionstechnologie im Zeitablauf bringt innovative Betriebsformen-Konzepte hervor. Markante Entwicklungsstufen dieses evolutionären Pro-

---

[1] Vgl. Müller-Hagedorn, Lothar: Handelsmarketing, Stuttgart u.a. 1984, S. 26 und S. 59.

[2] Vgl. Bidlingmaier, Johannes: Einzelhandel, Betriebsformen des, in: HWA, hrsg. von Bruno Tietz, Stuttgart 1974, Sp. 526-546, hier Sp. 526.

[3] Vgl. Gümbel, Rudolf: Handel, Markt und Ökonomik, Wiesbaden 1985, S. 150.

[4] Vgl. Nieschlag, Robert: Betriebsformen, Dynamik der, in: HWA, hrsg. von Bruno Tietz, Band 4, Stuttgart 1974, Sp. 366-376; Zu den Grenzen dieses Konzepts: Böhler, Joachim: Betriebsform, Wachstum und Wettbewerb, Wiesbaden 1993, S. 11-13.

zesses sind die Entstehung von Warenhäusern (Bon Marché, Paris 1852), die Einführung des Selbstbedienungsprinzips und die Bemühungen um die Generierung einer 'erlebnisorientierten Einkaufsatmosphäre'[5]. Neue Betriebsformen-Konzepte werden in die Gestaltung von Ladenlayouts umgesetzt. Aus diesem Grund sind viele Verkaufsstätten im Einzelhandel durch folgende organisatorische Charakteristika gekennzeichnet:

- Nahezu alleinige Selbstbedienung durch die Kunden,
- leicht zugängliche, offene Räumlichkeiten,
- freie Zugriffsmöglichkeit auf das Sortiment für Kunden, Personal und Dritte.

Diese Faktoren erleichtern potentiellen Delinquenten die Vornahme von strafbaren Handlungen. Beispiele für solche Straftaten in Verkaufsstätten des Einzelhandels sind:

- Diebstahl von Waren durch echte oder vermeintliche Kunden
- Diebstahl von Waren durch Mitarbeiter der Handelsunternehmung
- Diebstahl von Waren durch Dritte (z. B. Handwerker oder Lieferpersonal)
- Änderung von Preisetiketten
- Umtausch scheinbar erworbener Ware
- Umpacken von teuren Artikeln in Schachteln von billigeren Artikeln[6].

Dabei können die Straftatbestände des Diebstahls, des Betrugs, der Unterschlagung, der Urkundenfälschung bzw. der Untreue verwirklicht sein. Auch Delikte gegen die (potentiellen) Kunden der Handelsunternehmen in Einkaufszonen oder in den Einkaufsstätten können sich zumindest mittelbar zum Problem für den Handel entwickeln. Dabei handelt es sich beispielsweise um Taschendiebstahl oder um Raubüberfälle in Parkhäusern. Die Einkaufsumgebung strahlt in diesen Fällen negativ auf die wahrgenommene Qualität der jeweiligen Einkaufsstätte aus.

Besonders der Ladendiebstahl tritt in modernen Betriebsformen-Konzepten verstärkt auf. Ladendiebstahl ist zunächst ein umgangssprachlicher Begriff. Eine mehr formaljuristische Definition lautet:
"Als Ladendiebstahl wird der einfache Diebstahl (§§ 242, 248a StGB) aus Warenhäusern, Verkaufsräumen und Selbstbedienungsläden durch nicht zum Verkaufspersonal gehörende

---

[5] Vgl. Weinberg, Peter: Erlebnisorientierte Einkaufsstättengestaltung im Einzelhandel, in: Marketing ZFP, Heft 2, Mai 1986, S. 97-102.

[6] Entspricht dem Begriff der 'Sorte' in Seyffertscher Abgrenzung.

Personen bezeichnet."[7] Seit 1977 werden Ladendiebstähle unter der Schlüsselzahl 326 in der Polizeilichen Kriminalstatistik gesondert erfaßt, es handelt sich definitionsgemäß um "...Diebstahlsfälle von ausgelegten Waren durch Kunden während der Geschäftszeit..."[8].

Die Handelspraxis schließt in diesen Terminus jedoch auch Tatbestände ein, die im juristischen Sinne nicht zur Kategorie des (einfachen) Diebstahls nach § 242 StGB gehören - beispielsweise das Überkleben von Preisschildern durch Konsumenten. In solchen Fällen liegen die Tatbestandsmerkmale der Urkundenfälschung bzw. des Betrugs vor[9]. Das Oberlandesgericht Düsseldorf hat das Verstecken einer Compact Disk in einem Einkaufswagen zwecks Entwendung als Betrug geahndet, da kein Gewahrsamsbruch vorlag[10]. Es wird deutlich, daß Handlungen, die der Handelspraktiker als Ladendiebstahl bezeichnen würde, strafrechtlich eine andere Bewertung erfahren können. Auch diese Tatbestände werden in den Rahmen dieser Untersuchung mit einbezogen.

Unabhängig von der Art und Weise der Einkaufsstättengestaltung treffen die Handelsunternehmen noch andere Straftaten. Dazu gehören Delikte wie Scheckfälschung, Scheckbetrug, Mißbrauch von Kreditkarten, Verbreitung von Falschgeld, Einbruchdiebstahl, räuberischer Überfall sowie spezielle Delikte der Wirtschaftskriminalität (z. B. Bilanzfälschungen durch das Management). Die letztgenannten Straftatbestände stehen nicht im Blickfeld der vorliegenden Untersuchung. Dem steht nicht entgegen, daß die im Rahmen dieser Arbeit entwickelte Modelstruktur auch zur Analyse von diesgearteten Konstellationen der Delinquenz geeignet ist.

Straftaten werden von verschiedenen Besuchern einer Einkaufsstätte verübt. Es ist zu klären, welche Personengruppen sich unterscheiden lassen. Die Täter werden in drei Gruppen eingeteilt (vgl. Abbildung Z.1). Zunächst treten die potentiellen oder tatsächlichen Kunden in Erscheinung. Im folgenden soll dann von Kundendelikten gesprochen werden. Daneben existiert das Problem der Delinquenz durch Mitarbeiter einer Handelsunternehmung. In solchen Fällen wird von Personaldelikten gesprochen. Schließlich werden Straftaten auch von externen Personen verübt, beispielsweise von Handwerkern, die in einer

---

[7] Horst Tilch (Hg.), 'Ladendiebstahl', in: Deutsches Rechts-Lexikon, Band 2, 2. Aufl., München 1992, S. 832.
[8] Vgl. Bundeskriminalamt (Hg.), Polizeiliche Kriminalstatistik, Berichtsjahr 1992, Wiesbaden 1993, S. 10.
[9] Vgl. Michaelis, Jörg: Kriminologisch-kriminalistische Aspekte des Ladendiebstahls unter besonderer Berücksichtigung des Warenhausdiebstahls, Frankfurt am Main u.a. 1991, S. 22.
[10] OLG Düsseldorf, Az.: 2 Ss 337 / 92; Vgl. Bohnenkamp, Ruth (1993): Richter entlarfen Langfinger im Supermarkt als Betrüger, Tagesspiegel, Nr. 24, 49. Jg., 13. Juni 1993, S. 43.

Verkaufsstätte arbeiten, oder vom Personal eines Lieferanten. Diese Personengruppe wird im folgenden als 'Externe' bezeichnet.

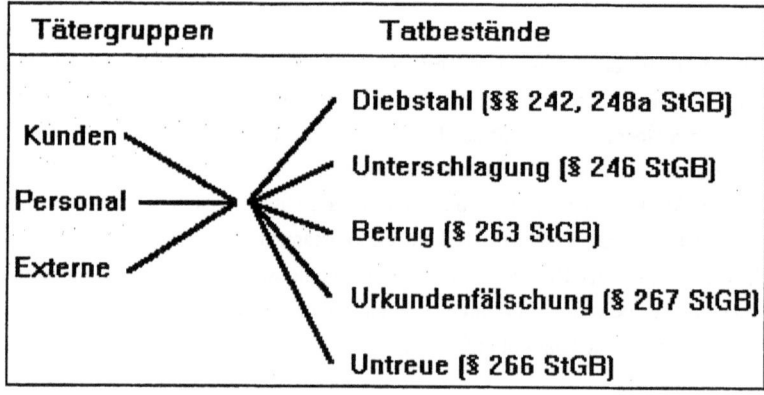

Abb. Z.1: Klassifikation der Täter und Tatbestände

Bei den Tätern auf Kundenseite können "gewöhnliche Ladendiebe" (Amateure) und "professionelle Ladendiebe" unterschieden werden[11]. Die letzte Gruppe macht nach Schätzungen bis zu 10 Prozent der Gesamtzahl der Delinquenten auf Kundenseite aus[12]. Für die Entwicklung und Gestaltung von Abwehrmaßnahmen erscheint es sinnvoll, diese Unterschiede im Rahmen einer Tätertypologie zu berücksichtigen, da professionelle Täter durch ihre gezielte Suche nach besonders wertvoller Ware relativ größere Schäden als Amateure verursachen können. Gleiches gilt für die Gruppe der Täter, die koordiniert in Gruppen auftreten und etwa 20 Prozent der Delinquenten ausmachen[13]. Betriebswirtschaftlich gesehen treten auch Kinder als Urheber von Delikten auf, rechtlich gesehen gelten Personen unter 14 Jahren in der Bundesrepublik Deutschland jedoch als nicht strafmündig (§ 19 StGB).

Entsprechend der vorstehenden Klassifikation verschaffen sich in der Handelspraxis verschiedene Personen unberechtigt Vermögensvorteile zum Schaden einer

[11] Vgl. Loitz, Rolf/Loitz, Kurt-Michael: So wehrt man sich gegen Ladendiebe: Arbeitsweise und Abwehr professioneller Ladendiebe, Köln 1987, S. 10-12; Lewison, Dale M./DeLozier, M. Wayne: Retailing, 3. Aufl., Columbus u.a. 1989, S. 312; Murphy, Daniel J.: Customers and Thieves: An Ethnography of Shoplifting, Hants/Brooksfield 1986, S. 130.
[12] Vgl. Loitz/Loitz (1987), S. 12, o.V.: Inventurdifferenzen - 1. Deutscher Management Congress - der 2. Seminartag, in: Wirtschaftsschutz & Sicherheitstechnik, Jan./Febr. 1993, S. 44-50, hier S. 46.
[13] Vgl. Loitz, Rolf/Loitz, Kurt-Michael: Diebe greifen immer häufiger zu gesicherten Waren, in: BAG-Nachrichten, 4/90, S. 12-14, hier S. 13.

Handelsunternehmung. Indirekt treffen die Straftaten auch ehrliche Kunden und die Allgemeinheit. Dieser Gedanke wird später noch vertieft. Zunächst sollen folgende Gedanken hier festgehalten werden:

Im Rahmen dieser Arbeit werden strafrechtlich relevante Tatbestände berücksichtigt, die durch die besondere Art der Warenpräsentation in modernen Betriebsformen begünstigt werden. Dabei handelt es sich insbesondere um Kundendelikte und um Personaldelikte. Es wurde herausgestellt, daß in der Sprachregelung der Handelspraxis der Begriff 'Ladendiebstahl' auch Tatbestände umfassen kann, die strafrechtlich nicht als Diebstahl und kriminologisch nicht als Ladendiebstahl kategorisiert werden. Über den Umfang des Schadens gibt der folgende Abschnitt Auskunft. Dazu ist zunächst zu klären, wie in der Handelspraxis das Ausmaß des Schadens detektiert werden kann.

2.1.2 Inventurdifferenzen und unvollkommene Information

In der Handelspraxis werden die Auswirkungen von Straftaten gegen das Eigentum im Rahmen der Inventurarbeiten deutlich. Aufgrund gesetzlicher Bestimmungen[14] sind Unternehmen in der Bundesrepublik Deutschland verpflichtet, für den Schluß eines jeden Geschäftsjahres ein Inventar zu erstellen. Die Inventur als körperliche Bestandsaufnahme nach Art, Menge und Wert detektiert Abweichungen zwischen Soll-Beständen laut Buchführung und Ist-Beständen und hat auch den Zweck, Ursachen von Fehlmengen aufzuspüren[15]. Diese Differenz zwischen dem Wert des buchmäßig errechneten und dem durch körperliche Aufnahme am Inventurtag tatsächlich festgestellten Bestand an Handelswaren kann vielfältige Ursachen haben. Es können bewußt (d.h. vorsätzlich) angestrebte oder auch unbewußt (d.h. nicht vorsätzlich) angestrebte Verhaltensweisen für die Differenz verantwortlich sein[16].

Inventurdifferenzen sind zurückzuführen auf Straftaten wie Diebstahl und Betrug, aber auch auf andere Ursachen wie Fehler bei der Warenerfassung, Fehler bei der Preisauszeichnung, Fehler beim Kassieren, Fehler im Rechnungswesen bzw. in Warenwirtschaftssystemen, Fehler bei der körperlichen Bestandsaufnahme und (natürlicher) Schwund, Verderb oder Bruch.

---

14 § 240 Abs. 1 und 2 HGB; Vgl. Moxter, Adolf: Bilanzlehre, Band 2, 3. Aufl., Wiesbaden 1986, S. 9-15.
15 Vgl. Moxter (1986), S. 12.
16 Vgl. Quick, Reiner: Grundsätze ordnungsmäßiger Inventurprüfung, Düsseldorf 1991, S. 253-254.

Grundsätzlich können bei der Evaluation der Inventurdifferenz Fehler bei der Erfassung des Ist-Bestandes und bei der Berechnung des Soll-Bestandes auftreten. Es können Phänomene der Fehlerkompensation und der Fehlerakkumulation bei gleichzeitiger Unstimmigkeit von Ist- und Soll-Größen auftreten[17]. Delikte können auch ohne Einfluß auf die Inventurdifferenz sein. Dazu gehören die Unterschlagung von Kassenbeständen, nachdem bereits der Warenausgang registriert worden ist, und die Gewährung unautorisierter Rabatte an Kunden oder Mitarbeiter. Wird in Handelsunternehmen allein die Inventurdifferenz als Indikator für das Ausmaß der Delinquenz verwendet, so kann gefolgert werden, daß aus den oben angeführten Gründen dieser Indikator die tatsächliche Sachlage in Einzelfällen inadäquat abbildet.

Inventurdifferenzen können ungeplant oder eingeplant sein - letztere werden als Schwund oder auch als Inventurverluste bezeichnet[18]. Geplante Verluste werden beispielsweise bei verderblichen Waren oder bei Modeartikeln einkalkuliert. Ungeplante Inventurdifferenzen beruhen im wesentlichen auf Diebstahl oder auf Arbeits- und Organisationsfehlern.

Je weiter die Inventurdifferenzen in den einzelnen Unternehmen bzw. den einzelnen Einkaufsstätten disaggregiert werden können, um so aussagekräftiger sind die Hinweise für die Gestaltung betriebspolitischer Maßnahmen. Liegt Zahlenmaterial auf Abteilungsebene, nach Warengruppen oder sogar auf Artikelebene vor, dann ist es leichter, im operativen Bereich geeignete Maßnahmen zu ergreifen, als wenn lediglich Kennziffern für die gesamte Einkaufsstätte verfügbar sind. Empirisch gesehen sind Inventurdifferenzen noch mit einem relativ hohen Genauigkeitsgrad ermittelbar. Dagegen wird mit Aussagen über die mengen- und wertmäßige Dimension der Straftaten ein Gebiet unvollkommener Information betreten. Diese Feststellung trifft besonders für Kundendelikte zu[19].

In der Polizeilichen Kriminalstatistik wurden für das Berichtsjahr 1993 unter der Ziffer 326 insgesamt 662.172 Fälle des Ladendiebstahls in der Bundesrepublik Deutschland erfaßt[20]. Diese Zahl erlaubt jedoch keine genauere Aussage über den Umfang der tatsächlich begangenen Straftaten in Handelsunternehmen, schon gar nicht in ihrer wertmäßigen Dimension auf makroökonomischer Ebene. Die Schätzungen für die Anzahl der jährlich in der Bundesrepublik Deutschland begangenen Ladendiebstähle reichen von einer Million bis zu 50 Mil-

---

[17] Vgl. Quick (1991), S. 255, Zellekens, Hermann-Josef: Breites Fehlerspektrum - Inventurdifferenzen "in der Totale", in: Dynamik im Handel, 1/1992, S. 44-46, hier S. 46.

[18] Vgl. Tietz, Bruno: Der Handelsbetrieb, 1. Aufl., München 1985, S. 682.

[19] Vgl. Zöllner, Rolf-Dieter: Der Ladendiebstahl als betriebswirtschaftliches Problem im Einzelhandel, in: FfH-Mitteilungen, Neue Folge, XX/2, Februar 1979, S. 1-9, hier S. 1.

[20] Vgl. Polizeiliche Kriminalstatistik (1994), Berichtsjahr 1993, S. 152.

lionen Fälle[21]. Die enorme Bandbreite dieser Angaben zeigt auf, daß es große Schwierig-keiten gibt, valide und reliable Untersuchungen zum Umfang des Problems bereitzustellen. Drei wichtige Gründe können für den unvollkommenen Informationsstand angeführt werden:

1) Die hohe Dunkelziffer:

Unter Dunkelziffer (= Dunkelfeld) versteht die Kriminologie die Differenz zwischen der (vermuteten) Zahl von tatsächlich begangenen und der Zahl von amtlich bekannt gewor-denen Straftaten[22]. Dabei kann es sich sowohl um nicht entdeckte Straftaten als auch um Straftaten, die entdeckt aber nicht angezeigt wurden, handeln. Es ist gängige Praxis im Handel, daß ein Teil der gefaßten Täter nicht angezeigt wird[23]. Bei Ladendiebstahlsdelikten ist die Dunkelziffer sehr hoch. Die Schätzungen liegen übereinstimmend bei mehr als 90 Prozent - in der Regel werden Werte von 95 Prozent angenommen[24].

2) Die Datenerfassung in offiziellen Statistiken der Kriminalität:

Offizielle Statistiken der Kriminalität erfassen nur gemeldete Straftaten, d.h. sie verzeich-nen nur Stichproben einer sonst unbekannten Grundgesamtheit. Diese Stichproben sind je-doch in der Regel nur begrenzt repräsentativ[25]. Die Polizeiliche Kriminalstatistik in der Bundesrepublik Deutschland erfaßt nur Ladendiebstähle, die entdeckt und angezeigt wer-den[26]. Daraus resultiert auch die hohe Aufklärungsquote von 95,4 Prozent im Berichtsjahr 1993, was verdeutlicht, daß die Handelsunternehmen im Regelfall parallel zur Anzeige auch die Tatverdächtigen der Polizei 'mitliefern'[27]. Ein Anstieg in der Polizeilichen Kriminalsta-tistik kann auf eine effektiv höhere Diebstahlsquote zurückzuführen sein. Der Anstieg kann gleichermaßen aber auch auf der erhöhten Neigung beruhen, Anzeige zu erstatten, oder er kann eine verbesserte Aufklärung und Kontrolle spiegeln[28]. So veränderte sich Ende der sechziger Jahre die Strategie im Anzeigeverhalten der Opfer, als Unternehmen dazu übergingen, verstärkt Ladendiebe anzuzeigen[29]. In der Polizeilichen Kriminalstatistik beschränkt sich die Auswertung der Schlüsselziffer 326 (Ladendiebstahl) auf den Tatbestand

---

21 Vgl. Michaelis (1991), S. 15-16 und die dort angegebene Literatur.
22 Vgl. Eisenberg, Ulrich: Kriminologie, 3. Aufl., Köln u.a. 1990, S. 129.
23 Vgl. zu diesem Forschungsgegenstand: Minger (1974).
24 Vgl. Michaelis (1991), S. 18.
25 Vgl. Murphy (1986), S. 5-6.
26 Sogenanntes Kontrolldelikt, vgl. Blankenburg, Erhard: Rechtspolitische Folgerungen aus einigen Ergebnissen der Kriminologie des Ladendiebstahls, in: Problem Ladendiebstahl. Moderner Selbstbedienungsverkauf und Kriminalität, hrsg. von Armin Schoreit, Heidelberg 1979, S. 39-49, hier S. 41.
27 Vgl. Polizeiliche Kriminalstatistik (1994), Berichtsjahr 1993, S. 152.
28 Vgl. Zöllner (1979), S. 3.
29 Vgl. Eisenberg (1990), S. 679.

Diebstahl, mithin wird nur ein Teilbereich der Schadensquellen erfaßt - betrügerische Preisänderungen sind z. B. nicht enthalten[30].

3) Schätzfehler bei der Hochrechnung:
Werden aufgrund der Dunkelziffer Hochrechnungen von Schadensdimensionen vorgenommen, so können große Schätzfehler auftreten. Problematisch ist auch die Übertragung von in einzelnen Unternehmen empirisch ermittelten Zahlen auf den gesamten Handel, ohne daß sortiments- und betriebsformenspezifische Eigenarten berücksichtigt werden. Auch der Standort einer Einkaufsstätte ist von Bedeutung, beispielsweise die Lage in einem städtischen Ballungsraum.

Auf der betrieblichen Ebene kann es auch für den einzelnen Händler mit großen Schwierigkeiten verbunden sein, die Ursachen von Inventurdifferenzen festzustellen. Es fragt sich daher, auf welche Weise ein Händler Kenntnis darüber erlangt, welcher Artikel in welcher Menge von welcher Personengruppe entwendet wurde.

Die Bestimmung der Inventurdifferenz hat zur Voraussetzung, daß zunächst ein Ist-Bestand und ein Soll-Bestand ermittelt wird. Der Ist-Bestand wird im Einzelhandel üblicherweise im Rahmen einer Stichtagsinventur erhoben. Er kann verstanden werden als die Menge und/oder der Wert der körperlichen Gegenstände, die beziehungsweise der an einem Stichtag tatsächlich vorhanden ist[31]. Erhebungsform ist hier das klassische 'Wiegen, Messen, Zählen oder auch Schätzen'. Als Soll-Bestand wird die Menge und/oder der Wert der körperlichen Gegenstände aufgefaßt, die bzw. der nach der Bestandsrechnung vorhanden sein sollte[32]. Die Bestandsrechnung folgt grundsätzlich dem folgenden Schema: Anfangsbestand zuzüglich Zugänge abzüglich Abgänge ergibt Endbestand. Die Ermittlung des Soll-Bestandes erfordert eine Fortschreibung des Warenbestandes. Von der Qualität dieser Fortschreibung hängt es ab, wie exakt ein Händler bzw. ein Filialbetrieb den Soll-Bestand ermitteln kann. Die Problematik der Ermittlung des Soll-Bestandes soll im folgenden genauer analysiert werden.

Die Warenbestandsfortschreibung vollzieht sich auf der Wertebene. Erhoben werden Einkaufs- und Verkaufswerte (etwa Wareneingänge und Umsätze). Die Fortschreibung der Warenbestände erfordert zunächst das Vorhandensein der Anfangsbestände. Diese ergeben sich im Regelfall aus der Inventur der Vorperiode. Zugänge umfassen im wesentlichen Wa-

---

30   Vgl. Michaelis (1991), S. 23.
31   Vgl. Wirsching (1984b), S. 10.
32   Vgl. Wirsching (1984b), S. 10.

reneingänge der betrachteten Periode. Bei den Zugängen fallen in der betrieblichen Praxis einzelne Korrekturposten an, beispielsweise Bestandsminderungen aufgrund von Rücklieferungen an den Lieferanten oder Bestandserhöhungen infolge von Reklamationen durch Kunden. Bei den Abgängen handelt es sich im wesentlichen um die getätigten Umsätze, hier gehen aber auch Schwund, Verderb oder in seltenen Fällen registrierte (d.h. verbuchte) Diebstahlsdelikte ein. Preiserhöhungen bewirken eine Steigerung, Preissenkungen dagegen eine Verminderung des kalkulierten Soll-Umsatzes. Praktiker sprechen in diesem Zusammenhang auch von Auf- und Abschriften. Um am Ende der betrachteten Periode einen Sollbestand ermitteln zu können, wird von dem um die Wareneingänge erhöhten Anfangsbestand, berichtigt um verschiedene Korrekturen, der Kassenumsatz abgezogen.

Es sei zur Vereinfachung angenommen, daß die Zugänge ausschließlich aus dem Wareneingang, die Abgänge ausschließlich aus den Umsätzen bestehen. Anfangsbestände und Zugänge werden normalerweise zu Einkaufswerten[33] (EK) und zu (vorläufigen) Verkaufswerten (VK) gemäß der Eingangskalkulation, die Abgänge zumindest zu VK erfaßt. Üblicherweise wird die Ermittlung des Sollbestandes auf der VK-Ebene mit Hilfe der aufgelaufenen Wareneingangskalkulation der jeweiligen Periode vorgenommen. Soll die Ermittlung des Sollbestandes jedoch zu Einkaufswerten erfolgen, ist es notwendig, die Abgänge zu EK beziffern zu können. Bei hochwertigen Einzelstücken mag ein Rückgriff auf die Einkaufswerte noch gegeben sein, nicht jedoch bei 'Massenware'. Hierbei ist häufig nur noch der Verkaufswert verfügbar[34]. Dann müssen beispielsweise die Umsätze mit Hilfe eines Abschlagsatzes auf die Einkaufswerte 'heruntergerechnet' werden.

Um nun vom Netto-Umsatz zu Verkaufswerten (VK) zum Netto-Umsatz (EK) zu gelangen, wird zum Beispiel die Netto-Handelsspanne verwendet. Von der Genauigkeit dieser Abschlagsrechnung hängt es ab, wie exakt der Soll-Bestand ermittelbar ist. Für verschiedene Branchen, Warengruppen und Artikel können sehr unterschiedliche Spannen vorliegen. Folglich kann die Verwendung einer pauschalen, durchschnittlichen Spanne zu beträchtlichen Fehlern führen, wenn die Durchschnittsspanne die Umsatzanteile der entsprechenden Artikel oder Warengruppen gemäß dem tatsächlichen Abverkauf nicht adäquat berücksichtigt. Die Kenntnis dieser Umsatzanteile setzt zumindest voraus, daß der Händler auf seinem Kassenzettel eine Warengruppe registriert und diese Positionen für die betrachtete Periode als aggregierte Größe ermittelt. Innerhalb dieser Warengruppe müßte dann wiederum für

---

[33] Bei Boni und Gesamtumsatzrabatten ist mit erheblichen Schwierigkeiten der Ermittlung des Einstandspreises zu rechnen. Die weitere Problematik einer Schlüsselung von variablen und fixen Gemeinkosten bei Eingangsrechnungen von Handelsbetrieben soll hier ignoriert werden.

[34] Vgl. Lerchenmüller, Michael: Handelsbetriebslehre, 2. Aufl., Ludwigshafen 1995, S. 448.

14

jeden Artikel eine einheitliche Handelsspanne gelten, damit die gewichtete Spanne zu korrekten Abschlagssätzen führt. In der Praxis sind jedoch selbst innerhalb einzelner Warengruppen höchst unterschiedliche Spannen anzutreffen. Die Verwendung von vorkalkulierten Handelsspannen (Soll-Spanne ex ante) ist dann als problematisch anzusehen, wenn die ex post realisierten Spannen (Ist-Spanne) stark davon abweichen. Weitere Probleme entstehen durch Erfassungsfehler an der Kasse und nicht berücksichtigte Abschriften und Sonderaktionen.

Je nach der jeweiligen Verfügbarkeit von Zahlenmaterial kann die Inventurdifferenz in verschiedenen Transparenzstufen vorliegen. Das reicht im einfachsten Fall von der Verfügbarkeit lediglich eines Gesamtwertes über warengruppen- und artikelbezogene Werte bis hin zur nach einzelnen Artikeln differenzierten Inventurdifferenz[35].

Durch geschlossene Warenwirtschaftssysteme und den Einsatz von Scanner-Kassensystemen am Point of Sale wird die Warenbestandsfortschreibung vereinfacht und damit eine höhere Transparenzstufe verfügbar gemacht. Scanning kann im Vergleich zur Verwendung normaler Kassen bereits zu einer merklichen Reduzierung von Inventurdifferenzen führen, was im wesentlichen auf die Verminderung von Kassierfehlern zurückzuführen ist[36]. Geschlossene Warenwirtschaftssysteme decken alle Phasen des Warenkreislaufs ab, während offene Warenwirtschaftssysteme entweder nur die Wareneingangs- oder Warenausgangsdaten aufzeichnen[37]. Mit dem Einsatz von geschlossenen Warenwirtschaftssystemen wird das Ziel verfolgt, die wert- und mengenmäßigen Informationen aus den Warenbewegungen artikelgenau zu erfassen, die Bestände fortzuschreiben und auszuwerten[38]. Anwendungsmöglichkeiten für Warenwirtschaftssysteme liegen im Bestellwesen, beispielsweise in der Verwaltung der Bestellungen und der Verfolgung der Auftragsrückstände, in der Rechnungskontrolle, der Bestandsführung und Bestandsbewertung, der Verkaufsdatenerfassung und Verkaufsdatenauswertung und in der Bedarfsermittlung[39]. Auch ein automatisiertes Bestellwesen, zumindest eine Unterstützung der Disposition durch Bestellvorschläge, wird durch geschlossene Warenwirtschaftssysteme möglich. Die Diskrepanz zu Istwerten des Warenbestandes aufgrund von Diebstahl, Erfassungsfehlern etc. verhindert jedoch eine direkte Übernahme der Daten des Warenwirtschaftssystems in die Finanzbuchhaltung der Betriebe.

[35] Vgl. Wirsching (1984b), S. 29.
[36] Vgl. Zellekens (1992), S. 44.
[37] Vgl. Tietz, Bruno (1993), S. 1082.
[38] Vgl. Tietz, Bruno (1993), S. 1081.
[39] Vgl. Stahlknecht, Peter: Einführung in die Wirtschaftsinformatik, 7. Aufl., Berlin, u.a. 1995, S. 386.

Die Verbreitung dieser Systeme erstreckt sich nur auf einen geringen Teil der Gesamtzahl der Einkaufsstätten des Einzelhandels in der Bundesrepublik Deutschland. Zunächst ist zu unterscheiden, ob lediglich am Point of Sale gescannt wird oder ob wirklich durchgängig ein geschlossenes Warenwirtschaftssystem installiert worden ist. Die Anzahl der bei der Centrale für Coorganisation registrierten Einzelhandelsgeschäfte, die mit Scannersystemen ausgerüstet sind, betrug zum Stichtag 30.6.1995 insgesamt 15.772[40]. Von dieser Gesamtzahl setzt wiederum nur ein Teil der Unternehmen geschlossene Warenwirtschaftssysteme ein. Damit werden - bezogen auf die knapp 500.000 Arbeitsstätten in Deutschland - in einem vergleichsweise kleinen Teil diese Technologien eingesetzt[41]. Bei Vorhandensein dieser technologischen Voraussetzungen ist es in diesen Betrieben möglich, jederzeit aus dem Warenwirtschaftssystem aktuelle Werte der Sollbestandsfortschreibung abzurufen. Diese Vorgehensweise setzt voraus, daß außer den Mengen auf der Wertebene sowohl EK- als auch VK-Werte artikelgenau eingegeben werden, damit das System beim Umsatzvorgang die Spanne durch gleichzeitigen Rückgriff auf EK und VK ermitteln kann. Die Verwendung von Warenwirtschaftssystemen erfordert eine permanente, systematische und nach Möglichkeit fehlerfreie Pflege der Systemdaten. Beispielsweise müssen Preisänderungen zeitnah und richtig verbucht und die in einer Filiale beschädigte und entsorgte Ware vollständig erfaßt werden. Durch Nachlässigkeiten können in der Praxis die Fehlerquoten bei Umsatz- und Bestandsdaten bis zu 20 Prozent betragen, deshalb sind Kontrollinventuren unverzichtbar[42]. Folglich kann es bei der Ermittlung des Sollbestandes trotz der Verwendung eines geschlossenen Warenwirtschaftssystems zu erheblichen Toleranzen kommen.

Kann schon der Soll-Bestand nur mit Ungenauigkeiten ermittelt werden, dann ist gleichfalls die mit diesen Daten berechnete Inventurdifferenz in ihrer Aussagefähigkeit verfälscht. Darüber hinaus ist die wertmäßige Inventurdifferenz auf einzelne Ursachen zurückzuführen. Hier kommt eine Vielzahl von Möglichkeiten in Betracht: Es könnte sein, daß bereits eine Lieferung weniger Artikel enthielt, als auf der Lieferantenrechnung ausgewiesen wurde. Es kann sein, daß das Verkaufspersonal für den 'Schwund' verantwortlich zeichnet, beispielsweise durch Delikte oder auch durch die nicht verbuchte Entsorgung von beschädigter Ware. Es könnte sein, daß Ladendiebe für die Differenz verantwortlich sind. Es sei weiterhin angenommen, daß der Händler eine bestimmte Anzahl von Tätern faßt. Dann steht In-

---

[40] Vgl. o.V.: Jetzt 15.772 Scannermärkte, in: Coorganisation, Heft 4/1995, S. 6.

[41] Vgl. zur Anzahl der Arbeitsstätten im Einzelhandel die letzte verfügbare Handels- und Gaststättenzählung des Statistischen Bundesamtes von 1993 in der Fachserie 6, Wiesbaden 1993, S. 32. Danach belief sich die Zahl der Arbeitsstätten im Einzelhandel (ohne Handel mit Kraftfahrzeugen und ohne Tankstellen) per 30.4.1993 auf 494.869.

[42] Vgl. Sternberg, Hans: Warenwirtschaftssysteme, in: Handbuch Wirtschaftsinformatik, hrsg. von Karl Kurbel und Horst Strunz, Stuttgart 1990, S. 100-118, hier S. 110.

formationsmaterial über die Anzahl gefaßter Täter und über die dabei detektierten Artikel bzw. Schadenssummen pro Periode zur Verfügung. Soll nun mit Hilfe dieser Information auf die Ursachen der Inventurdifferenzen geschlossen werden, dann ist es erforderlich, daß einerseits eine repräsentative Stichprobe vorliegt und andererseits die bei der Hochrechnung verwendete Dunkelziffer zutrifft. Im Einzelfall sind daher erhebliche Schätzfehler möglich.

Zahlenmaterial zum Umfang des Ladendiebstahls liegt von verschiedenen Quellen vor. Dazu zählen hauptsächlich die Polizeiliche Kriminalstatistik, Einzelerhebungen von Handelsunternehmen, Umfrageergebnisse der Einzelhandelsverbände, wissenschaftliche Studien und Untersuchungen von Beratungsunternehmen. Armin Schoreit konzidiert: "Die von Handelskreisen genannte Schadenszahl ist nun einmal, auch wenn man gewisse Vorbehalte hat, von allen Schätzungen die fundierteste."[43] Erhebungen können verschiedene Zahlenangaben bereitstellen. Diese empirischen Daten können sich auf der Mengenebene oder auf der Wertebene bewegen. Beispiele für erhobene Daten sind

- die Zahl der registrierten Diebstähle,
- die Zahl der gefaßten Diebe,
- die Zahl der verurteilten Diebe,
- der wertmäßige Schaden durch Diebstahl,
- die durchschnittliche Diebstahlshöhe,
- der Diebstahl in Prozent von den Inventurdifferenzen,
- die Relation von Kundendelikten zu Personaldelikten,
- der Aufwand für Prävention und Sanktion,
- die Höhe der Dunkelziffer.

Die Zahlenangaben können auch als Zeitreihe abgebildet werden. Generell sind Zeitreihen dann problematisch, wenn die erhobenen Ziffern nicht bei identischen Grundbedingungen erfaßt werden. Maßgebliche Einflußfaktoren und Rahmenbedingungen, unter denen Handelsunternehmen agieren, verändern sich im Zeitablauf. Es verändern sich konstitutionelle Parameter wie die Ausgestaltung der Betriebformen-Konzepte und Einkaufsstätten, die eingesetzten Technologien zur Sicherung von Einkaufsstätten und Waren und relevante sozioökonomische Umweltbedingungen.

---

[43] Schoreit, Armin: Kriminalpolitische Konsequenzen aus den Ergebnissen der Kriminalstatistik und der Dunkelfeldforschung für den Bereich der Ladendiebstahlskriminalität, in: Problem Ladendiebstahl. Moderner Selbstbedienungsverkauf und Kriminalität, hrsg. von Armin Schoreit, Heidelberg 1979, S. 99ff., hier S. 101.

Viele der erhobenen Daten liegen nur als Schätzwerte vor, z. B. Zahlen bezüglich der Dunkelziffer oder Angaben über das Schadensausmaß für den gesamten Einzelhandel. Zahlenangaben können in Relation zur Einzelhandelsfläche, zur Anzahl der Verkaufsstätten oder zum gesamten Einzelhandelsumsatz gesetzt werden. Genauere entscheidungsrelevante Informationen auf der einzelwirtschaftlichen Ebene der Einkaufsstätte liefern sortiments- und betriebsformenspezifische Schadensziffern.

2.1.3 Differenzierung nach Verursacherblöcken

Sollen spezifische Aussagen über die Ursachen von Delikten in einem Handelsunternehmen gemacht werden, dann ist es vorteilhaft, die Gesamtsumme der Inventurdifferenzen auf Personengruppen (z. B. durch das Personal begangene Delikte) bzw. auf einzelne Arbeitsprozesse (z. B. Erfassungsfehler bei der Erhebung des Ist-Bestandes) zurückzuführen. Wissenschaftstheoretisch gesehen stellt sich hier die Frage nach vorhandenen Kausalbeziehungen bei empirisch beobachteten Ereignissen. Für Handelsunternehmen ist die Inventurdifferenz der wichtigste Indikator bei der Beurteilung der Wirksamkeit von Maßnahmen zur Verminderung von Straftaten, auch wenn sich nicht alle Delikte in der Inventurdifferenz niederschlagen.

Die wichtigsten Ursachen von Inventurdifferenzen sind Delikte durch Kunden und das Personal[44]. Als Alternative zur Aufspaltung von Inventurdifferenzen bietet es sich an, aufgrund der Polizeilichen Kriminalstatistik die Gesamtzahl der registrierten Fälle (und Schadenswerte) mit einem Dunkelziffermultiplikator auf die gesamte Einzelhandelsbranche hochzurechnen. Solche Rechnungen führen jedoch lediglich zu spekulativen Aussagen, da die in der Kriminalstatistik erfaßten Fälle nicht zwangsläufig als repräsentative Stichprobe der Grundgesamtheit angesehen werden können.

In der bisherigen Forschung bestehen erhebliche Diskrepanzen bezüglich Aussagen über die relativen Anteile zwischen Kundendelikten und Personaldelikten an den Inventurdifferenzen. Hier kristallisiert sich in der deutschsprachigen Literatur eine Veränderung heraus, die in der anglo-amerikanischen Forschung bereits früher vollzogen wurde: Während zunächst die Auffassung vorherrschte, daß auf Kundendelikte ein Großteil der wertmäßigen Verluste im Einzelhandel zurückzuführen sei, wird neuerdings ein höherer Anteil der Personaldelikte vermutet[45]. US-amerikanische Erhebungen stützen solche Tendenzaussagen. Nach Angaben

[44] Vgl. Wirsching, Rainer: Inventurdifferenzen. 300 Fälle aus der Praxis. Erkennung, Analyse, Beseitigung, Frankfurt 1984, S. 52; Tietz (1985), S. 682.
[45] Vgl. Schmechtig (1982), S. 1-6, Murphy (1986), S. 29.

18

des amerikanischen National Mass Retailing Institute belief sich im Jahr 1985 der Anteil der Personaldelikte an den Inventurdifferenzen auf durchschnittlich 42 Prozent, während die Kundendelikte einen Anteil von 31 Prozent ausmachten[46]. Die absolute Anzahl der Personaldelikte ist zwar geringer als die der Kundendelikte, aber der wertmäßige Schaden pro Diebstahl liegt erheblich höher. Nach einer Untersuchung von Zöllner[47] hatten Personaldelikte bei einem Anteil von rund 2% an der Zahl aller Diebstähle einen Anteil von 33% an der gesamten Schadenssumme. Eine Ernst & Young-Studie bei 160 Einzelhandelsunternehmen ergab für die USA folgende Ergebnisse: Auf einen Mitarbeiter, der wegen Diebstahls gefaßt wird, kommen 13 Ladendiebe, jedoch sind die bei Personaldelikten festgestellten Schadenssummen siebenmal so groß wie bei Kundendelikten[48]. Daten aus bundesdeutschen Warenhausunternehmen betonen nach wie vor die Dominanz der Kundendelikte. So lag das Verhältnis der ertappten Täter bei Karstadt im Jahre 1993 bei 58.957 Kunden zu 123 Mitgliedern des Personals[49]. Gemäß einer Umfrage schätzen die Einzelhändler, daß etwa 50 Prozent der Inventurdifferenzen auf Kundendelikte und etwa 25 Prozent auf Personaldelikte zurückzuführen sind[50]. Die Zahlenangaben über Inventurdifferenzen lassen trotz unterschiedlicher Gewichtungen übereinstimmend erkennen, daß die Majorität der Soll-Ist-Abweichungen das Ergebnis von Straftaten ist.

2.1.4 Ausmaß des Schadens und Handelsspanne

Die folgenden statistischen Daten verdeutlichen den Umfang des Schadens durch Delikte in Handelsunternehmen. Während das Zahlenmaterial für den Bereich der Kundendelikte recht umfangreich dokumentiert ist, liegen für die Fälle der Personaldelinquenz erheblich weniger empirische Quellen vor[51]. Die folgende Tabelle T.1 zeigt zur Übersicht elementares Zahlenmaterial.

---

[46] Vgl. Lewison/deLozier (1989), S. 311-312.
[47] Vgl. Zöllner (1979), S. 2.
[48] Vgl. o.V.: Shoplifting in America: Krazy Kirk Meets Dr Shortage, in: Economist, Vol. 318, Iss. 7690, Jan. 19, 1991, S. 65.
[49] Vgl. Loitz, Rolf/Bosch, Dieter: "Einmal ist keinmal", in: BAG-Handelsmagazin, 11/1994, S. 18-20, hier S. 19.
[50] Vgl. o.V.: Inmitten des kriminellen Geschehens, in: BAG-Handelsmagazin, 4/1994, S. 55-57, hier S. 55.
[51] Vgl. genauso auch schon Zöllner (1979), S. 3.

19

Information	Zahl	Quelle
registrierte Ladendiebstähle	662.172 Fälle	PKS 1993
Aufklärungsquote	95,4 %	PKS 1993
Inventurdifferenz	1,1-1,3 % 1,9-2,6 % 0,5-3,0 %	BAG-Umfrage Dynamik 12/92 Tietz (1985)
Anteil der Ladendiebstähle Anteil der Personaldelikte	50 % 25 %	BAG-Umfrage BAG-Umfrage
direkt für Ladendiebstahl aufgewendete Kosten	0,3 % v. Bruttoumsatz	BAG-Umfrage
Kompensation diebstahls- bedingter Verluste	1 DM Verlust erfordert 20-fachen Umsatz	Zöllner (1977)
geschätzte Dunkelziffer	90-95 %	Michaelis (1991)
geschätzte Zahl der Fälle von Ladendiebstahl	1 bis 50 Millionen Fälle	Michaelis (1991)

Tabelle T.1: Empirische Daten für die Bundesrepublik Deutschland[52]

Die Polizeiliche Kriminalstatistik registrierte für 1993 unter der Schlüsselziffer 326 insgesamt 662.172 Fälle (s.o.), nachdem in den Jahren 1981-1988 die Werte lediglich bei ungefähr 350.000 erfaßten Fällen gelegen hatten[53]. Ein gewisser Anteil dieser Steigerung ist auf die Vergrößerung der Erhebungsfläche (Fall der Grenzen zwischen der Bundesrepublik Deutschland und der DDR) zurückzuführen. Doch auch beim Vergleich des Zahlenmaterials der Jahre 1992 und 1991 für die alten Bundesländer einschließlich Gesamt-Berlins wird ein deutlicher Anstieg der erfaßten Fälle von 13,1 Prozent bei der Ziffer 326 verzeichnet[54], von 1992 auf 1993 ergibt sich eine Steigerungsrate von 8,4 Prozent[55]. Michaelis schätzt die Anzahl der in den alten Bundesländern verübten Ladendiebstähle auf jährlich 9 Millionen,

---

[52] PKS 1993 = Polizeiliche Kriminalstatistik (1994), Berichtsjahr 1993, S. 152; BAG-Umfrage = o.V.: Inmitten des kriminellen Geschehens - eine BAG-Umfrage zu Ladendiebstahl und Inventurdifferenz, in: BAG-Handelsmagazin, 4/1994, S. 55-57; Dynamik 12/92 = Schwarz (1992), S. 30-31; Zöllner (1977), S. 160; Michaelis (1991), S. 15-16; Tietz (1985), S. 682.
[53] Vgl. Polizeiliche Kriminalstatistik (1994), Berichtsjahr 1993, S. 151-152. Die Fälle der Ziffer 426 der Polizeilichen Kriminalstatistik (Diebstähle unter erschwerten Umständen) werden hier nicht behandelt, da es sich um eine relativ geringe Anzahl (weniger als 9.000 Fälle) handelt.
[54] Vgl. Polizeiliche Kriminalstatistik (1993), Berichtsjahr 1992, S. 148.
[55] Vgl. Polizeiliche Kriminalstatistik (1994), Berichtsjahr 1993, S. 151.

das entspricht gut 14.700 Diebstählen pro 100.000 Einwohner[56]. Die Ladendiebstahlskriminalität ist überproportional sowohl im Vergleich zu dem Anwachsen der Einzelhandels-
flächen als auch im Vergleich zu den Steigerungsraten der Gesamtkriminalität
angestiegen[57].

Zur Schadenshöhe in makroökonomischer Perspektive macht die Polizeiliche Kriminalstatistik folgende Aussage: Für die alten Bundesländer einschließlich Gesamt-Berlins belief sich
die Gesamtschadenssumme bei den erfaßten, vollendeten Fällen der Ziffer 326 im Berichtsjahr 1993 auf 76 Millionen DM[58]. Wegen der hohen Dunkelziffer und aufgrund des
(mittelbar) durch Delinquenz zusätzlich bewirkten Faktorverzehrs leiten die Einzelhandelsverbände jedoch sehr viel höhere Schadensdimensionen ab. Der Hauptverband des Deutschen Einzelhandels spricht von einem Schaden von vier Milliarden Mark, der 1992 durch
Ladendiebstahl entstanden sei[59]. Ausgangsbasis dieser Schätzungen ist beispielsweise der
gesamte Einzelhandelsumsatz in Deutschland von etwa 900 Milliarden DM[60]. Wird angenommen, daß eine durchschnittliche Inventurdifferenz von ein Prozent vorliegt und wird
des weiteren unterstellt, daß die Hälfte dieser Differenzen auf Kundendelikte zurückzuführen ist, dann ergibt sich eine Schaden von mehr als vier Milliarden DM. Diese Angaben
sind das Ergebnis von Schätzungen und lassen sich nicht weiter verifizieren.

Auf der einzelbetrieblichen Ebene werden die Inventurdifferenzen erhoben. Diese betragen
im bundesdeutschen Einzelhandel zwischen 0,5 Prozent und 3,5 Prozent vom Umsatz[61], in
großen Warenhaus-Konzernen liegen sie eher zwischen 0,5 und 1,2 % vom Umsatz[62]. Im
Gegensatz zu den durchschnittlichen Werten können jedoch auf der Ebene der einzelnen
Einkaufsstätte erhebliche Schwankungen auftreten. So wurden bei einer Untersuchung in
mehr als 200 Kaufring-Häusern (zwischen 1989 und 1991) durchschnittliche Inventurdifferenzen von 1,9 bis 2,6 Prozent vom Umsatz (entspricht 102 bis 108 Millionen DM) ermit-

---

[56] Vgl. Michaelis (1991), S. 18..
[57] Vgl. Michaelis (1991), S. 9.
[58] Für die neuen Bundesländer waren diese Daten noch nicht verfügbar, vgl. Polizeiliche Kriminalstatistik (1994), Berichtsjahr 1993, S. 153.
[59] Vgl. o.V.: Zahl der Ladendiebstähle hat zugenommen, Frankfurter Allgemeine Zeitung, 8. Januar 1993, S. 11.
[60] Vgl. Giersberg, Georg (1994): Der kleine Ladendiebstahl soll nicht mehr bestraft werden, in: Frankfurter Allgemeine Zeitung, Nr. 236, 11. Oktober 1994, S. 27.
[61] Vgl. Tietz (1985), S. 682, Schulte, Egon/Simmet, Heike: Kosteneinsparungen durch Synergieeffekte - Elektronische Artikelsicherung und Warenwirtschaft, in: Dynamik im Handel, 3/91, S. 60-62, hier S. 60.
[62] Vgl. o.V.: Inventurdifferenzen - Warenhäuser verstärken Sicherungsmaßnahmen, in: BAG-Nachrichten, 9/91, S. 27.

telt, ein Haus wies jedoch einen Extremwert von 16 Prozent auf[63]. Der durchschnittliche Warenwert pro Kundendelikt lag bei den großen bundesdeutschen Warenhaus-Konzernen im Jahr 1993 zwischen 107 und 171 DM[64]. Selbst der Diebstahl von Einkaufswagen stellt einen erheblichen Verlustfaktor dar[65]. In der Bundesrepublik Deutschland werden jährlich zwischen 50.000 und 100.000 Einkaufswagen entwendet bzw. zerstört. Der Schaden beläuft sich bei Ansatz des durchschnittlichen Preises eines Wagens von 150 DM auf 7,5 bis 15 Millionen DM.

Die folgenden Zahlen aus den USA zeigen auf, daß es sich bei der Problemstellung der Straftaten in Handelsunternehmen um ein globales Phänomen handelt. Die Ladendiebstahlskriminalität stieg in den USA bereits in den 60er Jahren um 221 Prozent an[66]. Diese Entwicklung verdeutlicht den frühen Übergang zu großflächigen Betriebsformen mit Selbstbedienung. Derzeit wird der jährliche Verlust an Ware auf 12 Milliarden Dollar geschätzt[67], die dadurch verursachten Kosten des Ladendiebstahls werden mit 24 Milliarden Dollar beziehungsweise mit 6,6 Prozent des Umsatzes beziffert[68]. Die letztgenannten Ziffern berücksichtigen bereits Aufwendungen zur Sicherung der Ware, zur Alimentierung von Überwachungspersonal und zur Festnahme von Tätern. Die Relation von Kundendelikten zu Personaldelikten aufgrund US-amerikanischer Erhebungen wurde bereits oben thematisiert.

Von der Ebene aggregierter Zahlenangaben wird nun übergegangen auf die einzelwirtschaftliche Ebene, um die betriebswirtschaftlichen Folgen der Schäden genauer zu analysieren. In der Handelsbetriebslehre werden Kostenarten innerhalb von Handelsunternehmen üblicherweise in Warenkosten und Handlungskosten unterschieden. Wird ein Gegenstand durch einen Kunden entwendet, so können verschiedene Verlustbestandteile identifiziert werden. Zum einen entstehen Verluste in Höhe der Warenkosten des gestohlenen Gutes. Zum anderen entfallen auf die entwendete Ware bereits Handlungskosten, z. B. wurde der Gegenstand transportiert, umgepackt oder auch mit einer Beratungsdienstleistung

[63] Vgl. o.V.: Inventurdifferenzen, in: Wirtschaftsschutz & Sicherheitstechnik, Jan./Febr. 1993, S. 46; Schwarz, Wilfried: Langfristige Erfolge entscheidend - Erfahrungen der Kaufring AG mit Artikelsicherungssystemen, in: Dynamik im Handel, 12/1992, S. 30-31, hier S. 30.
[64] Vgl. Loitz/Bosch (1994), S. 19.
[65] Vgl. Mehler, Klaus: Wagenklau: Caddy für alles und jeden, in: Der Handel, Heft 4/1993, S. 32-33.
[66] Vgl. El-Dirghami, Amin: Shoplifting among Students, in: Journal of Retailing, Vol. 50, No. 3, Fall 1974, S. 33-42, hier S. 33.
[67] Vgl. Cox, Dena/Cox, Anthony, D./Moschis, George P.: When Consumer Behavior goes bad: An investigation of Adolescent Shoplifting, in: Journal of Consumer Research, Vol. 17, Iss. 2, September 1990, S. 149-159, hier S. 149.
[68] Vgl. Mason, J. Barry/Morris, L. Mayer: Modern Retailing - Theory and Practice, 5. Aufl., Homewood/Boston 1990, S. 234; Vgl. French, Warren A., u.a.: Retailers' Assessment of the Shoplifting Problem, in: Journal of Retailing, Vol. 60, No. 4, Winter 1984, S. 108-115, hier S. 110.

verknüpft. Es ist problematisch, jene Kosten exakt zu beziffern, die durch ein bestimmtes Delikt ausgelöst werden. Es liegt ein Zurechnungsproblem vor.

Die Kostenstruktur im Handel ist durch die Dominanz variabler und fixer Gemeinkosten bezüglich der preistragenden Kalkulationsobjekte gekennzeichnet[69]. Die Handelsspanne beim Kauf eines einzelnen Artikels deckt einen Teilbereich dieser Gemeinkosten ab, ohne daß ein Händler die auf den einzelnen Artikel entfallenen Anteile genau beziffern kann[70]. Es ensteht ein Zurechnungsproblem, das auch bei der Angabe von deliktbedingten Kosten zum Tragen kommt. Es kann nicht davon ausgegangen werden, daß die unfreiwilligen Abgänge sofort detektiert werden. Bei einer kalkulatorischen Betrachtung müssen daher auch Fehlmengenkosten[71] angesetzt werden - es entstehen Opportunitätskosten wegen entgangener Umsätze. Auch moderne Warenwirtschaftssysteme bilden durch Scanner-Erfassung zunächst nur die Soll-Struktur des Warenbestandes ab.

In der Modellwelt des vollkommenen Marktes treten bei vollkommener Respektierung von Eigentumsrechten keine Delikte gegen das Eigentum auf. Entgegen dieser idealtypischen Annahme entstehen in der Realität Aufwendungen für die Sicherung des Sortiments. Dazu gehören Detektive, Überwachungspersonal und technische Sicherungseinrichtungen. Einfacher Diebstahl ist nicht versicherbar - diese Möglichkeit scheitert an prohibitiven moral-hazard-Problemen. Daher werden die Diebstahlsverluste sowie die Aufwendungen für die Sortimentssicherung auf die Waren kalkulatorisch umgelegt. Es handelt sich also um eine Form der Selbstversicherung. So wurden in einer Umfrage die dem Ladendiebstahl direkt zurechenbaren Kosten von den Einzelhändlern auf 0,3 Prozent vom Bruttoumsatz geschätzt[72]. Die Umlage dieser Aufwendungen hat jedoch Grenzen. Der aggressive Preiswettbewerb im Einzelhandel ermöglicht nicht die beliebige Überwälzung auf die Kunden. Von besonderem Interesse sind daher die Auswirkungen von Delinquenz auf die Höhe der Handelsspanne bzw. auf die Gewinnsituation von Handelsunternehmen.

---

[69] Vgl. Gümbel, Rudolf: Ökonomische Theorie und Handelsunternehmung, in: ZfB, 62. Jg., 1992, Heft 3, S. 335-356, hier S. 337.

[70] Streng genommen sind auch die Wareneinstandskosten nicht als echte Einzelkosten ermittelbar, z.B. bei der Gewährung von Rabatten im Einkauf. Das wird hier vernachlässigt.

[71] Nieschlag, Robert/Dichtl, Erwin/Hörschgen, Hans: Marketing, 16. Aufl., Berlin 1991, S. 403: "Fast überhaupt nicht untersucht ist bisher die Wirkung von Regallücken...".

[72] Vgl. o.V.: Inmitten des kriminellen Geschehens - eine BAG-Umfrage zu Ladendiebstahl und Inventurdifferenz, in: BAG-Handelsmagazin, 4/1994, S. 55-57, hier S. 56. Anmerkung: Leider ist in der BAG-Umfrage nicht definiert, welche Kostenarten als direkt zurechenbar eingestuft wurden.

Schon Seyffert hat festgestellt, daß Diebstahl im Handel besonders bei geringen Spannen ein Problem darstellt[73]. Der Einzelhandel ist in der Regel ein 'low margin'-Geschäft. Besonders im Bereich des Lebensmitteleinzelhandels und bei den Warenhäusern liegen die Umsatzgewinnraten oftmals bei lediglich ein Prozent[74]. Hohe Schadensquoten können den Gewinn regelrecht ausmerzen. In der Handelspraxis sind Fälle bekannt, in denen Einzelhändler zur Geschäftsaufgabe gezwungen wurden oder den Standort verändern mußten, als Ladendiebstähle überhandnahmen. Diese Reaktionen werden verständlich, wenn der Einfluß von Inventurdifferenzen auf die Gewinnsituation näher analysiert wird. Eine Inventurdifferenz von ein Prozent kann beispielsweise eine Netto-Gewinnminderung von 20 Prozent repräsentieren[75]. Damit stellt sich auch die Frage, wie diese Verluste kompensiert werden können. Beispielsweise nennt Zöllner als Anhaltspunkt ein Verhältnis von 20 zu 1 - d.h., ein Diebstahlsverlust von 1 DM muß mit einem 20fachen Umsatz kompensiert werden[76]. Zusammenfassend zeigt sich, daß Straftaten gegen das Eigentum durchaus die Standortqualität, die Wettbewerbsfähigkeit und die Überlebensfähigkeit von Einzelhandelsunternehmen beeinflussen können.

Gegenmaßnahmen zur Prävention und Sanktion von Delikten erfordern einen erheblichen Ressourceneinsatz. Somit repräsentieren nicht nur Delikte an sich, sondern auch Maßnahmen zu ihrer Verhinderung ein Effizienz-Problem, bei dem ökonomische Wahlprobleme entstehen. Daher ist zunächst zu prüfen, inwieweit und mit welchem Instrumentarium diese Effizienzprobleme in der Literatur zum Thema Kundendelinquenz und Personaldelinquenz berücksichtigt worden sind.

2.2 Diskussionsstand in der Literatur

Im folgenden werden Entwicklungslinien und Schwerpunkte der Diskussion aufgezeigt, unter denen in der Literatur das Problem der Delinquenz in Handelsunternehmen bisher analysiert worden ist. Im Kontext der bisherigen Forschung kann dann die sich abgrenzende Zielrichtung der vorliegenden Arbeit entwickelt werden. Die Darstellung erfaßt die Entwicklung ab 1970. Die ältere Literatur ist in anderen Werken bereits hinreichend dokumentiert[77].

---

[73] Vgl. Seyffert, Rudolf: Wirtschaftslehre des Handels, Köln/Opladen 1951, S. 282.
[74] Vgl. Gümbel (1985a), S. 21; Schulte/Simmet (1991), S. 60.
[75] Vgl. Murphy (1986), S. 28.
[76] Vgl. Zöllner, Rolf-Dieter: Der Ladendiebstahl als betriebswirtschaftliches Problem im Einzelhandel, Köln 1977, S. 160.
[77] Vgl. etwa Michaelis (1991), S. 2-7.

Die Analyse der Forschungslandschaft konzentriert sich auf die Rezeption der Problemgebiete 'Kundendelikte' und 'Personaldelikte'. Diese Themenbereiche sind nicht allein Gegenstand der Diskussion in der betriebswirtschaftlichen Disziplin der Handelsbetriebslehre. Weitere Forschungsbeiträge, vielfach mit interdisziplinären Überschneidungen, finden sich in der Rechtswissenschaft bzw. der Kriminologie, der Psychologie und der Soziologie. In der nachfolgenden, tabellarischen Darstellung werden wichtige Beiträge zur Problemstellung in chronologischer Form vorgestellt, da die Diskussion maßgeblich von Gesetzgebungsverfahren und von der jeweils aktuellen Rechtsprechung beeinflußt wird. In Tabelle T.2 ist jeweils das Ziel, das Untersuchungsgebiet, die Methodik und das Ergebnis der jeweiligen Forschungsbeiträge herausgearbeitet.

Tabelle T.2: Analyse von Forschungsbeiträgen in chronologischer Folge

Autor und Jahr: Arzt, u.a. (1974)[78]
Disziplin: Rechtswissenschaft
Ziel der Analyse: Entkriminalisierung von Ladendiebstahl
Untersuchungsgebiet: Ladendiebstahl (Kundendelikte)
Methodik: "Zurückdrängung des Strafrechts in diesem Bereich durch eine Aktivierung des Zivilrechts" (S. 9)
Ergebnis: Ersttäter werden entkriminalisiert (insbesondere § 10); Einführung einer Wertgrenze von 500 DM (§ 1); Anspruch des Handels auf Zuschlag zum eigentlichen Schaden (§ 2); Identifizierung von Mehrfachtätern durch zentrale Registrierung (§ 8)

Autor und Jahr: Meier (1974)[79]
Disziplin: Rechtswissenschaft / Betriebswirtschaft
Ziel der Untersuchung: Prüfung der Zulässigkeit von Fangprämien
Untersuchungsgebiet: Ladendiebstahl und 'Abwälzungstheorie'
Methodik: Analyse der kaufmännischen Kalkulationspraxis
Ergebnis: Dieb kann sich nicht darauf berufen, daß dem Kaufmann durch Diebstahl kein Vermögensschaden entstanden sei, weil er diesen bereits kalkulatorisch berücksichtigt und von seinen Kunden ersetzt erhalten habe (S. 1377)

---

[78] Vgl. Arzt, Gunther, u.a.: Entwurf eines Gesetzes gegen Ladendiebstahl (AE-GLD), in: Recht und Staat, Heft 439, Tübingen 1974.
[79] Vgl. Meier, Gert: Anspruchsverlust gegen Warendieb durch kalkulatorische Berücksichtigung von Manki?, in: BB, Heft 30, 30. Oktober 1974, S. 1376-1377.

Autor und Jahr: Minger (1974)[80]

Disziplin: Sozialwissenschaft / Wirtschaftswissenschaft

Ziel der Untersuchung: Prüfung der Frage, inwieweit von Sanktionierenden akzeptierte Theorien ('pragmatische Theorien') und wie Persönlichkeitszüge der Sanktionierenden das jeweilige Sanktionsverhalten erklären bzw. prognostizieren können (S. 2)

Untersuchungsgebiet: Kundendiebstahl in Kaufhäusern

Methodik: Befragung von 30 Ladendetektiven; Auswertung von Diebstahlsprotokollen der Kaufhäuser (1800 Täter); Empirische Prüfung von Hypothesen, die sich auf das Stellen der Täter und die Anzeigeneigung der Sanktionierenden beziehen

Ergebnis: Einfluß von Persönlichkeitsmerkmalen der Sanktionierenden (S. 54ff.); Zusammenhang von Deliktsumme und Anzeigeneigung (S. 83); Einfluß des Alters des Täters auf die Anzeigeneigung (S. 108), u.ä.

Autor und Jahr: Meurer (1976)[81]

Disziplin: Rechtswissenschaft mit interdisziplinären Bezügen

Ziel der Untersuchung: Zusammenhänge der Diskussion um Entkriminalisierung, Mitverschulden des Handels, Schadensersatzforderungen und wirtschaftlichen Schaden des Handels sollen näher aufgezeigt werden

Untersuchungsgebiet: Ladendiebstahl

Methodik: Auswertung kriminologischer Daten; Wirtschaftliche, rechtliche und sozialwissenschaftliche Analyse

Ergebnis: Zweifel an der Vorteilhaftigkeit des völligen Rückzugs des Strafrechts (S. 42); klare Regelung des Schadensersatzes, u.U. im BGB (S. 41); Ablehnung einer "wirtschaftsverwaltungsstrafrechtlichen" Bekämpfung (S. 41)

---

80 Vgl. Minger, Helmar: Normbruch und Sanktion, Faktoren der Überwachungseffizienz und Anzeige-Neigung bei Kaufhausdiebstählen, Diss. Erlangen-Nürnberg 1974.

81 Vgl. Meurer, Dieter: Die Bekämpfung des Ladendiebstahls. Wirtschaftlich-rechtliche Erwägungen und Daten zur kriminalpolitischen Situation, Berlin/New York 1976.

Autor und Jahr: Gillig (1976)[82]

Disziplin: Soziologie

Ziel der Untersuchung: Soziologische Analyse des bzw. empirische Erkenntnisse über den Sanktionsprozeß

Untersuchungsgebiet: 'Geringwertiger' Ladendiebstahl

Methodik: Empirische Erhebung mit Rückgriff auf Protokolle, Zeugenaussagen, Gutachten sowie interne Vorgänge von Behörden (S. 36); 138 Akten der Frankfurter Staatsanwaltschaft mit einer Wertgrenze bei 30 DM (S. 37)

Ergebnis: Tätermerkmale (S. 197ff.), Staatsanwaltliche Verfügungen (S. 224ff.), Kriterien der Schadensbemessung (S. 234ff.), u.ä.

Autor und Jahr: Rössner (1976)[83]

Disziplin: Rechtswissenschaft / Kriminologie

Ziel der Untersuchung: Entkriminalisierung; "Zum einen will sie die für die kriminalpolitische Diskussion nötigen Grundlagen schaffen und zum anderen darauf aufbauend einen Lösungsvorschlag einbringen." (S. 12)

Untersuchungsgebiet: 'Bagatelldiebstahl'

Methodik: Keine eigene empirische Erhebung, sondern Rückgriff auf Sekundärquellen; Historische und rechtsvergleichende Analyse (S. 21 und S. 141); Kriminalpolitische Würdigung (S. 197)

Ergebnis: Schaffung einer neuen Kategorie der "Verfehlung"; Einführung einer diesbezüglichen Wertgrenze von 50 DM (S. 225); neue Organisationsformen der Rechtspflege, sogenannte 'kleine Gerichte' (S. 226)

---

[82] Vgl. Gillig, Volker Kurt: Soziologische Dimensionen der staatsanwaltschaftlichen Ermittlungstätigkeit und Sanktionierungskriterien bei geringwertigen Ladendiebstahlsverfahren, Diss. Frankfurt am Main 1976.

[83] Vgl. Rössner, Dieter: Bagatelldiebstahl und Verbrechenskontrolle - Ein exemplarischer Beitrag zur Entkriminalisierung durch quantitative Begrenzung des Strafrechts, Frankfurt am Main 1976.

Autor und Jahr: Zöllner (1977)[84]
Disziplin: Handelsbetriebslehre
Ziel der Untersuchung: "will ... zur Verringerung der Inventurverluste beitragen, indem sie den Haupteinwirkungsfaktor auf die Höhe der Inventurdifferenzen, den Ladendiebstahl, untersucht und Lösungsmöglichkeiten zu seiner Beseitigung bzw. Reduzierung aufzeigt" (S. 14)
Untersuchungsgebiet: Ladendiebstahl
Methodik: 1. Teil: Empirische Untersuchung zusammen mit der Bundesarbeitsgemeinschaft der Mittel- und Großbetriebe des Einzelhandels in 497 Betrieben, in der Mehrzahl Warenhäuser; 2. Teil: Einflüsse "einzelhandelsbetrieblicher Gegebenheiten" werden analysiert; Analyse der Faktoren "Betrieb", "Ware" und "Personal" hinsichtlich ihres Einflusses (S. 18)
Ergebnis: Hinweise zu Tätereigenschaften (S. 58ff.); Tatanalyse wie z. B. Tatzeit (S. 75ff.); Einflüsse der betrieblichen Gegebenheiten wie Sortiment und Standort (S. 134ff.); Wirtschaftliche Konsequenzen für die Betriebe (S. 159) und Lösungsansätze zur Bekämpfung (S. 191)

---

[84] Vgl. Zöllner, Rolf-Dieter: Der Ladendiebstahl als betriebswirtschaftliches Problem im Einzelhandel, Köln 1977.

Autor und Jahr: Schoreit (Hg.) mit Beiträgen verschiedener Autoren (1979)[85]

Disziplin: verschiedene Forschungsperspektiven, rechtspolitischer Schwerpunkt

Ziel der Untersuchung: Wiedereröffnung und Vertiefung der Diskussion nach dem Scheitern von zur Abstimmung vorgelegten Alternativgesetzentwürfen auf dem 51. Deutschen Juristentag 1976 (Vorwort S. 5-6)

Untersuchungsgebiet: Breite Darstellung der Probleme aus verschiedenen Perspektiven: Entkriminalisierung, Statistik, Dunkelfeldforschung, Perspektive des Handels, etc.

Ergebnis: Verschiedene (rechtspolitische) Schlußfolgerungen, bis hin zur Erwägung von Auflagen, die Handelsbetriebe verpflichten, eine bestimmte Mindeststärke des Verkaufs- und Aufsichtspersonals im Verhältnis zur Verkaufsfläche bereitzuhalten (Schoreit, S. 107)

Autor und Jahr: Wagner (1979)[86]

Disziplin: Rechtswissenschaft, Kriminologie

Ziel der Untersuchung: Gewinnung von Information über die staatliche Sanktionspraxis, d.h., über die Handhabung der Einstellungsmöglichkeiten, über den Einfluß des Beschuldigtenverhaltens und über den Einfluß von Tat- und Tätermerkmalen auf die Sanktionspraxis (S. 7)

Untersuchungsgebiet: Ladendiebstahl

Methodik: Empirisch strukturierte Untersuchung; 2446 Ladendiebstähle des Jahres 1973 und 3166 Ladendiebstähle des Jahres 1975 in der Berliner City dienen als Grundgesamtheit, aus denen stichprobenartig jeweils 500 Fälle zur Auswertung extrahiert wurden (S. 25)

Ergebnis: Darstellung, wie die Beteiligten (Täter, Opfer, Polizei, Staatsanwaltschaft, Gericht) sich im Sanktionsprozeß verhalten, welche Verfahrensergebnisse resultieren und inwieweit die Möglichkeiten zur Einstellung der Verfahren genutzt werden; Verbesserungsvorschläge zur seit 1975 geltenden Rechtslage (S. 427)

---

[85] Vgl. Schoreit, Armin (Hg.): Problem Ladendiebstahl - Moderner Selbstbedienungsverkauf und Kriminalität, Heidelberg 1979.

[86] Vgl. Wagner, Joachim: Staatliche Sanktionspraxis beim Ladendiebstahl, Göttingen 1979.

Autor und Jahr: Schmechtig (1982)[87]

Disziplin: Rechtswissenschaft, Kriminologie

Ziel der Untersuchung: Nähere Erkenntnisse zum u.U. unterschätzten Bereich und noch unerforschten Gebiet der Personaldelikte

Untersuchungsgebiet: Personaldelikte

Methodik: Untersuchung von 82 Fällen, die 1977-1979 vom Polizeipräsidium Nürnberg erfaßt wurden; außerdem Auswertung der Daten von fünf Waren- und Versandhauskonzernen (S. 6-7); Erhebung von täterspezifischen Daten wie Geschlecht, Alter, Betriebszugehörigkeit, etc.; Auswertung nach Tat, Warenwert, etc.; strafrechtliche und arbeitsrechtliche Konsequenzen

Ergebnis: Ableitung von Ursachen der Personaldelikte und Darstellung von Möglichkeiten ihrer Bekämpfung

---

Autor und Jahr: Murphy (1986)[88]

Disziplin: Sozialwissenschaftlich mit interdisziplinären Bezügen

Ziel der Untersuchung: "... to provide a 'criminological ethnography of shoplifting'."; Feststellung, daß ein Mangel an fundierten empirischen Untersuchungen im Vereinigten Königreich besteht (S. 1)

Untersuchungsgebiet: Breit angelegte Studie über Ladendiebstahl und das Verhalten von Ladendetektiven

Methodik: fieldwork project (S. 66); Befragung und Beobachtung von Ladendetektiven und sonstigem Sicherungspersonal über einem Zeitraum von 6 Monaten in verschiedenen Regionen und Betriebsgrößen (S. 67); Untersucher nimmt die Position eines "observer-as-participant" ein (S. 73)

---

[87] Vgl. Schmechtig, Brigitte: Personaldelikte - Parallelen und Abweichungen zum Ladendiebstahl, Marburg 1982.

[88] Vgl. Murphy, Daniel J.: Customers and Thieves: An Ethnography of Shoplifting, Hants/Brooksfield 1986.

Ergebnis: Typologie des Rollenverhaltens von Ladendetektiven (S. 237); Erkenntnisse über die Verfahrensweisen von Ladendetektiven (S. 141) und Gerichten (S. 201) mit ertappten Delinquenten; Ladendetektive werden als wirksamstes Gegenmittel eingestuft (S. 237); "The point made here is that there are methods of controlling shoplifting which do not involve the criminal justice system and these should be given more public discussion." (S. 240)

Autor und Jahr: Loitz/Loitz (1987)[89]

Disziplin: Handelsbetriebslehre

Ziel der Untersuchung: Bereitstellung von detaillierten Angaben über das Problemfeld 'professionelle Täter' (S. 16-18)

Untersuchungsgebiet: Professionelle Ladendiebe (Arbeitsdefinition der Autoren S. 9-11)

Methodologie: Auswertung von Polizeiberichten und Pressemeldungen aus einem Zehnjahreszeitraum; insgesamt 739 Berichte mit 1179 Straftaten (S. 13)

Ergebnis: Aufschluß über Tatverhalten, Tatgeschehen (auch nach Sortiment), Tatzeit sowie Möglichkeiten der Bekämpfung

---

[89] Vgl. Loitz, Rolf/Loitz, Kurt-Michael: So wehrt man sich gegen Ladendiebe: Arbeitsweise und Abwehr professioneller Ladendiebe, Köln 1987.

Autor und Jahr: Füllkrug (1986)[90]

Disziplin: Rechtswissenschaft

Untersuchungsgebiet: Fangprämien und ihre Durchsetzung

Methodik: Analyse der Rechtsprechung zum Thema 'Fangprämie' und Erörterung der u.U. strafrechtlichen Implikationen bei der Durchsetzung dieses Anspruches durch das Personal der Handelsbetriebe

Ergebnis: Grundsätzliche Erstattungsfähigkeit von Fangprämien, zumindest bei Beträgen bis 50 DM; Aufzeigen der Gefahr, daß sich das Personal der Einzelhandelsbetriebe bei der Durchsetzung der Fangprämie gegebüber dem Täter selbst strafbar macht

---

Autor und Jahr: Michaelis (1991)[91]

Disziplin: Rechtswissenschaft, Kriminologie

Ziel der Untersuchung: Informationshilfe für Verkaufspersonal, Polizeibeamte, Richter, Detektive, u.a., außerdem Vermittlung von Anregungen für praktische Bekämpfungs- maßnahmen (S. 26)

Untersuchungsgebiet: Ladendiebstahl

Methodik: Empirische Untersuchung in zwei großen Warenhäusern in Freiburg von Oktober 1987 bis Mai 1988; 303 Fälle, Sozialdaten von 327 Tätern

Ergebnis: Erkenntnisse über den Tatablauf, Sozialdaten der Täter, Motivation der Täter, Typologie der Täter, Hinweise auf die Abwicklung beim Ertappen von Tätern und auf Möglichkeiten der Bekämpfung von Delinquenz

---

[90] Vgl. Füllkrug, Michael: Fangprämien für Ladendiebe, in: Kriminalistik, 40. Jg., 11/1986, S. 531-532.
[91] Vgl. Michaelis, Jörg: Kriminologisch-kriminalistische Aspekte des Ladendiebstahls unter besonderer Berücksichtigung des Warenhausdiebstahls, Ffm. u.a. 1991.

Autor und Jahr: Albrecht u.a. (Hg.) (1992)[92]

Disziplin: Rechtswissenschaft

Ziel der Untersuchung: Vorschläge und Ansätze zur Entkriminalisierung in Anregung durch das Hessische Ministerium der Justiz (S. 7); Annahmen: Strafrecht ist ultima ratio; "... hat sich die Anklagebehörde zu einer arbeitsintensiven Quasi-Entkriminalisierungsbehörde gewandelt ..." (S. 7)

Untersuchungsgebiet: u.a. Ladendiebstahl und handelsspezifische Betrugstatbestände (Kapitel 3)

Methodik: Darstellung von gesellschaftlichen Veränderungen, statistische Daten, Formulierung von Entpönalisierungs- und Entkriminalisierungsvorschlägen

Ergebnis: Nicht einheitliche Ausführungen der Beteiligten, sondern ein breites Spektrum von Vorschlägen: Beispielsweise verstärkte Nutzung der Opportunitätsvorschriften der StPO (S. 54), Herabstufung zur Ordnungswidrigkeit (S. 55), Subsidiarität des Strafrechts bei 'Mitverschulden' von Geschädigten im Rahmen bagatellarischer Betrugsdelikte (S. 62), Vorschläge aus den Staats- und Amtsanwaltschaften (S. 76)

Für die Handelsbetriebslehre ist der Problembereich der Diebstahlsdelikte traditionell ein Teilgebiet der Frage nach den Inventurdifferenzen. Es existiert eine Anzahl von Publikationen, die kein wissenschaftliches Niveau aufweisen bzw. keinen wissenschaftlichen Anspruch erheben. Diese Beiträge sollen hier als 'Praktiker-Literatur' bezeichnet werden. Das Ziel dieser Analysen ist die Bereitstellung von Informationen, die in der Handelspraxis zur Problemlösung genutzt werden können. Beispiele sind Hinweise für verbesserte Vorbeugemaßnahmen, die Entwicklung von Verfahren der internen Revision zur Minderung von Inventurdifferenzen und Vorschläge zum Einsatz von Sicherungssystemen[93]. Stärker als durch die betriebspolitischen Folgen der Delinquenz für Handelsunternehmen wird die Struktur der Forschungsbeiträge jedoch durch rechtspolitische Auseinandersetzungen geprägt.

---

[92] Vgl. Albrecht, Peter-Alexis u.a. (Hg.): Rechtsgüterschutz durch Entkriminalisierung, Baden-Baden 1992.

[93] Vgl. z.B. Brockdorff, Cay Baron von, u.a.: Tatort Modehaus: Ladendiebstahl im Textileinzelhandel: Tricks erkennen, Diebstahl verhindern, Verluste vermindern, Frankfurt 1986; Wirsching, Rainer Winfried: Vorsicht an der Kasse: Methoden und Tricks betrügerischer Kunden, Frankfurt 1984; Wirsching, Rainer W.: Die unheimlichen Aufpasser: Warensicherungssysteme gegen Ladendiebstahl, Ingelheim 1985.

Die Diskussion um die Problematik der Delinquenz in Handelsunternehmen wird in den siebziger Jahren zunächst durch den starken Anstieg von Ladendiebstahlsdelikten ausgelöst. Ein Faktor, der diesen Anstieg mitbeeinflußt, ist die Veränderung der Betriebsformen mit dem Wachsen von Betriebsgrößen und der Expansion der Selbstbedienungs-Center und Selbstbedienungs-Warenhäuser ab 1967[94]. Im Gefolge des Anstiegs der durch Strafe bedrohten Tatbestände des Diebstahls und des Betrugs kommt es zu einer vermehrten Beanspruchung der Staatsanwaltschaften bzw. der Gerichte. Damit werden Bestrebungen zur Reform des Strafrechts intensiviert[95]. Dazu trägt auch die Tatsache bei, daß die Übertretung des 'Mundraubs' (im Sinne von § 370 Abs. 1 Nr. 5 StGB alte Fassung) ab 1975 aus den strafrechtlichen Bestimmungen entfernt wird und ersatzweise die Möglichkeit der Einstellung von Verfahren durch die Staatsanwaltschaften (Neufassung von § 153 StPO und Einführung von § 153a StPO) geschaffen wird[96]. Die Diskussion um die sogenannte 'Entkriminalisierung' führt zu einer 'Publikationswelle' am Ende der siebziger Jahre, auch wenn sich auf dem 51. Deutschen Juristentag 1976 entsprechende Novellierungsvorschläge nicht durchsetzen können[97]. Die Auseinandersetzung um das Thema 'Entkriminalisierung' wird dann Anfang der neunziger Jahre erneut verstärkt geführt[98]. Verbunden wird die rechtspolitische Diskussion der strafrechtlichen Novellierung mit dem Gedanken, Handelsunternehmen treffe aufgrund der von ihnen eingesetzten Verkaufsmethoden ein 'Mitverschulden'[99]. Ob die rechtliche Kategorie des 'Mitverschuldens' lediglich als Hilfsmittel zur beabsichtigten Rechtsreform dient, oder hier der Diskussion bereits ein handelsspezifischer Ausbeutungsverdacht[100] zugrundeliegt, ist nur schwer festzustellen. Weitere, rechtswissenschaftliche Schwerpunkte der Diskussion waren bzw. sind die Frage der Berechtigung zur Einforderung von Schadensersatz (sogenannte Fangprämien) durch Handelsunternehmen und die Probleme ihrer Durchsetzung[101] sowie die Erteilung von Hausverboten und die Durchsetzung derselben[102].

---

[94] Vgl. Zöllner (1977), S. 142-144.

[95] Vgl. Arzt (1970).

[96] Vgl. Blankenburg (1979), S. 43.

[97] Vgl. Schoreit (Hg.) (1979).

[98] Vgl. Albrecht (Hg.) (1992a), Albrecht (Hg.) (1992b), o.V.: Ein Desaster für die Ministerin, in: Der Handel, 11/1993, S. 16-18.

[99] Vgl. die Literaturhinweise bei Meurer, Dieter: Die Bekämpfung des Ladendiebstahls. Wirtschaftlich-rechtliche Erwägungen und Daten zur kriminalpolitischen Situation, Berlin/New York 1976, S. 2. Dieser Gedanken taucht auch auf bei Albrecht (Hg.) (1992b), S. 62.

[100] Vgl. zu diesem Begriff: Gümbel (1985a), S. 19-22.

[101] Vgl. exemplarisch Meier (1974), Füllkrug (1986a). Bis 1979 bestand noch eine unklare Rechtslage über Berechtigung und Höhe der Fangprämien.

[102] BGH (Urteil vom 3.11.1993) - XIII ZR 106/93 (Frankfurt am Main); OLG Frankfurt am Main (Urteil vom 15.03.1993), Az: 4U 172/91; vgl. Emmerich, Volker: Zur Zulässigkeit von Taschenkontrollen in einem Supermarkt, in: Juristische Schulung, Heft 5, 1994, S. 434-435.

Eine wesentliche Zahl von Beiträgen beschäftigt sich mit der Verbesserung des Informationsstandes über das tatsächliche Ausmaß der Kriminalität und mit der Bereitstellung von Information über Tatgeschehen, Tätereigenschaften und Einflußfaktoren der Delinquenz. Angesichts des großen Dunkelfeldes ist dieser Untersuchungsansatz von großer Bedeutung. Gemeinsames Merkmal dieser Untersuchungen, unabhängig davon, ob sie mehr der Handelsbetriebslehre[103] oder mehr der Kriminologie[104] zuzurechnen sind, ist die Methodik der empirischen Analyse. Das Zahlenmaterial dient der Ableitung von Aussagen oder auch zur Überprüfung von Hypothesen[105]. Außerdem interessiert im Lichte der rechtspolitischen Diskussion, wie die Sanktionspraxis durch Gerichte und Staatsanwaltschaften erfolgt, zumal hier durchaus Ermessensentscheidungen (z. B. bei der Einstellung von Verfahren) möglich sind[106]. Auch das Verhalten der Sanktionierenden auf der betrieblichen Ebene, d.h. jenes der Ladendetektive, wird durch mehrere Arbeiten erforscht[107]. Mit dem speziellen Kreis der professionellen Täter befaßt sich eine Untersuchung von Rolf und Kurt-Michael Loitz[108]. Diese Analyse nimmt von ihrer Konzeption her eine Mittelstellung zwischen der Praktiker-Literatur und den wissenschaftlichen Ansätzen ein.

Zum Bereich der Personaldelikte liegen nur sehr wenige Untersuchungen vor, deren bedeutsamste jene von Schmechtig ist[109]. Diese Untersuchung will über die eigentliche Erhebung hinaus offenbar einen Standpunkt vermitteln: "Es kann für die Zukunft nicht angehen, aus falsch verstandenem Prestigedenken Personaldelikte im eigenen Haus zu verschweigen, andererseits aber Ladendiebstähle anzuprangern."[110] Die Autorin schätzt die Dunkelziffer von Personaldelikten als noch höher als beim Ladendiebstahl ein[111]. Bei dieser Aussage handelt es sich, wie häufig bei der Thematik des Dunkelfeldes, eher um eine Mutmaßung als um eine durch Daten belegbare Aussage.

Die auch von Schmechtig genutzte Erhebungsmethode der Auswertung von Akten der Polizei bzw. der Staatsanwaltschaften kann nur bekannt gewordene Fälle aufgreifen. Die Struktur des Dunkelfeldes bleibt bei diesen Untersuchungsansätzen unerforscht, außerdem verbleiben Unklarheiten über die Größe des Dunkelfeldes. Die empirische Dunkelfeldforschung versucht durch verschiedene Techniken die unvollkommene Information über das

---

[103] Vgl. Zöllner (1977).
[104] Vgl. Michaelis (1991).
[105] So bei Minger (1974).
[106] Vgl. Wagner (1979), Gillig (1976).
[107] Vgl. Minger (1974), Murphy (1986).
[108] Vgl. Loitz/Loitz (1987).
[109] Vgl. Schmechtig (1982).
[110] Schmechtig (1982), S. 6.
[111] Vgl. Schmechtig (1982), S. 6.

tatsächliche Ausmaß der Kriminalität zu erhellen, so durch Selbstberichtuntersuchungen ('Self-Report-Surveys'), durch Studien zum Opferwerden ('Victimization Surveys'), durch Beobachtung und durch Experimente[112]. Repräsentative Aussagen über das Dunkelfeld der handelsspezifischen Delinquenz konnten jedoch aufgrund dieser Untersuchungsansätze bisher nicht gemacht werden.

Eine umfassende empirische Analyse zum Problembereich innerbetrieblicher Kriminalität liegt von Kaiser und Metzger-Pregizer vor[113]. Bei der untersuchten Betriebskriminalität handelte es sich in über 80 Prozent der Fälle um Eigentumsdelikte, wozu allerdings auch Straftaten gegen Kollegen gezählt wurden[114]. Diese Analyse differenziert jedoch nicht nach einzelnen Branchen und beschäftigt sich schwerpunktmäßig mit Industriebetrieben. Die Arbeitsbedingungen im Einzelhandel sind durch spezielle Gegebenheiten gekennzeichnet, da sich das Personal im Warenlager und in den Verkaufsräumen zwischen der Ware frei bewegt. Eine Übertragung der Erkenntnisse dieser Untersuchung auf den Handel wird daher hier abgelehnt.

Im folgenden werden die Erkenntnisse dargestellt, die sich aufgrund der Literaturanalyse ergeben. Zunächst ist festzustellen, daß eine Dominanz der rechtswissenschaftlichen und kriminologischen Forschungsbeiträge herrscht. Das ist nicht überraschend, da das Untersuchungsgebiet der Kriminalität traditionell in den Aufgabenbereich der Jurisprudenz fällt. Des weiteren liegt der Schwerpunkt der vorhandenen Untersuchungen im empirischen Bereich. Betriebswirtschaftliche bzw. ökonomische Forschungsbeiträge mit wissenschaftlichem Anspruch bilden die Minderheit und reflektieren nicht die neueren Entwicklungen in der Ökonomie. Das empirische Material der vorhandenen Forschungsbeiträge ist zwar durchaus umfangreich, die theoretischen Grundlagen der Argumentation schöpfen jedoch das aus ökonomischer Perspektive zur Verfügung stehende Instrumentarium keineswegs aus. Hier liegen wesentliche Inhalte der vorliegenden Arbeit.

Es ist bemerkenswert, daß im deutschsprachigen Raum das Phänomen der 'Kriminalität' nur marginal in der wirtschaftswissenschaftlichen Forschung erfaßt worden ist, zumal bereits erste Schritte unternommen wurden, um auch das Thema 'Kriminalität' in eine ökonomische Analyse zu inkorporieren. In der Sprachregelung dieser Arbeit werden darunter die inzwischen zahlreichen Beiträge zur Ökonomie der Kriminalität (im folgenden bezeichnet als 'Economics of Crime') verstanden. Bis dato ist in der deutschsprachigen Literatur davon

---

[112] Vgl. Schneider (1987), S. 184-214, Michaelis (1991), S. 16-18.
[113] Vgl. Kaiser, Günther/ Metzger-Pregizer, Gerhard (Hg.): Betriebsjustiz, Berlin 1976.
[114] Vgl. Kaiser/Metzger-Pregizer (1976), S. 64.

37

nur in geringem Maße Kenntnis genommen worden, abgesehen von einzelnen Ausnahmen[115]. Möglicherweise herrscht bisher die Auffassung vor, daß Kriminalität nicht zum Gegenstandsbereich der Wirtschaftswissenschaft gehört und daß kriminelle Handlungen nicht mit Bausteinen der ökonomischen Theorie analysiert werden können. Es gilt daher, einen für die ökonomische Theoriebildung (noch) nicht lehrbuchüblichen Themenkomplex zu erschließen und für das spezielle Problem der Straftaten in Einzelhandelsunternehmen aufzuarbeiten. Dazu ist es erforderlich, nach bereits vorhandenen Theoriebausteinen zu suchen. Spätestens seit Becker wird primär in der US-amerikanischen Literatur ein Instrumentarium entwickelt, das versucht, auch Kriminalität der ökonomischen Analyse zugänglich zu machen[116]. Diese Arbeiten zeigen erste Möglichkeiten auf, sich dem Phänomen der Kriminalität mit einem ökonomischen Ansatz zu nähern. Ein wirtschaftswissenschaftlicher Ansatz kann neue Erkenntnisse in die Diskussion von Fragen der Kriminalitätsbekämpfung einbringen. Dazu gehört die Analyse der Effizienz von Maßnahmen der Kriminalitätsbekämpfung, die Ableitung von Bestimmungsfaktoren des Allokationsoptimums und die entscheidungstheoretische Modellierung des Kalküls der Delinquenten.

In der vorliegenden Untersuchung werden ökonomische Modellstrukturen herangezogen, um die Durchsetzung von Eigentumsrechten in Handelsunternehmen als Effizienzproblem zu beschreiben. Der Transfer von Eigentumsrechten ist mit Schwierigkeiten verbunden und führt zu ökonomischen Wahlproblemen, wie im folgenden darzulegen ist.

2.3 Durchsetzung von Eigentumsrechten als Effizienzproblem

Kataloge von Handelsfunktionen sind in der Handelsbetriebslehre wohlbekannt[117]. Hier wird davon ausgegangen, daß die Handelsunternehmung durch entsprechenden Ressourceneinsatz zur Ausübung von Handelsfunktionen beiträgt und damit für die Kunden Marktspannungen überwindet. So entsteht beispielsweise Faktorverzehr, wenn im Rahmen der Raumüberbrückungsfunktion die Ware in die Nähe der Kunden gebracht wird oder wenn im Rahmen der Sortimentsfunktion den Kunden eine breite Auswahl einer Produktsorte präsentiert wird.

[115] Einen guten Überblick für den deutschsprachigen Leserkreis bietet Kunz, Harald J.: Kriminalität, in: Ökonomische Verhaltenstheorie, hrsg. von Bernd-Thomas Ramb und Manfred Tietzel, München 1993, S. 181-206.
[116] Vgl. Becker, Gary S.: Crime and Punishment - An Economic Approach, in: Journal of Political Economy, Vol. 76, No. 2, March/April 1968, S. 169-217. Vgl. die ausführliche Diskussion in Kapitel 3.
[117] Vgl. Marré, Heribert: Handelsfunktionen, in: HWA, hrsg. von Bruno Tietz, Band 4, Stuttgart 1974, Sp. 709-720.

An der Schnittstelle von Handelsunternehmen und Kunden, den Einkaufsstätten, wird der Übergang der Eigentumsrechte normalerweise zeitnah mit der physischen Übergabe der Ware vollzogen. Die Organisation dieses Übergangs birgt Schwierigkeiten. Es handelt sich um einen Problembereich der organisatorischen Gestaltung der Händler-Kunden-Interaktion (siehe Abbildung Z.2).

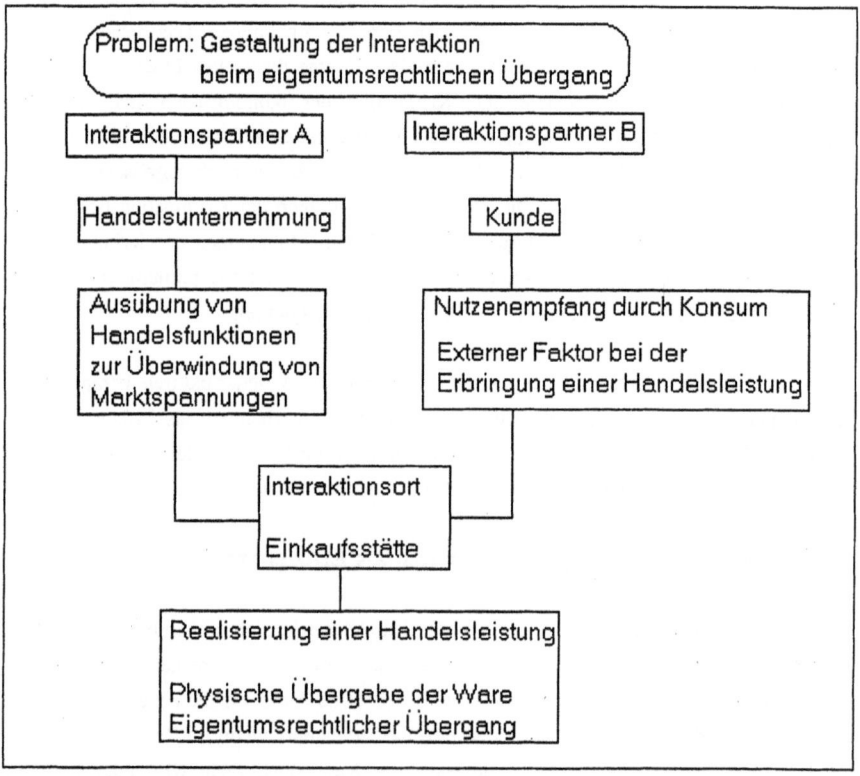

Abb. Z.2: Problembereich der Händler-Kunden-Interaktion

Interaktionspartner A ist die Handelsunternehmung, die einen Faktoreinsatz zur Erzeugung bestimmter Handelsfunktionen erbringt. Die Erstellung der gesamten Handelsleistung ist jedoch nicht möglich ohne die Mitwirkung der Kunden (Interaktionspartner B). Aus diesem Grunde werden die Kunden im Sinne einer Theorie der Dienstleistungsproduktion als externer Faktor[118] charakterisiert. Das Aufsuchen einer Einkaufsstätte (d.h. die Übernahme

---

[118] Vgl. Maleri, Rudolf: Grundlagen der Dienstleistungsproduktion, 2. Aufl., Berlin 1991, S. 107-112; Corsten, Hans: Die Produktion von Dienstleistungen. Grundzüge einer Produktionswirtschaftslehre des tertiären Sektors, Berlin 1985, S. 126.

eines Anteils an der Raumüberbrückung durch den externen Faktor) und die Selbstbedienung durch Kunden sind Beispiele solcher Partizipation. Am eigentlichen Interaktionsort, der Einkaufsstätte, treffen beide Interaktionspartner zusammen. Der Interaktionsort ist gleichzeitig jener Ort, an dem die Ware physisch übergeben wird und an dem der eigentumsrechtliche Übergang stattfindet[119].

Die Ausübung von Handelsfunktionen erfordert nun eine enge Heranführung der Kunden an die Ware und führt daher zu Bedingungen, die auch die Art und Weise determinieren, in welcher Form der Eigentumsübergang organisiert werden kann. So wird die Anreizfunktion des Sortiments verstärkt, wenn Kunden auch die Möglichkeit zum Zugriff auf das Sortiment erhalten (Selbstbedienung). Ziele der Verbesserung der Abverkaufswirksamkeit sind dann nicht mehr unabhängig von Zielen der Reduktion von Inventurdifferenzen.

Der Interaktionsort ist folglich jener Ort, an dem das Problemfeld der Delinquenz in der Regel entsteht und zu ökonomischen Wahlproblemen führt. Jedoch gibt es auch Sonderfälle, bei denen der Interaktionsort im Sinne der obigen Darstellung weniger eindeutig definiert ist. Dazu zählen Betriebsformen, die das Holprinzip (externer Faktor leistet einen bedeutsamen Beitrag zur Raumüberbrückung) durch das Bringprinzip substituieren, hierbei besonders der Versandhandel und die Konzeption des Tele-Shoppings. Während im Versandhandel das Personal direkten Zugriff auf das Sortiment besitzt, sind die Kunden von der Warenauslage getrennt. Hier entstehen Probleme durch die zeitliche Trennung zwischen physischer Übergabe der Ware und der Faktorabgeltung ex post (Warenkreditbetrug). Darüber hinaus kann eine zeitliche Trennung zwischen Übergabe der Ware und Faktorabgeltung auch beim stationären Einzelhandel gegeben sein, z. B. beim Ratenkauf.

Schließlich existieren Möglichkeiten, die Interaktion zwischen Handel und Kunde so zu gestalten, daß eine (betriebsformengeschichtlich gesehen) erneut stärkere Trennung von Kunde und Ware erfolgt, so im Catalogue-Showroom-Konzept[120]. Dieses Konzept sieht vor, daß in einem Ausstellungsraum nur bestimmte Exponate der Ware zur Ansicht verfügbar sind. Die eigentliche Werbung erfolgt über einen Katalog. Die Kunden holen dann die gewünschte Ware in einem Lager ab. Diese Gestaltung der Händler-Kunden-Interaktion ver-

---

[119] Ignoriert wird hier die komplexere Würdigung in der Rechtswissenschaft, in der Verpflichtungs- und Verfügungsgeschäft getrennt behandelt werden. Die Einigung (d.h. der Kaufvertrag) und der Realakt (d.h. die Übergabe der Ware) können durchaus zeitlich getrennt sein. Die Verfügung dient z.B. beim Kaufvertrag der Erfüllung einer Verpflichtung. Für weite Teile des Einzelhandels dürften jedoch Verpflichtung und Verfügung zeitlich zusammenfallen. Vgl. auch Schwab, Dieter: Einführung in das Zivilrecht, 7. Aufl., Heidelberg 1987, Rz. 400.

[120] Vgl. Falk, Bernd/Wolf, Jakob: Handelsbetriebslehre, 10. Aufl., Landsberg am Lech 1991, S. 240-241.

mindert die Anfälligkeit für Diebstahlsdelikte, hat sich jedoch in der Bundesrepublik Deutschland nur begrenzt durchsetzen können.

Mit Hilfe verschiedener organisatorischer Maßnahmen und in Zusammenarbeit mit staatlichen Institutionen wie der Staatsanwaltschaft und der Polizei sorgt die Handelsunternehmung für die Prävention und Sanktion von Delikten. Diese Maßnahmen sind jedoch nicht kostenlos. Formal eingeräumte Eigentumsrechte garantieren noch nicht die Durchsetzung der Eigentumsnormen. Die Ökonomie hat den Ressourcenverbrauch der Durchsetzung von Eigentumsrechten jedoch eher vernachlässigt, speziell in der Perspektive der neoklassischen Theorie[121]. Dieser Ressourcenverbrauch kann sowohl in makroökonomisch aggregierter Dimension als auch in mikroökonomischer Perspektive untersucht werden. Im ersten Fall wird gefragt, welche Aufwendungen in einem Wirtschaftssystem entstehen, um formal eingeräumte Eigentumsrechte abzusichern und durchzusetzen. Im zweiten Fall wird auf der Ebene der Haushalte oder der Unternehmen geprüft, welcher Faktorverzehr zur Durchsetzung erforderlich ist.

Dieser Faktorverzehr hat das Ziel, Divergenzen zwischen formalen Normen und dem tatsächlichen Grad der Normbefolgung abzubauen. Die verschiedenen Ebenen der Betrachtungsweise werden im folgenden beschrieben (Abbildung Z.3).

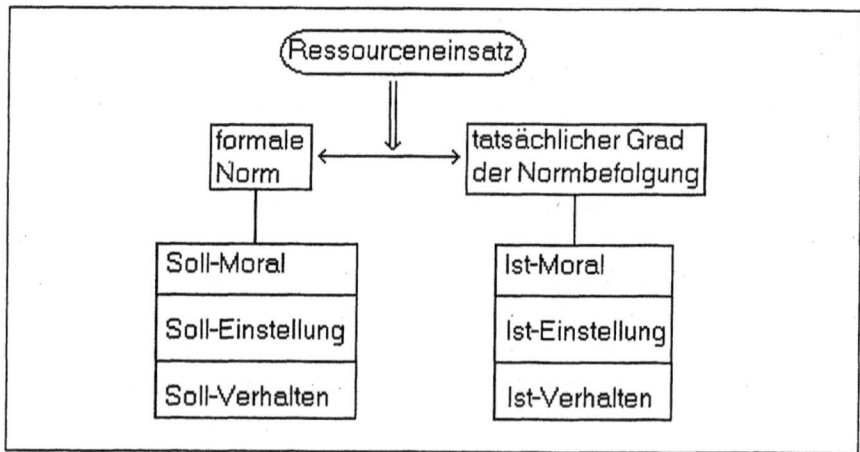

Abb. Z.3: Ressourceneinsatz zur Überwindung von Soll-Ist-Divergenzen

---

[121] Vgl. dazu Kapitel drei.

Die in Handelsunternehmen auftretenden Delikte werden durch das Strafgesetzbuch sanktioniert. In erweiterter Sichtweise kommen durch die strafrechtlichen Bestimmungen moralische Wertungen zum Ausdruck (normierte gesellschaftliche Präferenzen). Diese Standards werden als Soll-Moral bezeichnet. Weicht die Ist-Moral von dem Stand der Soll-Moral ab, so ist ein Faktoreinsatz erforderlich, um die Soll-Moral zu erzeugen. Die Bemühungen, Individuen zur Respektierung von Eigentumsrechten zu veranlassen, können auch als Aktivitäten angesehen werden, die Einstellungen dieser Individuen zu beeinflussen. Das theoretische Konstrukt 'Einstellung' wird definiert als "...eine mit Emotionen verbundene Vorstellung, die eine Klasse von Handlungen in einer besonderen Klasse sozialer Situationen aktiviert. Sie besteht aus kognitiven, affektiven und verhaltensorientierten Komponenten... ."[122] Wird die E-V-Hypothese[123] als gültig angesehen, d.h. wird der Vorstellung gefolgt, daß Einstellungen das Verhalten bestimmen, dann hat die durch einen spezifischen Ressourceneinsatz erzeugte Einstellungsänderung bei potentiellen Delinquenten auch Verhaltensrelevanz. Tatsächlich zielt der Ressourceneinsatz auf eine Verhaltensänderung, d.h., es besteht die Absicht, das gewünschte Soll-Verhalten gemäß den normativen Vorgaben mit Hilfe des Faktoreinsatzes zu erzeugen.

In Handelsunternehmen entstehen hohe Aufwendungen bei diesen Durchsetzungsbemühungen, und der resultierende Faktoreinsatz führt zu Wahlproblemen der optimalen Faktorallokation. Wird der Ressourcenaufwand zur Überwindung der oben aufgezeigten Diskrepanz betrachtet, dann ist aus Effizienzgründen zu prüfen, welcher Grad der Normbefolgung für einzelne Handelsunternehmen bzw. für eine Gesellschaft der optimale ist. Es ist zu vermuten, daß aus ökonomischer Sicht das Optimum keineswegs bei einer vollkommenen Durchsetzung der Eigentumsrechte liegt.

Maßnahmen der Prävention und Sanktion orientieren sich an bestimmten Annahmen bezüglich der Entscheidungslogik von Delinquenten. Der Faktoreinsatz wirkt nur mittelbar auf das Verhalten von Personen in Form eines Anreizsystems bzw. in Form einer Wirkungsfunktion. Die Höhe des Faktoreinsatzes ist dann nicht mehr unabhängig von der Gestalt der Wirkungsfunktion. Beispielsweise kann die Entscheidung zur Begehung eines Deliktes als Ergebnis einer rationalen Wahlhandlung verstanden werden[124]. Die Annahmen in einem ökonomischen Ansatz zur Erklärung von Delinquenz sind dahingehend zu überprüfen, inwieweit sie geeignet sind, auch als Grundlage für die Ableitung von organisatorischen Maßnahmen der Handelsunternehmung zu dienen. Damit wird eine Brücke zwischen einer theo-

---

[122] Triandis, Harry C.: Einstellungen und Einstellungsänderungen, Weinheim/Basel 1975, S. 35.
[123] Vgl. Nieschlag u.a. (1991), S. 109.
[124] So bei Becker (1968).

retischen Analyse von Delinquenz und der Formulierung von Konsequenzen für die Betriebsformen-Politik gebildet.

2.4 Zusammenfassung

Im empirischen Befund wurde aufgezeigt, daß die Handelspraxis mit einem Schadensumfang konfrontiert wird, der im Extremfall existenzbedeutende Ausmaße annehmen kann. Wegen der hohen Dunkelziffer und aufgrund der erhebungstechnischen Besonderheiten der Polizeilichen Kriminalstatistik sind exakte Aussagen über die aggregierte Schadenssumme der Handelsunternehmen nicht möglich. Auf einzelwirtschaftlicher Ebene wurden die Konsequenzen der Eigentumsdelikte für die Handelsunternehmen mit Hilfe der Netto-Gewinn-Betrachtung aufgezeigt. Über den deliktbedingten Abbau der Handelsspanne kommt es zu einem Aufzehren der ohnehin schmalen Margen. Jene Handelsunternehmen, die nicht über ein geeignetes Anreizsystem der Prävention und Sanktion diesen Abbau verhindern können, drohen Wettbewerbsnachteile im Vergleich zur besser selektierenden Konkurrenz. Die Marge stellt jene Restriktion dar, die die Möglichkeiten zur Kompensation diebstahlsbedingter Verluste begrenzt.

Die Handelspraxis operationalisiert die durch Straftaten entstehenden Verluste mit Hilfe der Inventurdifferenz. Bestimmte Deliktarten wirken sich jedoch nicht auf diese Größe aus, so daß ein lediglich eingeschränkter Indikator des Schadens zur Verfügung steht. Die Mehrzahl der Straftaten gegen das Eigentum wird durch die Kunden und das Personal begangen. Demzufolge konzentriert sich die Analyse auf diese Personengruppen.

Die Verminderung der sozialen Kontrolle in modernen Betriebsformen des Einzelhandels zeigt den Einfluß, den alternative Formen der organisatorischen Gestaltung der Händler-Kunden-Interaktion auf die deliktbedingten Schäden haben. Die Durchsetzung von Eigentumsrechten in Handelsunternehmen repräsentiert ein Effizienzproblem, denn formal eingeräumte Eigentumsrechte garantieren noch nicht die Einhaltung des Normensystems. Mit Hilfe von Ressourcen wird ein Anreizsystem erzeugt, das über Wirkungsfunktionen auf das Verhalten der Kunden und des Personals einwirkt. Dieser Faktoreinsatz soll erwünschtes Norm-Verhalten bewirken, d.h., die Überwindung der Soll-Ist-Divergenzen ist nicht zum Nulltarif erhältlich. Werden knappe Mittel eingesetzt, so entstehen auch ökonomische Wahlprobleme. Daraus ergibt sich die Hypothese, daß im ökonomischen Kalkül ein vollkommener Grad der Durchsetzung der Eigentumsrechte nicht zieloptimal ist.

Zur Beschreibung der ökonomischen Wahlprobleme ist ein ökonomisches Instrumentarium erforderlich. Es wurde herausgestellt, daß die empirisch und deskriptiv ausgerichtete Forschung wichtige ökonomische Theoriebausteine bisher vernachlässigt hat. Dabei handelt es sich vornehmlich um die Economics of Crime. Die Diskussion und Entwicklung von Bausteinen der ökonomischen Theorie, die eine Analyse von Kriminalität unter Effizienzgesichtspunkten ermöglichen, ist Gegenstand des nächsten Kapitels.

3   Delikt und ökonomische Theorie

3.1 Dogmenhistorischer Exkurs

3.1.1 Evolution der Theorieansätze

Im folgenden wird nach ökonomischen Theoriebausteinen gesucht, die es erlauben, Phänomene der Kriminalität auch in einem ökonomischen Zusammenhang zu beschreiben und zu modellieren. Da Kriminalität nicht als klassisches Erklärungsobjekt der Wirtschaftswissenschaften angesehen werden kann, ist es Sinn und Zweck des folgenden Exkurses, in der Ökonomie bereits vorhandene Erklärungsansätze aufzuzeigen, die für die vorliegende Themenstellung genutzt werden können.

Dazu erfolgt ein Rückgriff auf die Anfänge der Ökonomie. Es handelt sich um jene Phase der Theoriebildung, in der Ökonomie und Moralphilosophie noch einen engeren Zusammenhalt besaßen. Adam Smith (1723-1790) war Professor für Moralphilosophie und wurde durch sein Werk "An Inquiry into the Nature and the Causes of the Wealth of Nations" berühmt. Der Mechanismus der 'invisible hand' soll es ermöglichen, durch eigennütziges Handeln der Individuen den Wohlstand in der Gesellschaft zu steigern. Diese Wohlstandssteigerung wird maßgeblich durch Spezialisierung und Arbeitsteilung bewirkt[1]. Zur Illustration dient Smith das 'Stecknadelbeispiel': Eine Stecknadel wird in 18 Arbeitsgängen hergestellt, woraus eine erhebliche Produktivitätssteigerung resultiert. Je größer die fachliche Spezialisierung ist, um so notwendiger werden auch Tauschbeziehungen zwischen den Wirtschaftssubjekten. Im Rahmen der Smithschen Konzeption werden auch die institutionellen Bedingungen des Wirtschaftens erörtert. Nach Smith ist es Aufgabe der Regierung, mit Hilfe einer Justizverwaltung jeden einzelnen vor Unrecht oder Unterdrückung durch Mitbürger zu schützen[2]. Die Höhe der Ausgaben für die Justizverwaltung hängen von dem Grad der Verwirklichung des Privateigentums in der jeweiligen Gesellschaftsform ab[3]:

Da bei Jägervölkern kein nennenswertes Privateigentum herrsche, sei dort eine regelmäßige Rechtspflege in nur geringem Maße erforderlich. Dagegen sei es in Gesellschaften mit umfangreichem Privateigentum unbedingt erforderlich, dieses Eigentum durch staatliche Behörden vor den Übergriffen Dritter zu schützen.

---

[1] Vgl. Smith, Adam: Der Wohlstand der Nationen (Inquiry into the Nature and Causes of the Wealth of Nations, deutsch), aus dem Englischen übertragen (nach der 5. Aufl. 1789) von Horst C. Recktenwald, 4. Aufl., München 1988, S. 9-10.

[2] Vgl. Smith (1789), S. 600.

[3] Vgl. im folgenden: Smith (1789), S. 601.

Smith argumentiert daher, daß die Notwendigkeit einer öffentlichen Verwaltung mit dem Erwerb wertvollen Eigentums zunimmt[4]. Die Bedeutung institutioneller Rahmenbedingungen, z. B. zur Gewährleistung von Eigentumsrechten, wird folglich in der Forschungskonzeption von Smith erkannt. Dieser Gesichtspunkt tritt jedoch in der neoklassischen Theoriebildung in den Hintergrund.

Erste Beiträge zu einer expliziten Ökonomie der Kriminalität wurden im 18. und frühen 19. Jahrhundert bereits von Zeitgenossen Smiths formuliert. Ihre bedeutensten Urheber sind Cesare Beccaria und Jeremy Bentham[5]. Beccaria und Bentham formulierten Kriterien für die Minimierung des sozialen Schadens aus Verbrechen und Strafverfolgung - aus heutiger Sicht entwarfen sie erste Ansätze einer ökonomischen Wohlfahrtstheorie der Kriminalität[6]. Bentham (1748-1832), ein englischer Sozialphilosoph, Jurist und Nationalökonom, versteht Straffälligkeit als einen Wahlakt nach Abwägen der Vor- und Nachteile eines Deliktes, d.h. als rationale Wahlentscheidung. Diese Perspektive des Utilitarismus[7], der subjektive Nutzenüberlegungen als zentrales Kalkül menschlichen Handelns versteht (genauer: ein "hedonistisches Kalkül"[8]), wurde 1968 von Gary S. Becker aufgegriffen. Im Zentrum der Benthamschen Lehre steht die Frage, wie durch staatliche Politik eine 'Maximierung des Glücks' (im philosophischen Sinne) erzielt werden kann[9].

Die neoklassische Wirtschaftstheorie ist personell mit den Namen Jevons, Menger und Walras verknüpft. Der Schwerpunkt dieser Forschungsrichtung kann unter dem Begriff 'Grenznutzenschule' subsumiert werden[10]. Während in der Klassik der Zusammenhang zwischen Ökonomie, Jurisprudenz und Moralphilosophie noch enger ist, richtet sich der Schwerpunkt der Diskussion in neoklassischen Ansätzen auf eine einzelwirtschaftliche Analyse. Haushalte passen sich an gegebene Preisverhältnisse an, während private Unternehmen als isoliert agierende Einheiten bei vollständiger Konkurrenz sich als

---

[4] Vgl. Smith (1789), S. 601.
[5] Vgl. Beccaria, Cesare: Dei Delitti E Delle Pene, Mailand 1764; Bentham, Jeremy: An Introduction to the Principles of Morals and Legislation, London 1789; Posner, Richard A.: Economic Analysis of Law, 3. Aufl., Boston 1986, S. 20.
[6] Vgl. im folgenden: Kunz, Harald J.: Die Ökonomik individueller und organisierter Kriminalität, Diss. Saarbrücken 1976, S. 2. und S. 7-9; Pribram, Karl: Geschichte des ökonomischen Denkens, Erster Band, übersetzt von Horst Brühmann, Frankfurt 1992, S. 267-273.
[7] Vgl. Brand, Karl: Geschichte der deutschen Volkswirtschaftslehre, Bd.1, Von der Scholastik bis zur klassischen Nationalökonomie, Freiburg i. Br. 1992, S. 134-135.
[8] Vgl. Pribram (1992), S. 271.
[9] Vgl. Pribram (1992), S. 269.
[10] Vgl. im folgenden: Kromphardt, Jürgen: Konzeptionen und Analysen des Kapitalismus, 2. Aufl., Göttingen 1987, S. 121-122.

Mengenanpasser verhalten. Staatliche Eingriffe werden in bezug auf das Nutzen- bzw. Gewinnmaximierungsziel von Haushalten bzw. Unternehmen als negativ bewertet. Wichtige Einzelheiten der neoklassischen Theorie der Unternehmung aus heutiger Sicht sind[11]:
- Es herrscht kostenlos vollkommene Information über alle
  Preise, Güter und Zustände der Welt (sogenannte "perfekte Rationalität"),
- es werden vollständige Verträge im Sinne umfassender
  Zeit-Zustands-Verträge abgeschlossen,
- es besteht vollkommene Preissteuerung am Markt, d.h.
  Angebot und Nachfrage werden allein über den Preismechanismus angeglichen.

Rahmenbedingungen wirtschaftlichen Handelns werden als konstant unterstellt und in den Datenkranz verbannt. Der institutionelle Rahmen der neoklassischen Theorie der Unternehmung ist Teil einer Preistheorie auf der Grundlage einer elementaren Rechtsordnung[12]. Diese Rechtsordnung regelt
- die Verfügungsrechte ("Property Rights") sämtlicher
  Individuen nach dem Grundsatz des Privateigentums und
- deren Übertragung durch (gegenseitigen) Vertrag nach dem
  Grundsatz der Vertragsfreiheit.

Entscheidend für die vorliegende Untersuchung ist dabei folgende Feststellung:
"Die Regelungen der elementaren Rechtsordnung werden in den Modellen der neoklassischen Theorien annahmegemäß von allen Individuen strikt eingehalten."[13]

Die Neoklassik thematisiert Verletzungen der Eigentumsrechte nicht; die verschiedenen Formen der Eigentumskriminalität werden in der Theoriebildung ignoriert. Diese Verfahrensweise wird durch die Annahme eines statischen moralisch-rechtlichen Bedingungsrahmens erreicht, der in der Form einer ceteris-paribus-Klausel Delikte gegen das Eigentum unbeachtet läßt.

Das vielkritisierte Konzept des nutzenmaximierenden homo oeconomicus[14] der neoklassischen Haushaltstheorie schließt Delikte in einer Modellwelt vollkommener Information

---

[11] Vgl. Richter, Rudolf: Institutionenökonomische Aspekte der Theorie der Unternehmung, in: Betriebswirtschaftslehre und ökonomische Theorie, hrsg. von Dieter Ordelheide, Bernd Rudolph und Elke Büsselmann, Stuttgart 1991, S. 398-429, hier S. 400.

[12] Vgl. im folgenden: Richter (1991), S. 398.

[13] Richter (1991), S. 398.

[14] Vgl. stellvertretend: Schuhmann, Jochen: Grundzüge der mikroökonomischen Theorie, 5. Aufl., Berlin u. a. 1987, S. 76; Simon, Herbert A.: Bounded Rationality, in: The New Palgrave: A Dictionary of Economics, hrsg. von John Eatwell u.a., Vol. 1, A-D, London/Basingstoke 1987, S. 266-268; Kaas,

47

zunächst aus. Der Gedankengang der Nutzenmaximierung kann jedoch weitergeführt werden. Der Nutzen eines Wirtschaftssubjektes kann auch durch die Begehung von Straftaten maximiert werden - beispielsweise kann sich der Nutzen aus der Konsumption von Gütermengen ergeben, die gestohlen werden. Während die neoklassische Haushaltstheorie jedoch eine deterministische Modellbildung voraussetzt (Entscheidung bei Sicherheit), erfordert die Analyse von Delinquenz die Untersuchung von Risikosituationen. Bei der Vornahme eines Deliktes ist der Nutzenempfang aus der Konsumption des gestohlenen Gutes nicht mehr sicher. Mit einer gewissen Wahrscheinlichkeit muß beispielsweise ein Ladendieb in einem Handelsunternehmen damit rechnen, daß er ertappt wird, die gestohlende Ware konfisziert wird und ihm eine weitere Nutzenminderung durch eine Bestrafung entsteht[15]. Mit einer Erweiterung des Instrumentariums der Neoklassik wäre ein Erklärungsansatz möglich, der Kriminalität in die ökonomische Analyse einbezieht. Das zeigt auch der Ansatz von Becker, denn sein Ansatz beruht auf der neoklassischen Theorie[16].

Zusammenfassend kann festgestellt werden, daß die neoklassische Theorie die Problematik der Verletzung von Eigentumsrechten nicht hervorhebt. Ressourcenverbrauch, der zur Sicherung von Eigentumsrechten erforderlich ist, findet keine explizite Beachtung. Der institutionelle Rahmen und seine Wirkungen auf das Verhalten von Wirtschaftssubjekten ist ebenfalls nicht Gegenstand der neoklassischen, einzelwirtschaftlichen Analyse. Dem steht nicht entgegen, daß auch das neoklassische Instrumentarium für die ökonomische Analyse von Kriminalität prinzipiell geeignet ist.

Im Kontrast zur Neoklassik wird die Bedeutung institutioneller Regelungen im Property Rights-Ansatz explizit hervorgehoben. Bereits John Stuart Mills "Principles of Political Economy" enthalten eine ausführliche Begründung und Verteidigung des Privateigentums[17]. Er befürwortet eine Eigentumsordnung, die Privateigentum zuläßt, weil dann eine Anreizfunktion für höhere Effizienz geschaffen wird. Auch die gegenwärtige Wirtschaftstheorie sieht ein System von Eigentumsrechten als grundlegend für das Funktionieren des marktwirtschaftlichen Allokationsmechanismus an[18].

Klaus Peter: Nachfragemodelle im Marketing, in: Marketing ZFP, Heft 4, November 1987, S. 229-236, hier S. 230.

[15] Strenggenommen stellt sich auch dem ehrlichen Konsumenten das Problem, daß er ex ante den Nutzenzugang aus dem gekauften Gut nicht genau einschätzen kann; Vgl. dazu die informationsökonomische Darstellung bei: Kaas, Klaus Peter: Marketing als Bewältigung von Informations- und Unsicherheitsproblemen im Markt, in: DBW 50, Nr. 4, (1990), S. 539-548.

[16] Vgl. Neumann, Manfred: Neoklassik, in: Geschichte der Nationalökonomie, hrsg. von Otmar Issing, 2. Aufl., München 1988, S. 209-224, hier S. 213.

[17] Vgl. Kromphardt (1987), S. 105 und S. 108-109.

[18] Vgl. Nowotny, Ewald: Der öffentliche Sektor - Einführung in die Finanzwissenschaft, 2. Aufl., Berlin/Heidelberg 1991, S. 29.

Die Property Rights-Theorie anglo-amerikanischer Prägung wurde von Armen A. Alchian und Harold Demsetz begründet[19]. Der Property-Rights-Ansatz kann als eine Erweiterung der neoklassischen Theorie verstanden werden, denn er ist noch stark an den Rationalitäts- und Gleichgewichtsvorstellungen der Neoklassik orientiert[20]. Der Theorieansatz beabsichtigt, die Theorie der Produktion und des Austausches unter Beachtung der Verbindung von Eigentumsrechten, Anreizen und ökonomischem Verhalten zu beleuchten[21]. Dabei wird der Zusammenhang zwischen alternativen institutionellen Arrangements und ökonomischem Verhalten untersucht. Der Begriff 'Property Rights'[22] wird in der Literatur nicht einheitlich definiert.

Die Begriffsdefinition von Alchian lautet: "A property right is a socially enforced right to select uses of an economic good."[23] Furubotn und Pejovich wählen folgende Definition: "Property rights are understood as the *sanctioned behavioral relations* among men that arise from the existence of goods and pertain to their use."[24] Diese genannten Beziehungen spezifizieren die Normen in Bezug auf die Güternutzung, die jede Person beachten muß. Andernfalls muß diese Person die Kosten der Nichtbeachtung der Normen tragen[25]. Alle knappen Güter werden von diesem Konzept erfaßt. Eine Ware kann daher nicht nur durch ihre technischen Eigenschaften, sondern auch durch die rechtlichen Bedingungen charakterisiert werden, die die Benutzung und den Austausch des Gegenstandes regeln.

Der amerikanische Begriff der Property Rights ist weiter gefaßt als der Eigentumsbegriff nach §§ 903, 985 BGB[26] - auf jeden Fall gehört das Eigentum im Sinne des BGB dazu[27]. In

---

[19] Vgl. Kaulmann, Thomas: Property rights und Unternehmenstheorie, Diss., München 1987, S. 9.

[20] Vgl. Gäfgen, Gerard: Entwicklung und Stand der Theorie der Property Rights, Eine kritische Bestandsaufnahme, in: Ansprüche, Eigentums- und Verfügungsrechte, hrsg. von Manfred Neumann, Schriften des Vereins für Socialpolitik, N.F., Bd. 140, Berlin 1984, S. 43-62, hier S. 46; Leipold, Helmut: Theorie der Property Rights: Forschungsziele und Anwendungsbereiche, in: WiSt, Heft 11, November 1978, S. 518-525, hier S. 518.

[21] Vgl. Furubotn, Eirik G./Pejovich, Svetozar: Introduction (Chapter One): The New Property Rights Literature, in: The Economics of Property Rights, hrsg. von Eirik G. Furubotn und Svetozar Pejovich, Cambridge 1974, S. 1-9, hier S. S. 7.

[22] Im deutschsprachigen Schrifttum wird häufig auch von Verfügungsrechten gesprochen.

[23] Alchian, Armen A.: Property Rights, in: The New Palgrave, hrsg. von John Eatwell u.a., Vol. 3 (1987), S. 1031-1034, hier S. 1031.

[24] Furubotn/Pejovich (1974), S. 3, Hervorhebung im Orginal.

[25] Vgl. im folgenden: Furubotn/Pejovich (1974), S. 3-4.

[26] Vgl. Häberle, Peter: Vielfalt der Property Rights und der verfassungsrechtliche Eigentumsbegriff, in: Ansprüche, Eigentums- und Verfügungsrechte, hrsg. von Mafred Neumann, Schriften des Vereins für Socialpolitik, N.F., Bd. 140, Berlin 1984, S. 63-102, hier S. 66; Leipold (1978), S. 518; Kaulmann (1987), S. 15.

[27] Vgl. Richter (1991), S. 422.

einem idealtypischen System der Verfügungsrechte[28] darf keine Person ohne die Zustimmung oder die Kompensation des Eigentümers ein Gut nutzen bzw. verändern. Neben die Transformationskurve (Produktionsmöglichkeitenkurve) tritt eine 'private property exchange constraint'. Diese Restriktion sorgt dafür, daß der Austauschwert der Güter, die eine Person besitzt, bewahrt wird.

Welches sind nun die Vorteile eines Systems wohlabgegrenzter Property Rights? Ein solches System
- fördert die effiziente Allokation von Ressourcen[29] und
- gibt Anreize, um eine stärkere Internalisierung externer Effekte zu erreichen[30].

Sanktionsmechanismen gewährleisten die Ausschließlichkeit von Property Rights bzw. verhindern abweichendes Verhalten im voraus[31]. Wie Gäfgen treffend feststellt, kann von der Existenz der Rechte nicht einfach auf deren volle Respektierung geschlossen werden, sondern lediglich auf die Anreizwirkung der Sanktionen, die das Recht absichern[32]. Ein gewisses Ausmaß von Eigentumskriminalität kann daher erwartet werden, der analytische Apparat der Property Rights-Theorie macht dazu allerdings keine spezifische Aussage.

Es wird jedoch erkannt, daß "... the costs incurred by individuals in defining, policing, negotiating, and enforcing resource rights and contractual agreements are nonzero, and may often be very large indeed."[33].

Die Analyse von Kriminalität bzw. von Eigentumsdelikten war jedoch kein bestimmender Diskussionspunkt in der Property Rights-Theorie. Erste Ansätze ergeben sich beispielsweise bei Alchian/Demsetz, die gewissermaßen die Drückebergerei ('shirking') vor Leistungsbeiträgen zur Team-Produktion analysieren[34]. Infolge der Tatsache, daß die Messung der Anstrengungen einzelner Personen bei verbundener Produktion der Team-Mitglieder mit Problemen behaftet ist ('metering problem'), besteht die Gefahr, daß einzelne Teammitglieder ihre Leistung unerkannt absenken. Alchian/Demsetz sehen eine Lösungsmöglichkeit dieses

---

[28] Vgl. im folgenden: Alchian (1987), S. 1031.
[29] Vgl. Furubotn/Pejovich (1974), S. 6.
[30] Vgl. Demsetz, Harold: Toward a Theory of Property Rights, in: AER, Papers and Proceedings, Vol. 57, Number 2, May 1967, S. 347-359, hier S. 348.
[31] Vgl. Kaulmann (1987), S. 17-18.
[32] Vgl. Gäfgen (1984), S. 50.
[33] Furubotn/Pejovich (1974), S. 2.
[34] Vgl. Alchian, Armen/Demsetz, Harold: Production, Information Costs, and Economic Organization, in: AER, Vol. 62, 1972, S. 777-795, besonders S. 780.

Anreizproblems im Einsatz eines 'monitors', der einen Anspruch auf das Restergebnis ('residual rewards') des Teams erhält[35].

Demsetz hat bereits darauf hingewiesen, daß der Austauschwert von Gütern auch davon abhängig ist, wie effizient die damit verbundenen Property Rights realiter durchgesetzt werden bzw. technisch-ökonomisch durchgesetzt werden können[36]. Vor dem Hintergrund der Theorie öffentlicher Güter argumentiert er, daß die Preise nicht jederzeit den individuellen Wert der Güter reflektieren. Dazu gibt er ein hypothetisches Beispiel, ein "example of legalized auto theft": Wenn man annimmt, daß es ein Gesetz gibt, das die Festnahme und Verurteilung von Autodieben sowie den Einsatz von Sicherungsmaßnahmen gegen Diebstahl verbietet, so werden die Interessenten für den Kauf von Autos nur noch Beträge bieten, die unter dem sozialen Wert der Fahrzeuge liegen. Über den Preismechanismus ergibt sich dieser Annahme gemäß eine Fehlsteuerung, denn die Knappheitspreise für Fahrzeuge reflektieren dann nicht mehr den sozialen Wert von Kraftfahrzeugen. Diese legislativ erzeugte Fehlsteuerung bei originär privaten Gütern vergleicht Demsetz dann mit dem Beispiel der Landesverteidigung, bei der eine Anwendung des Ausschlußprinzips aus technisch-ökonomischen Gründen nicht möglich ist.

Die Möglichkeit, Eigentumsrechte durchzusetzten, wirkt daher auf die Wertschätzung von Gütern. Die Offenbarung dieser Wertschätzungen ist die Voraussetzung, um über Knappheitspreise einen funktionsfähigen Marktmechanismus zu erhalten. Das Beispiel von Demsetz zeigt auch auf, daß die Legislative bzw. die Judikative durch Gesetzgebungsverfahren auf die Gutseigenschaften von Gütern einwirken können[37].

Auch in einer Welt privater Güter ist es unrealistisch, eine perfekte Durchsetzung von Property Rights anzunehmen. Diese Annahme würde eine ökonomische Modellierung voraussetzen, die entweder, wie in der Neoklassik vollzogen, die Normkompatibilität des Verhaltens der Wirtschaftssubjekte voraussetzt, oder die den Umfang des Ressourcenverbrauchs zur Durchsetzung von Property Rights als vernachlässigbar ansieht. Sind die Durchsetzungskosten jedoch erheblich, dann ist es sinnvoll, auch die Kosten und Problemstrukturen der Durchsetzung der Eigentumsrechte in die ökonomische Analyse einzubeziehen. Diese

---

[35] Vgl. Alchian/Demsetz (1972), S. 782-783.
[36] Vgl. im folgenden Absatz: Demsetz, Harold: The Exchange and Enforcement of Property Rights, in: Ownership, Control, and the Firm - The Organization of Economic Activity, Volume I, hrsg. von Harold Demsetz, (Reprint Journal of Law and Economics October 1964), Oxford/New York 1988, S. 31-46, hier S. 36-39.
[37] Dieser Gedanke wird im fünften Kapitel im Rahmen der Diskussion von Ansätzen zur sogenannten Entkriminalisierung vertieft.

Sichtweise ist in jenen Theorieansätzen geläufig, die Unvollkommenheiten des Marktes antizipieren. Dazu gehören die Neue Institutionenökonomik, die Informationsökonomie und Agency-Ansätze. Auf unvollkommenen Märkten eröffnen sich diskretionäre Handlungsspielräume von Wirtschaftssubjekten, wenn das Postulat der vollkommenen Information aufgegeben wird. Wenn jedoch die Beobachtung, Kontrolle und Gewährleistung der Normkompatibilität des Verhaltens der Wirtschaftssubjekte mit Kosten verbunden ist, dann werden diese Aufwendungen gleichermaßen dem ökonomischen Kalkül unterzogen. Es besteht daher die Hypothese, daß auf unvollkommenen Märkten im Sinne eines situativen Optimums nur ein bestimmter Durchsetzungsgrad der Eigentumsrechte realisiert wird. Jene Theorieansätze, die Probleme unvollkommener Information analysieren, werden im folgenden erörtert.

Die Neue Institutionenökonomik hat im stärkeren Maße menschliches Verhalten nach der Maßgabe 'so wie wir ihn kennen'[38] abgebildet. Dazu gehört der Begriff des "opportunistischen Verhaltens", worunter Williamson das Verfolgen des Eigeninteresses unter Zuhilfenahme von List versteht[39]. Diese vertragstheoretische Betrachtungsweise ökonomischer Organisation stellt jedoch auf Handlungen ab, die sich prinzipiell noch im Rahmen der Legalität bewegen, aber wegen der Unmöglichkeit vollständiger Verträge Spielräume für ex-post-Opportunismus eröffnen[40]. So können im Zeitpunkt des Vertragsabschlusses weder alle zukünftigen Zustände der Welt antizipiert werden, noch alle für eine Vertragspartei in einem bestimmten Umweltzustand geltenden Verpflichtungen festgeschrieben werden. In diesem Kontext gehört auch das Konzept des holdup, d.h. das opportunistische Ausnützen von Vertragslücken[41]. Auch die Neue Institutionenökonomik ist zunächst keine explizite Ökonomik der Kriminalität.

In Agency-Ansätzen wird unter dem Begriff 'moral hazard' eine Principal-Agent-Beziehung verstanden, bei der für den Agenten die Möglichkeit der "hidden action" gegeben ist[42]. Dieser zunächst auf Versicherungsmärkte angewandte Terminus bezeichnet Konstellationen, in denen Versicherte nach Vertragsschluß den Versicherungsfall vorsätzlich herbeiführen,

---

[38] Vgl. Williamson, Oliver E.: Die ökonomischen Institutionen des Kapitalismus: Unternehmen, Märkte, Kooperationen, Tübingen 1990, S. 3 in Anlehnung an Knight.

[39] Vgl. Williamson (1990), S. 34.

[40] Vgl. zum Konzept der 'incomplete contracts': Hart, Oliver E.: Incomplete Contracts, in: The New Palgrave Dictionary of Economics, hrsg. von John Eatwell u.a., Vol. 2, London/Basingstoke 1987, S. 752-759, hier S. 753.

[41] Vgl. Klein, Benjamin, Crawford, Robert G., Alchian, Armen A.: Vertical Integration, Appropriable Rents, and the Competitive Contracting Process, in: Journal of Law and Economics, Vol. 21, 1978, S. 297-326.

[42] Vgl. Arrow, Kenneth J.: The Economics of Agency, in: Principals and Agents: The Structure of Business, hrsg. von John W. Pratt and Richard J. Zeckhauser, Boston 1987, S. 37-51, hier S. 38.

die notwendige Sorgfalt außer acht lassen oder auf andere Weise das Risiko erhöhen, ohne daß der Versicherungsgeber diesen Sachverhalt beobachten kann[43]. Es handelt sich zumindest um vertragswidrige Handlungen, die eher durch das Privatrecht als durch das Strafrecht erfaßt werden. Beim expliziten Versicherungsbetrug handelt es sich allerdings im deutschen Rechtsverständnis um ein Delikt, das gemäß Strafgesetzbuch (§§ 263, 265 StGB) geahndet werden kann. Gegenstand der Principal-Agent-Theorie ist es, Anreizsysteme zu gestalten, mit denen Probleme von 'hidden action', 'hidden information' und 'hidden intention' überwunden werden können[44]. Mit dem Konzept des moral hazard existiert ein Instrumentarium, das auch den Konsumenten als potentiellen Defraudanten einbezieht. Auch das zur Prävention und Sanktion von Straftaten konzipierte Strafrecht hat die Struktur eines Anreizsystems - hier herrschen gewisse Parallelen.

Die Informationsökonomie beschäftigt sich mit den ökonomischen Wirkungen asymmetrischer Information, wobei unvollkommene Information über Preise und Qualitäten als Marktunsicherheit definiert werden kann und eine endogene Größe darstellt[45]. So untersuchen Darby/Karni[46] die Bestimmungsgründe, die eine Firma anreizen können, einem Konsumenten falsche Information über die Eigenschaften eines Produktes zu übermitteln. Es wird angenommen, daß der Konsument die Kaufentscheidung nicht getroffen hätte, wenn er über die wahren Produkteigenschaften aufgeklärt worden wäre. Der Konsument kann die Wahrhaftigkeit der vom Anbieter bereitgestellten Information jedoch nicht überprüfen, z. B. wegen prohibitiver Kosten zur Evaluierung der Notwendigkeit einer Autoreparatur. Diese Möglichkeiten der willentlichen Falschinformation durch den Anbieter treten bei einer Kategorie von Gütern auf, die als Vertrauensgüter klassifiziert werden. Dabei kann es sich auch im juristischen Sinne um die Verwirklichung des Tatbestandes 'Betrug' handeln: Beispielsweise, wenn bei einer Autoreparatur Dienstleistungen abgerechnet werden, die gar nicht erbracht wurden, oder wenn Teile ausgetauscht werden, die gar nicht schadhaft waren, aber von der Firma mit gutem Gewinn weiterveräußert werden können[47]. Bei asymmetrischer Informationsverteilung über die Art und die Qualität der Dienstleistungen

---

[43] Vgl. Schuhmann (1987), S. 376, Ross, Stephen A.: The Economic Theory of Agency: The Principal's Problem, in: AER, Vol. 63, 1973, S. 134-139.

[44] Vgl. Wenger, Ekkehard/Terberger, Eva: Die Beziehung zwischen Agent und Prinzipal als Baustein einer ökonomischen Theorie der Organisation, in: WiSt, Heft 10, Oktober 1988, S. 506-514, hier S. 507.

[45] Vgl. stellvertretend Spence, Michael A.: Informational Aspects of Market Structure: An Introduction, in: Quarterly Journal of Economics, 90. Jg., 1976, S. 591-597; Akerlof, George A.: The Market for 'Lemons': Quantitative Uncertainty and the Market Mechanism, in: Quarterly Journal of Economics, Vol. 84, 1970, S. 488-500; Hopf, Michael: Informationen für Märkte und Märkte für Informationen, Diss., Frankfurt am Main 1983, S. 20-21.

[46] Vgl. Darby, Michael R./Karni, Edi: Free Competition and the Optimal Amount of Fraud, in: Journal of Law and Economics, Vol. 16, 1973, S. 67-88.

[47] Vgl. Darby/Karny (1973), S. 76.

droht dem Konsumenten, daß er Opfer von Betrugsversuchen des Anbieters wird, speziell dann, wenn die Evaluation der Dienstleistungsqualität zusätzliche Kosten verursacht. Die Anwendungsmöglichkeiten des Konzepts von Darby/Karni sind nicht auf die gewählten Beispiele begrenzt. So könnte das Personal von Handelsunternehmen als Anbieter von Arbeitsleistungen verstanden werden. Die Qualität dieser Arbeitsleistungen ist durch den Arbeitgeber nur eingeschränkt beobachtbar und bewertbar, während die Kontrolle der Arbeitsleistungen erhebliche Kosten verursacht. Individuell werden sich hier Möglichkeiten zu Betrugsfällen ergeben, die wegen prohibitiver Überwachungskosten oftmals unerkannt und folgenlos bleiben[48].

Abschließend soll noch auf spieltheoretische Forschungsbeiträge eingegangen werden. Die Spieltheorie ist nicht mehr unbeeinflußt von der Informationsökonomie[49]. Sie ist, abgesehen von einigen älteren Wurzeln, eine Forschungsrichtung, die mit den Beiträgen von John von Neumann und Oskar Morgenstern ihren wissenschaftlichen Durchbruch erlebte[50]. Von der Entscheidungstheorie kann die Spieltheorie wie folgt abgegrenzt werden: Die Entscheidungstheorie modelliert Entscheidungssituationen, in denen der Entscheider Wahlhandlungen vornimmt. Abgesehen vom Sonderfall der Sicherheit sind die Konsequenzen von einer Wahrscheinlichkeitsverteilung über die Umweltzustände abhängig. Die Ausprägungen der Ergebnisse werden, je nach definitorischer und philosophischer Betrachtungsweise, von der Unsicherheit, vom Risiko, vom Zufall oder von den Naturgewalten beeinflußt. Kann also die herkömmliche Entscheidungstheorie als Spiel gegen die Natur verstanden werden, dann ist im Gegensatz dazu in Spielsituationen die Aktion eines Entscheiders von den Aktionen der restlichen Entscheidungsträger abhängig[51].

Die Spieltheorie hat sich auch mit Problemen der Realwelt auseinandergesetzt, die das Thema Kriminalität berühren. Speziell die Ausgangslage des Gefangenendilemmas ('prisoner's dilemma') ist als Fallkonstellation kontrovers diskutiert worden.

---

[48] 'Betrug' könnte hier ungeachtet der strafrechtlichen Wertung sehr breit ausgelegt werden: Von der Schlafpause im Warenlager über die 'Abwehr' von arbeitsintensiven Kunden bis zum Trinkgenuß aus handelseigenen Beständen könnte eine breite Palette von Tätigkeiten dazugezählt werden.

[49] Vgl. beispielsweise Fudenberg, Drew/Tirole, Jean: Game Theory, Cambridge 1991, S. 182, S. 207, S. 319 und S. 424 zu Spielen mit unvollständiger und asymmetrischer Information.

[50] Vgl. Neumann, John von/Morgenstern, Oskar (1944): The Theory of Games and Economic Behavior, Princeton 1944, 2. Aufl. 1947. Deutsche Übersetzung: Spieltheorie und wirtschaftliches Verhalten, Würzburg 1961. Neumann, John von (1928): Zur Theorie der Gesellschaftsspiele, Mathematische Annalen 100, 1928, S. 295-320. Nash, John (1951): Non-Cooperative Games, Annals of Mathematics 54, 1951, S. 286-295.

[51] Vgl. Bamberg/Coenenberg (1992), S. 153.

Die Ausgangssituation im Gefangenendilemma kann inhaltlich in der folgenden Weise dargestellt werden[52]: Zwei gemeinsam einer Tat verdächtigte Verbrecher werden gefaßt und getrennt inhaftiert. Ihnen kann die Tat nicht nachgewiesen werden. Beide Verdächtigten haben die Möglichkeit, entweder zu gestehen oder die Tat zu leugnen. Die Auszahlungsmatrix sieht wie folgt aus: Beiderseitiges Leugnen führt zwar nicht zur Verurteilung wegen Raubes, jedoch zur Verurteilung zu einer einjährigen Gefängnisstrafe wegen unerlaubten Waffenbesitzes. Gesteht einer, während der andere leugnet, wird der Gestehende freigelassen (Kronzeuge), der Leugnende erhält fünf Jahre Gefängnis. Beiderseitiges Gestehen führt für jeden Inhaftierten zu vier Jahren Haft. Die Auszahlungsmatrix sei[53]:

Gefangener 2		
	leugnen	gestehen
Gefangener 1		
leugnen:	(4,4)	(0,5)
gestehen:	(5,0)	(1,1)

Abb. Z.4: Auszahlungsmatrix beim Gefangenendilemma

Die dominante Strategie ist hier die Strategienkombination 'gestehen, gestehen'. Diese spieltheoretische Lösung des Gefangenendilemmas sorgt jedoch in den verschiedensten Disziplinen deshalb für intensive Diskussion, weil die individuelle der kollektiven Rationalität widerspricht[54]. Denn die "Gewinnsumme" würde bei gleichzeitigem Leugnen im dargestellten Beispiel 8 betragen, während sie bei der dominanten Strategie nur 2 beträgt.

Eine Konsequenz der Feststellung, daß die dominante Strategie im Gefangenendilemma inferior bezüglich der gemeinsamen Payoffs ist, besteht in der Suche nach Anreizsystemen, die zur Wahl einer kooperativen Lösung führen. Ein solches Anreizsystem wird auch Strafen für jene Spieler vorsehen müssen, die von der kooperativen Lösung abweichen - es könnte sich beispielsweise also um ein strafrechtliches Anreizsystem handeln. Entscheidend für die Wirksamkeit des Anreizsystems ist, ob die Abweichung beobachtet werden kann oder ob möglicherweise eine betrügerische Handlung nur unvollkommen oder gar nicht zu

---

[52] Vgl. stellvertretend die Darstellung bei: Rieck, Christian: Spieltheorie, Wiesbaden 1993, S. 36.
[53] Rieck zieht die jeweiligen Strafen von der Maximalstrafe von fünf Jahren ab, damit in der Matrix Gewinne stehen. Vgl. Rieck (1993), S. 37.
[54] Vgl. Rieck (1993), S. 39.

detektieren ist. Die Beobachtbarkeit der gewählten Strategie ist Voraussetzung für eine Bestrafbarkeit[55]. Unvollkommene Information[56] und eine asymmetrische Informationsverteilung erschweren oder verhindern die Wirksamkeit des Anreizsystems. Auch der Zeitraum, der zwischen der betrügerischen Handlung und der Aufdeckung bzw. Bestrafung verstreicht, kann die jeweiligen Payoffs beeinflussen. Liegen diese Bedingungen vor, wäre auch die spieltheoretische Modellierung entsprechend durch Annahmen zu den jeweiligen Informationsständen zu modifizieren. Dabei kann es sich um unvollständige, unvollkommene und asymmetrische Information bezüglich Gegenspieler, Handlungen des Gegenspielers, Payoffs etc. handeln, aber auch um die unvollständige Erinnerung vergangener Spielzüge[57].

Eine interessante Untersuchung zur Kooperation im wiederholten ('iterierten') Zwei-Personen-Gefangenendilemma wurde von Robert Axelrod durchgeführt[58]. Axelrod untersuchte nicht nur theoretisch, sondern auch experimentell in einer Computersimulation die Erfolgsträchtigkeit verschiedener Strategien. Er kommt zu dem Schluß, daß das 'tit-for-tat', eine für das Experiment von Anatol Rapoport eingereichte Strategie, die Anforderungen an ein Anreiz- bzw. Bestrafungssystem am besten erfüllt. 'Tit-for-tat' beginnt mit Kooperation, um in den nachfolgenden Zügen stets das zu tun, was der Gegenspieler beim vorherigen Zug getan hat. 'Tit-for-tat' konnte im Computerexperiment von Axelrod normalerweise Kooperation durchsetzen, ohne jedoch ausgebeutet zu werden. Der sinnvolle Einsatz dieser Strategie setzt aber voraus, daß die Züge des Gegners einwandfrei festgestellt werden können, sonst kommt es aufgrund der fehlerhaften Wahrnehmung u. U. zu einer ungewollten Eskalation in Form einer Bestrafung.

Im Gefangenendilemma ist die Defektion bei nur einmaliger Wiederholung eine dominante Strategie. Beim wiederholten ('iterierten') Gefangenendilemma gibt es, soweit die Anzahl der Durchgänge bekannt ist, gleichfalls keinen Anreiz zur Kooperation[59]. Wird das Spiel unendlich oft gespielt oder gibt es gewisse Wahrscheinlichkeiten dafür, daß das Spiel in

---

[55] etwa 'noisy' prisoner's dilemmas. Vgl. Fudenberg/Tirole (1991), S. 183.
[56] Bei Spielen mit unvollständiger Information ('incomplete information') sind die Payoffs des anderen Spielers unbekannt. Vgl. Fudenberg/Tirole (1991), S. 209.
[57] Der ehrliche Kunde von heute kann der Ladendieb von gestern sein, mithin in mehreren Durchgängen von der Defektion zur Kooperation gewechselt haben. Vgl. auch die ausführliche Klassifikation von Informationsständen in der Spieltheorie bei: Rieck (1993), S. 110.
[58] Vgl. Axelrod, Robert: The Evolution of Cooperation, New York 1984, deutsch: Die Evolution der Kooperation, übersetzt mit einem Nachwort von Werner Raub und Thomas Voss, Studienausgabe, 3. Aufl., München/Wien 1995, besonders Teil I und Teil II.
[59] Vgl. zu dieser Problematik: Axelrod (1995), S. 9; Wiese, Harald: Ökonomie des Lügens und Betrügens, in: Kölner Zeitschrift für Soziologie und Sozialpsychologie, Jg. 46, Heft 1, 1994, S. 65-79, hier S. 75. Siehe auch: Fudenberg/Tirole (1991), S. 111 und S. 166.

einem bestimmten Durchgang beendet wird beziehungsweise ist die Anzahl der Durchgänge unbekannt, dann ist unter bestimmten Voraussetzungen auch Kooperation bzw. Ehrlichkeit eine Gleichgewichtsstrategie. Das Heranziehen des Gefangenendilemmas für die im Rahmen dieser Arbeit dargestellte Problemstellung von Kriminalität liegt nahe, jedoch soll die Eignung dieses Ansatzes ex ante nicht unterstellt werden, vielmehr der Bezug des Theorieansatzes zum realweltlichen Problem näher diskutiert werden.

Die Modellkonzeption des (wiederholten) Gefangenendilemmas läßt sich auf die vorliegende Problemstruktur übertragen. Ein Besucher einer Einkaufsstätte (als potentieller Delinquent) kann wiederholt oder nur einmalig auftreten, entsprechende Modellierungen sind grundsätzlich möglich. Gerade beim Hausverbot handelt es sich um eine Bestrafungsform, die weiteres Spiel im Sinne der hier dargelegten Interpretation unterbindet. Das ist jedoch für den Delinquenten nur entscheidungsrelevant und kooperationsfördernd, wenn einerseits die Kaufmöglichkeit in dem das Hausverbot aussprechenden Betrieb für den Täter von Bedeutung ist und andererseits für ihn die Zukunft hinreichend wichtig ist. Die relative Bedeutung des nächsten Zuges im Verhältnis zum gegenwärtigen Zug wird in der Spieltheorie durch den Diskontparameter ausgedrückt[60]. Je höher der Wert des Diskontparamters ist, um so größer ist das Bedeutungsgewicht der zukünftigen Payoffs.

Auch zwischen der Handelsunternehmung und den Kunden beziehungsweise den Besuchern einer Einkaufsstätte kann es - soweit sie als Spieler verstanden werden[61] - ähnlich wie im Modellfall des Gefangenendilemmas zu einer problematischen Situation kommen. Es stellt sich die Frage, ob das Gefangenendilemma als Paradigma einen sinnvollen Theorierahmen bildet, der geeignet ist, diese Problemkonstellation zu beschreiben. Zunächst wäre zu implizieren, daß Handelsunternehmung und Besucher der Einkaufsstätte im Sinne der nicht-kooperativen Spieltheorie jeweils nur ihr Eigeninteresse verfolgen. Vor diesem Hintergrund ist eine Vielzahl von Strategien der Spieler denkbar.

Eine Handelsunternehmung könnte den Kunden übervorteilen, ihn bestmöglichst beraten, den Kunden über Sonderangebote heute subventionieren, um in Zukunft seine Zahlungsbereitschaft stärker zu fordern etc. Der potentielle Kunde (und Täter) könnte versuchen, in erheblichem Umfang Beratungsdienstleistungen ohne Faktorersatz (kostenlos) zu konsumieren, Ware entgeltlich erwerben oder stehlen, Preisschilder abändern etc. Der Preis, soweit er als Gradmesser für Tauschgerechtigkeit fungiert, kann diese Vielfalt real-

---

[60] Vgl. Fudenberg/Tirole (1991), S. 111.
[61] Im Modell könnte auch der Dieb gegen den Ladendetektiv spielen. Die Payoffs des Detektivs könnten Prämien umfassen, die er für das erfolgreiche Aufspüren von Tätern von seinem Arbeitgeber erhält.

weltlicher Bedingungen nur begrenzt erfassen, denn die diskretionären Handlungsspielräume der ökonomischen Agenten sind vielfältiger.

Die spieltheoretische Einordnung wird dadurch erschwert, daß mehr als nur zwei Spieler agieren. In der Realität erfolgt die Bestrafung des Diebes nicht durch das in einer Modellwelt als Gegenspieler zu definierende Handelsunternehmen. Außerdem kennt die Praxis entgegen der Dichotomie zwischen Kooperation und Nichtkooperation ('Defektion' bzw. unehrliches Verhalten) - hier etwa ehrlicher Kauf oder Diebstahl - weitere Zwischenstufen[62]. Die Annahme, daß das Gefangenendilemma einen sinnvollen Modellrahmen für die Prüfung der in der vorliegenden Arbeit fokussierten Problemstellung abgibt, führt zur Frage, ob die nichtkooperative Lösung kollektiv als schlechter zu bewerten ist als die kooperative und weiter, unter welchen Bedingungen eine kooperative Lösung ohne Einschaltung einer zentralen Instanz entstehen kann[63]. Hier bestehen Diskrepanzen zwischen der Modellwelt und Realwelt, denn in letzterer wird eine Instanz tätig.

Dazu gehören gesetzliche beziehungsweise strafrechtliche Regelungen und die zugehörigen Institutionen wie Gerichte, Polizei und Staatsanwaltschaften. Mit Hilfe des Strafrechts wird dann die Auszahlungsstruktur des 'Spiels' so verändert, daß kooperatives ('ehrliches') Verhalten im Sinne der den Eigennutzen maximierenden Spieler liegt. Ist das Strafrecht wirksam, wird die kooperative Lösung institutionell erzwungen. Von dieser sanktionsbewehrten Durchsetzung ist Kooperation, die aufgrund von Moralität zustandekommt, zu unterscheiden. Denn wie Peter Weise vor dem Hintergrund einer spieltheoretischen Darstellung darlegt, hat eine den anderen schädigende Handlung, die nur deshalb unterbleibt, weil sie mit Sanktionen bewehrt ist, keinen moralischen Wert per se[64].

Neben dem allgemeinen Gefangenendilemma gibt es in der Spieltheorie problemspezifisch gefaßte Ausführungen, die Spielarten der Kriminalität in Einzelfällen aufgreifen. Zunächst sei hier auf zwei Beiträge des Nobelpreisträgers Reinhard Selten verwiesen. In seinem (vergnüglichen) 'Dieb und Wächter-Modell', einem Spiel in Normalform, gibt es einen Dieb und einen Wächter. Eine Erhöhung der Strafe führt dazu, daß der Wächter länger schläft[65]. Mit dem Fall einer Geiselnahme beschäftigt sich ein Beitrag Seltens von 1977[66].

---

[62] Etwa, wenn im Regal zwei identische Artikel liegen, die unterschiedlich bepreist sind.
[63] Axelrod geht von Kooperation ohne das Vorhandensein einer Instanz aus. Vgl. Axelrod (1995), S. 3.
[64] Vgl. Weise, Peter: Elemente einer evolutiven Theorie der Moral, in: Studien zur Evolutorischen Ökonomik III, hrsg. von Adolf Wagner und Hans Walter Lorenz, Berlin 1995, S. 35-57, hier S. 54.
[65] Vgl. den nicht publizierten Vortrag von Reinhard Selten anläßlich einer gemeinsamen Veranstaltung der Frankfurter Wirtschaftswissenschaftlichen Gesellschaft und der Gesellschaft für experimentelle Wirtschaftsforschung an der Johann Wolfgang Goethe-Universität, Frankfurt am Main, am 17. November 1995.

58

Die Modellierung erfolgt als Zwei-Personen-Spiel zwischen Geiselnehmer und der Familie des Opfers. Es handelt sich um einen Fall der nichtkooperativen Spieltheorie in extensiver Form bei vollkommener (perfekter) Information. Selten stellt fest, daß ein Budget von prohibitiver Größe notwendig wäre, um die Festnahme des Täters mit Sicherheit zu gewährleisten[67]. Konsequenterweise kann die Wahrscheinlichkeit der Ergreifung des Täters durch die Allokation zusätzlicher Ressourcen auf Maßnahmen zur Ergreifung des Täters erhöht werden. Im Modell von Gustav Feichtinger[68] spielt ein Dieb, der sich annahmegemäß risikoavers verhält, gegen die Polizei. Feichtinger leitet ein Nash-Gleichgewicht ab, mit dessen Hilfe im Sinne einer Kontrolltheorie die optimale Intensität der Strafverfolgungsmaßnahmen hergeleitet wird.

Über die Modellierung spieltheoretischer Konstellationen zwischen Strafverfolgungsbehörden und Tätern hinaus reichen Überlegungen, die grundlegend auf jene Bedingungen eingehen, unter denen moralisches Verhalten in einer Gesellschaft entsteht. Aus der Perspektive der ökonomischen Theorie hat Ulrich Witt dazu Stellung genommen[69]. Sein Beitrag versucht, das Spannungsverhältnis zwischen Rationalität und Moralität zu beleuchten. Er bedient sich dazu eines spieltheoretischen Modells, das ein erweitertes Gefangenendilemma darstellt, bei dem in einer zweiten Stufe, nachdem das Verhalten des Mitspielers und die erreichte Auszahlung deutlich geworden sind, der Spieler die Auszahlung des anderen Spielers mindern kann, indem er sich an ihm rächt[70]. Er zeigt dann, daß sich moralisches Verhalten, das im Modell gleichgesetzt wird mit Kooperation[71], unter bestimmten Modellannahmen (so etwa die Möglichkeit zur 'moralischen Aggression') auf der Basis rationaler Entscheidungen in evolutionstheoretischer Perspektive in einer Population behaupten kann[72].

Im Ergebnis kann zur Spieltheorie festgestellt werden, daß diese Forschungsrichtung Problemkonstellationen abdeckt, die Interessenkonflikte berühren und antagonistische Ver-

[66] Vgl. Selten, Reinhard: A Simple Model of Kidnapping, in: R. Henn/O. Moeschlin (eds.), Mathematical Economics and Game Theory, Lecture Notes in Economics and Mathematical Systems 141, Berlin u.a. 1977, S. 139-155.
[67] Vgl. Selten (1977), S. 147.
[68] Vgl. Feichtinger, Gustav: A Differential Games Solution to a Model of Competition between a Thief and the Police, in: Management Science, Vol. 29, Issue 6, June 1983, S. 686-699.
[69] Vgl. Witt, Ulrich: Moralität vs. Rationalität- Über die Rolle von Innovation und Imitation in einem alten Dilemma, in: Studien zur Evolutorischen Ökonomik III, hrsg. von Adolf Wagner und Hans Walter Lorenz, Berlin 1995, S. 11-33.
[70] Vgl. Witt (1995), S. 22.
[71] Kooperation ist nicht in jedem Fall als gesamtgesellschaftlich vorteilhaft anzusehen. Zu denken ist etwa an Kartelle, Preisabsprachen und mafiöse Geschäftspraktiken.
[72] Vgl. Witt (1995), S. 29.

hältnisse zwischen ökonomischen Agenten erfassen. Die Spieltheorie vermag es, die Wechselbeziehungen zwischen dem kooperativen und dem nichtkooperativen Verhalten der Spieler abzubilden, wie es auch in der Händler-Kunden-Beziehung der Fall sein kann. Der spieltheoretische Ansatz ermöglicht auf modelltheoretischer Ebene Aussagen zur Klärung der Frage, inwieweit Anreizsysteme die kooperative Lösung durchsetzen. In diesem Zusammenhang wurde auf die Funktion des Strafrechts verwiesen - der Versuch zur Durchsetzung von Kooperation mittels einer Instanz. Wie bereits exemplarisch dargelegt, sind konkret gefaßte Modellierungen, die das Phänomen der Kriminalität einer spieltheoretischen Analyse zugänglich machen, in der Forschung vorhanden. Es ist jedoch nicht zu verkennen, daß die vom Konzept Gary S. Becker's geprägte Economics of Crime sich eher selten auf die Spieltheorie bezieht.

Zusammenfassend kann gefolgert werden, daß in der Neuen Institutionenökonomik, in der Informationsökonomie, in Agency-Ansätzen und in der Spieltheorie menschliche Handlungen analysiert werden, die sich am Rande (opportunistisches Verhalten, holdup) oder jenseits der strafrechtlichen Legalität (Betrug bei Darby/Karni, Versicherungsbetrug bei moral hazard, Tatvorwurf im Gefangenendilemma) bewegen. Damit stehen grundlegende ökonomische Theoriebausteine zur Verfügung, die auch für die Untersuchung von Kriminalität genutzt werden können. Mit der Economics of Crime wird nun eine Forschungsrichtung vorgestellt, die explizit auf die ökonomische Analyse von Delikten abstellt.

3.1.2 Economics of Crime

Entscheidende Anstöße für die zeitgenössische Diskussion von Kriminalität in den Wirt-schaftswissenschaften lieferte ein Zeitschriftenaufsatz des Nobelpreisträgers Gary S. Becker[73]. Darin untersucht Becker auf der Grundlage eines wohlfahrtsökonomischen In-strumentariums ökonomische Optimierungsprobleme der Strafverfolgungsbehörden. Becker knüpft dabei bewußt an die klassischen Beiträge von Bentham an[74]. Seit Becker hat sich in den USA eine rege Forschungstätigkeit entfaltet, die sich meistens auf seine Grundkonzep-tion bezieht. Daher kann zumindest für die USA festgestellt werden, daß ein eigentändiges Forschungsgebiet existiert, das als 'Economics of Crime' zu klassifizieren ist[75]. Dieses For-schungsgebiet ist eingebunden in die interdisziplinäre 'Law and Economics-Bewegung', die besonders an der University of Chicago vorangetrieben wird und ihre Wurzeln in der Analyse der Antitrust-Gesetzgebung hat[76]. Für die Wirtschaftswissenschaften ist Ronald H. Coase ein sehr bedeutsamer Vertreter dieser Forschungstradition[77]. Es existieren sowohl primär ökonomisch orientierte Beiträge[78] als auch stärker der Rechtswissenschaft verbun-dene Konzeptionen[79]. Ansätze zur ökonomischen Analyse des Rechts existieren auch im deutschen Sprachraum, so etwa die neo-institutionalistische Konzeption einer ökonomischen Analyse des Insolvenzrechts von R.H. Schmidt[80]. Im folgenden Teil des dogmenhistori-schen Exkurses konzentriert sich die Untersuchung auf Beiträge zur Ökonomik der Kriminalität[81]. In der Kriminologie wird diese Forschungsrichtung als 'neoklassische Schule' bezeichnet[82].

---

[73] Vgl. Becker (1968), alle folgenden Zitate gemäß dem Wiederabdruck in: Becker, Gary S.: The Economic Approach to Human Behaviour, Chicago 1976, S. 39-85.

[74] Vgl. Becker (1976), Fußnoten 35, 40, 42 und 46. Siehe auch Gliederungspunkt 3.1.1 .

[75] Es sind bereits lehrbuchartige Werke verfügbar, vgl. beispielsweise Hellman, Daryl A./Alper, Neil O.: Economics of Crime - Theory and Practice, 2. Aufl., Needham Heights 1990; Schmidt, Peter/Witte, Ann D.: An Economic Analysis of Crime and Justice, Orlando u.a. 1984.

[76] Vgl. Posner (1986), S. 19.

[77] Vgl. etwa: Coase, Ronald H.: The Problem of Social Cost, in: Journal of Law and Economics, Vol. 3, 1960, S. 1-44.

[78] Hierzu gehören Autoren wie Gary S. Becker, John Heineke und George Stigler.

[79] Hierzu gehören Autoren wie Richard A. Posner, Victor P. Goldberg und Richard Epstein.

[80] Vgl. Schmidt, Reinhard H.: Ökonomische Analyse des Insolvenzrechts, Wiesbaden 1980.

[81] Die Vielfalt der Ansätze von 'Law and Economics' ist breiter angelegt, d.h. es werden nicht nur strafrechtliche, sondern oftmals auch zivil- und vertragsrechtliche Fragen angesprochen.

[82] Vgl. Schneider (1987), S. 364.

Der Grundgedanke der Economics of Crime ist die Vorstellung, daß die Entscheidung des Delinquenten für die Begehung einer Straftat das Ergebnis eines rationalen Kalküls ist[83]. Oder mit Becker gesprochen:

"... a person commits an offense if the expected utility to him exceeds the utility he could get by using his time and other resources at other activities."[84]

Der Erwartungswert des Nutzens aufgrund krimineller Handlungen wird verglichen mit jenem, der aufgrund legaler Beschäftigungen erreicht werden kann. Das Entscheidungsverhalten der Täter wird als ein Zeitallokationsproblem modelliert; ein Konzept, das Becker auch in anderem Zusammenhang bereits zur Berücksichtigung der Konsumzeit in der Haushaltstheorie verwendet hat[85]. Ein Zeitallokationsmodell in der ökonomischen Analyse von Kriminalität bildet de facto die Problemstruktur als Frage des Arbeitsangebotes bei unsicheren Konsequenzen ab[86]. Täter reagieren auf positive und negative Anreize, wobei das Gesamtausmaß der Delikte in einer Gesellschaft auf die Allokation von privaten und öffentlichen Ressourcen für Prävention und Sanktion zurückgeführt werden kann[87]. Das ökonomische Instrumenarium soll dazu dienen, ein wohlfahrtsoptimales Ausmaß für die Sanktionswahrscheinlichkeit, die Bestrafungshöhe und die Art der Bestrafung von Delikten zu bestimmen.

Ein weiterer Ansatzpunkt der Economics of Crime ist die Untersuchung von Märkten für Delikte mit Angebots- und Nachfragefunktionen[88]. Außerdem wird die ökonomische Produktionstheorie auf Probleme der Produktion von Sicherheit angewendet, z. B. im Fall der Allokation von Aufwendungen für Polizeikräfte[89]. Dieser Gedanke wird im Rahmen der vorliegenden Untersuchung genutzt, um im fünften Kapitel Probleme der Faktorallokation von knappen Ressourcen und die ökonomische Dimension von Entkriminalisierungsbemühungen zu beschreiben.

---

[83] Vgl. Friedman, David: Law and Economics, in: The New Palgrave, hrsg. von John Eatwell u.a., Vol. 3, S. 144-147, hier S. 144.

[84] Becker (1976), S. 46.

[85] Vgl. Becker, Gary S.: A Theory of the Allocation of Time, in: Economic Journal, Vol. 75, 1965, S. 493-517.

[86] Vgl. Heineke, John M.: Economic Models of Criminal Behavior: An Overview, in: Economic Models of Criminal Behavior, hrsg. von J.M. Heineke, Amsterdam/New York/Oxford 1978, S. 1-33, hier S. 3.

[87] Vgl. Ehrlich, Isaac: Crime and Punishment, in: The New Palgrave, hrsg. von John Eatwell u.a., Vol. 1, London/Basingstoke 1987, S. 721-723, hier S. 722.

[88] Vgl. beispielsweise Ehrlich, Isaac: On the Usefulness of Controlling Individuals: An Economic Analysis of Rehabilitation, Incapacitation and Deterrence, in: AER, Vol. 71, Nr. 3, June 1981, S. 307-322.

[89] Vgl. beispielsweise Phillips, Llad: Factor Demands in the Provision of Public Safety, in: Economic Models of Criminal Behavior, hrsg. von J.M. Heineke, Amsterdam/New York/Oxford 1978, S. 211-258.

Im deutschen Sprachraum sind zwei Untersuchungen hervorzuheben, die sich auf die Konzeption von Becker beziehen. Grohmann analysiert die bundesdeutsche Strafrechtsreform von 1969 mit Hilfe einer Kosten-Wirksamkeitsanalyse[90]. Damit soll geprüft werden, welche Fassung des Strafrechts effizienter im Sinne eines optimalen Mitteleinsatzes ist[91]. Kunz stellt sich die Aufgabe, eine verhaltenstheoretisch orientierte Ökonomik der Kriminalität zu entwerfen[92]. Sein Untersuchungsgebiet erfaßt die illegale Alkoholindustrie der Prohibitionszeit in den USA. Darüber hinaus hat der Schwede Göran Skogh mit Bezug auf Becker mit Hilfe der Wohlfahrtsökonomik versucht, Kriminalität zu analysieren und zusätzlich im letzten Kapitel ein 1972 verabschiedetes schwedisches Gesetz einer Kosten-Nutzen-Anlyse unterzogen[93]. Dieses Gesetz eröffnet der Polizei die Möglichkeit, von der Verfolgung von Ersttätern beim Ladendiebstahl abzusehen, wenn der Wert der gestohlenen Ware einen bestimmten Betrag unterschreitet.

Als Ergebnis des dogmenhistorischen Exkurses wird festgestellt, daß speziell in der anglo-amerikanischen Literatur eine Forschungsrichtung existiert, die sich gezielt mit der ökonomischen Analyse von Kriminalität beschäftigt. Dieser Ansatz wurde als Economics of Crime bezeichnet und soll neben den zuvor dargestellten Forschungsrichtungen auf die Problemstellung dieser Arbeit angewendet werden. Zunächst steht im Vordergrund der Analyse die ökonomische Analyse alternativer Formen der Austauschbeziehungen zwischen Wirtschaftssubjekten. Denn die für Handelsunternehmen charakteristische Form des einvernehmlichen Tauschs stellt nur eine Kategorie der potentiell möglichen dar.

3.2 Ökonomische Analyse alternativer Formen der Reziprozität

In der ökonomischen Theorie wird ein Konkurrenzgleichgewicht des Tauschs zwischen zwei Haushalten als Pareto-Optimum bezeichnet[94]. Das Pareto-Optimum ist dadurch gekennzeichnet, daß der Nutzen keiner Wirtschaftseinheit erhöht werden kann, ohne daß sich der Nutzen mindestens einer Wirtschaftseinheit vermindert. Für die theoretische Handelsbetriebslehre leistet das Instrumentarium der Edgeworth-Box zunächst den Erklärungsbeitrag, daß die Bedingungen aufgezeigt werden können, bei denen Tausch für mindestens einen Tauschpartner zu einer Nutzensteigerung führt, ohne daß der andere Tauschpartner

90 Vgl. Grohmann, Gisela: Strafverfolgung und Strafvollzug. Eine ökonomische Analyse, Göttingen 1973, S. 3-5.
91 Vgl. Grohmann (1973), S. 6.
92 Vgl. Kunz, Harald: Die Ökonomik individueller und organisierter Kriminalität, Saarbrücken 1976, S. 4.
93 Vgl. Skogh, Göran: Straffrätt och samhällsekonomi, Lund Economic Studies, Lund/Schweden 1973, S. 130.
94 Vgl. Schuhmann (1987), S. 218.

schlechter gestellt wird[95]. Es wird folglich eine Nutzensteigerung ohne Gütervermehrung möglich. Darauf aufbauend können dann die Konstellationen untersucht werden, die einer Herausbildung des Konkurrenzgleichgewichtes im Wege stehen. Die Hindernisse sind ein Ansatzpunkt zur Operationalisierung der Lehre von den Handelsfunktionen, denn die Handelsunternehmung tritt als Agent zur Überwindung dieser Marktspannungen auf, beispielweise in Ausübung der Seyffertschen Interessenwahrungsfunktion durch die Segmentierung von Nutzenfunktionen[96]. Damit leistet die Handelsunternehmung einen Beitrag zur Ersparnis von Transaktionskosten.

Für die vorliegende Arbeit ist entscheidend, daß es sich bei den mit Hilfe der Edgeworth-Box analysierten Konstellationen des Tauschs um freiwillige Transaktionen handelt. Die Herausbildung des Konkurrenzgleichgewichtes basiert auf der Vorstellung, daß einvernehmlicher Tausch zu einer Erhöhung der Wohlfahrt führt. Dagegen handelt es sich bei den Eigentumsdelikten, die in Handelsunternehmen auftreten, im Regelfall um einen 'erzwungenen Transfer'[97], d.h. um einen vom Delinquenten dem Eigentümer aufgezwungenen Transfer ohne Faktorabgeltung.

Freiwilliger Tausch ist jedoch nur eine Spielart menschlicher Austauschbeziehungen. Möglicherweise ist es in der eine marktwirtschaftliche Ordnung voraussetzenden Wirtschaftstheorie bereits üblich geworden, marktmäßige Transaktionen anzunehmen, die eine Leistung (Ware oder Dienstleistung) mit einer durch den Preis operationalisierten Gegenleistung verknüpfen. Tatsächlich sind zwischen zwei oder mehreren Wirtschaftseinheiten bzw. Wirtschaftssubjekten verschiedene Formen des Austausches denkbar und realisierbar. Verschiedene Formen des Austauschs werden im folgenden näher untersucht.

Reziprozität als das Prinzip vom "Geben und Nehmen"[98] ist ein wichtiger Faktor in Austauschbeziehungen bei einfachen ('primitiven') Gesellschaften. Sahlins[99] unterscheidet bei seiner soziologischen Untersuchung von Formen des Austausches in einfachen Gesellschaften zunächst zwei Ausprägungen: Während 'reciprocity' die Austauschbeziehungen zwischen zwei Parteien definiert, handelt es sich beim 'pooling' um zentralisierte Austauschbeziehungen, bei denen beispielsweise ein Gruppenmitglied Güter einsammelt und anschließend wieder an Gruppenmitglieder redistribuiert (de facto ein System von

95 Vgl. im folgenden: Gümbel (1985a), S. 87-93.
96 Vgl. Gümbel (1985a), S. 91.
97 Begriffswahl nach Posner (1986), S. 201: "crime-as-pure-coercive-transfer".
98 Malinowski, Bronislaw: Sitte und Verbrechen bei den Naturvölkern, Bern 1951, S. 47.
99 Vgl. Sahlins, Marshall: Stone Age Economics, London 1972, Reprint 1981, S. 188.

Reziprozitäten). Reziprozitäten klassifiziert Sahlins[100] wiederum in drei Gruppen, sie lauten:

- generalized reciprocity,
- balanced reciprocity und
- negative reciprocity.

Der Begriff 'generalized reciprocity' bezieht sich auf Transaktionen, die einen altruistischen Charakter aufweisen, wie Geschenke und Hilfe. Die materielle Seite der Austauschbeziehung wird zugunsten der sozialen Funktion dieser Transaktion vernachlässigt. Als typische Form der Austauschbeziehung in Familien erfordert diese Transaktion keine Gegenleistung, zumindest ist eine Gegenverpflichtung nicht zeitlich, qualitativ bzw. quantitativ spezifiziert. 'Balanced reciprocity' kennzeichnet direkte Austauschbeziehungen, die eine Leistung mit einer zeitnahen oder zeitgleichen Gegenleistung verknüpfen, dazu gehören Arten des Handels und Transaktionen, die gemeinhin als Kauf bzw. Verkauf einzustufen sind. Schließlich umschreibt 'negative reciprocity' Transaktionen, bei denen eine Seite ihren eigenen Nutzen auf Kosten der anderen Partei zu maximieren sucht, ohne daß dafür eine Gegenleistung erbracht werden müßte, wie es beispielsweise bei Diebstahl der Fall ist[101]. Sahlins bezeichnet diese Austauschform als die unpersönlichste Form der Reziprozitäten. Interessant ist in diesem Zusammenhang der Hinweis darauf, daß diesgeartete Verhaltensweisen eine kontextabhängige Bewertung erfahren[102]. Während Diebstahl in der eigenen Gemeinschaft als Fehlverhalten eingestuft wird, mag Diebstahl, der gegen Mitglieder einer fremden Gemeinschaft gerichtet ist, soziale Belohnung auslösen.

Auch Kunden von Handelsunternehmen nehmen kontextabhängige Bewertungen vor, wenn sie Einschätzungen abgeben, inwieweit Delikte als Verfehlung einzuschätzen sind. Aus Kundensicht steht weniger die durch den Gesetzgeber verfügte (und objektiv gegebene) strafrechtliche Wertung, als vielmehr die subjektive Wahrnehmung im Vordergrund. Diese Wahrnehmung stimmt jedoch häufig nicht mit den durch das Strafrecht kodifizierten Normen überein[103]. So richten sich Kundendelikte nicht selten in den Augen der Täter gegen eine 'fremde, anonyme und ausbeuterische Institution' (= Handelsunternehmung). Die-

---

[100] Vgl. im folgenden Sahlins (1981), S. 193-195.

[101] Diese Dreiteilung korrespondiert zufällig mit einer Systematisierung von Boulding zur Friedensforschung. Dabei unterscheidet er drei Subsysteme sozialer Systeme: Das Integrativsystem (hier: generalized reciprocity), das Tauschsystem (hier: balanced reciprocity) und das Drohsystem (hier: negative reciprocity). Vgl. Boulding, Kenneth E.: Beitrag zu einer Friedenstheorie, in: Friedensforschung, hrsg. von Ekkehart Krippendorf, Köln/Berlin 1968, S. 77.

[102] Vgl. Sahlins (1981), S. 199.

[103] Vgl. die empirischen Auswertungen bei Wilkes, Robert: Fraudulent Behavior by Consumers, in: Journal of Marketing, Vol. 42, October 1978, S. 67-74, hier S. 73.

ser Eindruck mag mit steigender Betriebsgröße der Einkaufsstätte zunehmen und Argumente dafür liefern, die Einkaufsstätten des Handels wieder stärker zu 'personalisieren'[104].

Wesentlich ist, daß sich die Ökonomie schwerpunktmäßig mit Formen des Austauschs beschäftigt hat, die gemäß der Klassifikation von Sahlins als 'balanced reciprocity' einzuordnen sind. Die informationsökonomische Forschung geht bereits darüber hinaus, indem aufgezeigt wird, daß die objektive bzw. subjektive Adäquanz von Leistung und Gegenleistung bei Formen des einvernehmlichen Tauschs in Markttransaktionen nicht immer eindeutig ist[105] bzw. von den Parteien bewußt zugunsten eigener Vorteile manipuliert wird[106]. Damit wird im Sinne der Klassifikation von Sahlins der Bereich der 'negative reciprocity' erfaßt. Auch die Analyse von Formen der 'generalized reciprocity' ist den Wirtschaftswissenschaften nicht mehr fremd, wie die Untersuchung zu Altruismus und Ansätze zur Familienökonomie[107] aufzeigen.

Nun fragt sich, wie Austauschformen, die dem Modus der 'negative reciprocity' folgen (z. B. Diebstahl), aus wohlfahrtsökonomischer Sichtweise einzustufen sind. Pointiert ausgedrückt handelt es sich um die Suche nach Argumenten, die es erlauben, dem wohlfahrtssteigernden Modellbild einvernehmlichen Tauschs (Edgeworth-Box) die wohlfahrtsökonomische Inferiorität gewaltsamer Güteraneignung gegenüberzustellen. Zunächst besteht die Hypothese, daß Gütertausch gesamtgesellschaftlich und individuell einen gegenüber Raub oder Autarkie anders strukturierten Verbrauch von Ressourcen bedingt[108]. Dabei ist zu vermuten, daß der einvernehmliche Tausch im Sinne einer Marktlösung auch zu Effizienzvorteilen führt. Im Lichte der Wohlfahrtsökonomomie ergibt sich diese Schlußfolgerung jedoch nicht zwangsläufig.

Aus der Perspektive der ökonomischen Theorie existiert eine Parallele zwischen einem Diebstahl und einem Transfer[109]. Bei dem typischen Eigentumsdelikt im Handel - den

---

104 Es kann aus Täterperspektive durchaus unterschiedliche Hemmschwellen geben, je nachdem, ob sich die Tat gegen die anonyme 'XY-AG' oder gegen das Nachbarschaftsgeschäft des persönlich bekannten 'Herrn Z' richtet.

105 Vgl. auch das Konzept der Vertrauensgüter bei Darby/Karni (1973), S. 68.

106 So in Konzepten des Opportunistischen Verhaltens, bei Problemen der hidden action und des moral hazard.

107 Vgl. Ribhege, Hermann: Ökonomische Theorie der Familie, in: Ökonomische Verhaltenstheorie, hrsg. von Bernd-Thomas Ramb und Manfred Tietzel, München 1993, S. 63-87 mit weiteren Nachweisen.

108 Vgl. Gümbel, Rudolf/Stadler, Daniela: Absatztheorie und Theorie der Verfügungsrechte, in: Betriebswirtschaftslehre und Theorie der Verfügungsrechte, hrsg. von Dietrich Budäus, Wiesbaden 1988, S. 173-195, hier S. 175.

109 Vgl. zur ökonomischen Analyse von Transfer gemäß dem Modell der mikroökonomischen Haushaltstheorie: Nowotny (1991), S. 460.

durch Kunden begangenen Delikten - wechselt die Ware in der Regel den Besitzer, ohne daß es zur Zerstörung derselben kommt. Ökonomisch gesehen liegt eine Fallkonstellation vor, die in der Economics of Crime als "involuntary transfer"[110] bezeichnet wird. Charakteristisch für einen 'involuntary transfer' ist die Feststellung, daß aus makroökonomischer Perspektive zumindest vordergründig kein Wohlfahrtsverlust impliziert wird: " ... a burglar steals a television set for her or his own use. Here, while one individual loses a TV, another gains one. The net loss to society is zero."[111]

In einer gesellschaftlichen Wohlfahrtsfunktion, die gleichermaßen den (Nutzen-) Gewinn des Delinquenten berücksichtigt, könnte durchaus das Wohlfahrtsniveau konstant bleiben[112]. Dagegen lassen sich verschiedene Einwände erheben, die zum Teil plausibler Natur sind und zum Teil am theoretischen Instrumentarium ansetzen. Zunächst läßt eine rein güterwirtschaftliche Betrachtung noch keine Schlußfolgerung auf die relative Veränderung von Nutzenniveaus zu, die mit der Vornahme eines Deliktes verbunden sind. Auch wird die Nutzenverteilung von Opfer und Täter ignoriert. Darüber hinaus sind mit dem unfreiwilligen Transfer insofern Kosten verbunden, als die Delinquenten für die Produktion von (legalen) Gütern nicht mehr zur Verfügung stehen (Opportunitätskosten), Opfern möglicherweise 'psychische' Kosten entstehen und schließlich private Ausgaben für die Sicherung des Eigentums und öffentliche Ausgaben für ein Justizsystem entstehen[113]. Diese Überlegung hat Tullock bereits 1967 in einem Aufsatz formuliert, als er Diebstahl als 'contested transfer' bezeichnete[114]. Soziale Kosten (Wohlfahrtsverluste) leiten sich beim 'contested transfer' aus der Tatsache her, daß durch die Verhinderungsbemühungen der Gegenseite und die daraus resultierenden Überwindungsversuche bei den Delinquenten zusätzlicher Ressourcenverbrauch entsteht. Diese Erkenntnis führt Posner in einem ähnlichen Gedankengang zu der Schlußfolgerung: "The sum is totally wasted from a social standpoint; this waste is the economic objection to theft."[115] Die Bewertung diesgearteten Ressourcenverbrauchs ist jedoch vom jeweiligen Wohlfahrtsmaß abhängig. Die materielle Wohlfahrt (= Wohlstand) kann durch Aufwendungen zur Sicherung und Durchsetzung von Eigentumsrechten durchaus gesteigert werden, wenn beispielsweise durch steigende Umsätze bei Sicherheits-Dienstleistern ein Wohlstandsmaß (z. B. das Sozialprodukt) gesteigert wird.

---

[110] Vgl. Hellman/Alper (1990), S. 25.
[111] Hellman/Alper (1990), S. 25.
[112] Vgl. Anderson, R.W.: The Economics of Crime, London/Basingstoke 1976, S. 38.
[113] Vgl. Hellman/Alper, S. 25.
[114] Vgl. Tullock, Gordon: The Welfare Cost of Tariffs, Monopoly, and Theft, in: Western Economic Journal, Vol. 5, No. 3, June 1967, S. 224-232.
[115] Posner (1986), S. 193.

Die Frage nach den Folgen eines 'transfer crime' für die Wohlfahrt kann gesamtgesell-schaftlich nur mit Hilfe einer gesamtwirtschaftlichen Nutzenfunktion beantwortet werden. Vorausgesetzt wird damit aber, daß individuelle Nutzenfunktionen zu einer gesamtwirt-schaftlichen Nutzenfunktion aggregiert werden. Die Schwierigkeiten, eine solche Bewer-tungsfunktion zu ermitteln, sind offensichtlich, vielfach wird die Aggregation gänzlich ab-gelehnt[116].

Hier kann nur eine Hypothese bezüglich der Superiorität einvernehmlichen Tauschs postuliert werden. Der Hinweis, daß das geltende Recht die kollektive Präferenzordnung of-fenbare, mag als Notbehelf dienen. Auch über die (relative) Höhe der Budgets, die zur Durchsetzung von Eigentumsrechten in einer Gesellschaft verausgabt werden, treten Präferenzen hervor. Schließlich sei auf Posners Gedankengang verwiesen, der erzwungenen Transfer in jenen Konstellationen stets als ineffizient einstuft, in denen Märkte Transaktionen bei niedrigeren Transaktionskosten ermöglichen[117]. Einvernehmlicher Tausch auf Märkten führt dann zu einer effizienteren Allokation der Ressourcen[118]. Daraus ergibt sich auch die Forderung nach einer Rechtsausgestaltung, die den freiwilligen (ungezwungenen) Austausch auf Märkten fördert[119], damit die Güter ihrer wertvollsten Verwendung zugeführt werden können. Diese Gedanken sind bereits im Property Rights-Ansatz formuliert worden.

Nun soll auf den Zusammenhang zwischen Ressourcenverbrauch und dem Grad der Ein-haltung von (ethischen oder gesetzlichen) Normen eingegangen werden. Es ist nicht ohne Schwierigkeiten, in der ökonomischen Theorie das Konzept der Norm vom soziologischen Begriff der internalisierten Werte abzugrenzen[120]. Nach Auffassung Gäfgens ist diese Un-terscheidung für die ökonomische Analyse jedoch von Bedeutung, um äußere Handlungsbe-schränkungen von den Präferenzen des Individuums zu trennen. Beispielsweise kann die Respektierung fremden Eigentums auf der einen Seite als Bestandteil des internalisierten Wertesystems aufgefaßt werden. Daraus werden de facto Präferenzen deutlich. Auf der anderen Seite jedoch kann die Respektierung fremden Eigentums allein auf den geltenden gesetzlichen Bestimmungen beruhen, die quasi über ein Anreizsystem ein bestimmtes Ver-halten erzwingen. In Handelsunternehmen tritt beispielsweise bei Kundendelikten das Phänomen auf, daß auf der einen Seite Kundengruppen existieren, die (auch ohne weitere

---

[116] Vgl. Schuhmann (1987), S. 220-222; Woratschek, Herbert: Betriebsform, Markt und Strategie, Wiesbaden 1992, S. 124-126 mit weiteren Nachweisen.
[117] Vgl. Posner (1986), S. 192.
[118] In diesem Sinne auch Friedman (1987), S. 147.
[119] Vgl. Cooter, Robert/Ulen, Thomas: Law and Economics, Harper Collins Publishers 1988, S. 514.
[120] Vgl. Gäfgen (1984), S. 51.

Sanktionierung) quasi freiwillig die Eigentumsnorm befolgen, während auf der anderen Seite Kundengruppen in Erscheinung treten, die bei gleichen Grundbedingungen sich bietende Gelegenheiten sofort nutzen. Der Gedanke, daß die freiwillige Befolgung von Normen gesamtgesellschaftlich durchaus von Vorteil ist, wird im folgenden dargelegt.

Etzioni kommt in einem Umkehrschluß zu dem Ergebnis, daß der Grad, mit dem ethische Normen befolgt werden, zu höherem Wohlstand führt[121]. Zunächst stellt er fest, daß nur ein kleiner Teil der in einer Wirtschaft stattfindenden Transaktionen überwacht werden kann und Gesellschaften wegen ökonomischer Restriktionen bei Polizei und anderen Überwachungseinrichtungen darauf angewiesen sind, daß ein Großteil der Transaktionen durch freiwillige Befolgung der zugrundeliegenden Normen zustande kommt. Diesen Grad der freiwilligen Befolgung der geltenden Normen bezeichnet Etzioni als "relative level of morality within a given society in a given historical period"[122]. Wenn die gegebenen ethischen Prädispositionen den Anteil jener Ressourcen erhöhen, die statt für Überwachung und Kontrolle für die Produktion wirtschaftlicher Güter eingesetzt werden können, dann kann eine Wohlstandssteigerung erfolgen[123]. Dieser Gedankengang hat Parallelen zur Situation in Handelsunternehmen und wird auf die einzelwirtschaftliche Situation übertragen.

Auch Handelsunternehmungen sind im wesentlichen auf die freiwillige Einhaltung der Eigentumsnorm durch Kunden und Mitarbeiter angewiesen. Freiwillige Normbefolgung ermöglicht die Absenkung von Kontrollkosten und kommt über das Preisniveau den (ehrlichen) Kunden wiederum zugute. Aus dem Blickwinkel der ökonomischen Theorie zeigt sich, daß die Nutzenniveaus der ehrlichen Kunden und der Delinquenten nicht unabhängig voneinander sind (Einfluß auf Nutzenfunktionen), beziehungsweise, daß jene Funktion, die das Niveau der Handelsleistung als Outputgröße mit einem spezifischen Faktoreinsatz verbindet (Input-Output-Relation der Handelsunternehmung), vom Aktivitätsniveau der Delinquenten beeinflußt wird (Einfluß auf Produktionsfunktionen). Die Economics of Crime reflektiert diesen Zusammenhang, wenn Kriminalität als (negativer) externer Effekt kategorisiert wird[124].

In den Wirtschaftswissenschaften wird seit den Beiträgen von Marshall (external economies und external diseconomies) und Pigou der Problemkomplex externer Effekte und ihre

---

[121] Vgl. im folgenden Absatz: Etzioni, Amitai: The Moral Dimension. Toward a New Economics, New York/London 1988, S. 69.
[122] Etzioni (1988), S. 69.
[123] Da Etzioni vom GNP spricht, meint er offensichtlich die materielle Wohlfahrtskomponente.
[124] Vgl. Ehrlich (1987), S. 722; Becker (1976), S. 61; Grohmann (1973), S. 11.

69

Wirkung auf die Preissignale des Marktes diskutiert[125]. Externe Effekte sind definiert als unmittelbare Auswirkungen der ökonomischen Aktivitäten eines Wirtschaftssubjekts auf die Produktions- oder Konsummöglichkeiten anderer Wirtschaftssubjekte, die vom Verursacher nicht berücksichtigt werden und - im Gegensatz zu anderen ökonomischen Transaktionen - zwischen den Beteiligten keine Rechte auf Entgelt oder Kompensation begründen[126]. Externe Effekte bewirken eine Diskrepanz zwischen privaten und sozialen Grenzkosten, es kommt zu einer Verzerrung der marktlichen Signale[127]. In der Property Rights-Theorie ist bereits auf den engen Zusammenhang von Externalitäten und Property Rights hingewiesen worden, denn eine wichtige Funktion von Property Rights ist der Anreiz zur Internalisierung von externen Effekten[128].

Zwischen dem Täter, dem Opfer und mittelbar betroffenen Dritten erfolgt keine marktgesteuerte Kompensation für die Nachteile und Schäden, die eine Straftat verursacht. Straftaten wirken direkt auf die Nutzenfunktion von ehrlichen Kunden, wenn beispielsweise wegen Fehlmengen der gewünschte Artikel überhaupt nicht bzw. nicht in der gewünschten Anzahl im Regal verfügbar ist. Wird eine Handelsleistung als Output der Handelsunternehmung verstanden[129], dann enstehen auch Einflüsse der Diebstahlskriminalität auf die Produktionsfunktion der Handelsunternehmung. Aufgrund von Straftaten wird die Möglichkeit zur Erbringung einer Handelsleistung dergestalt beeinflußt, daß bei steigendem Aktivitätsniveau der Delinquenten die Handelsleistung bei konstantem Input abnimmt. Beispielsweise sinkt das Serviceniveau wegen der oben bereits genannten Fehlmengen, d.h. die Sortiments- und Informationsfunktion wird in geringerem Ausmaß erbracht.

Beeinflussen Aktivitäten einer Wirtschaftseinheit allein über den Preis die Gewinn- und Nutzenniveaus anderer Wirtschaftseinheiten, so spricht die Wirtschaftstheorie von pekunären externen Effekten[130]. Beispielsweise werden durch Eigentumskriminalität bedingte Verluste von Handelsunternehmen auf die Preise überwälzt. Die ehrlichen Kunden tragen diese sozialen Kosten unfreiwillig über höhere Preise, wobei der Aufschlag als Risikoprämie der Handelsunternehmung verstanden werden kann, die genötigt ist, in einer unvollkommenen Marktumgebung zu operieren. Diese Risikoprämie wurde in der Literatur

---

[125] Vgl. Schuhmann (1987), S. 405.
[126] Vgl. Bössmann, Eva: Externe Effekte (I), in: Das Wirtschaftsstudium, Heft 2, 1979, S. 95-98, hier S. 95.
[127] Vgl. Bössmann (1979), S. 97.
[128] Vgl. Demsetz (1967), S. 347-348.
[129] Vgl Woratschek (1992), S. 28-29.
[130] Vgl. Scitovsky, Tibor: Two Concepts of External Economics, in: Journal of Political Economy, Vol. 62, 1954, S. 143-151.

auch als "hidden tax"[131] bezeichnet und für das Jahr 1978 in den Vereinigten Staaten von Amerika mit 150 US-$ pro Familienhaushalt beziffert, während für das Jahr 1983 bereits ein Betrag von 361 US-$ pro Haushalt als Resultat erhöhter Preise geschätzt wird[132]. Hier zeigt sich die spezielle Eigenart von Diebstahlsdelikten, die als unkompensiert aufgenötigtes Risiko in die Gruppe der aufgezwungenen Schuldverhältnisse eingeordnet werden können[133].

Auch der Wohlstand anderer Wirtschaftseinheiten als jener der ehrlichen Kunden und der Handelsunternehmen wird zumindest mittelbar von Eigentumsdelikten beeinflußt. Zum einen entstehen fiskalisch gesehen durch Inventurdifferenzen Steuerausfälle, zum anderen fallen erhöhte Aufwendungen zur Prävention und zur Verfolgung von Delikten den Steuerzahlern zur Last.

Wichtige Parallelen zwischen dem ökonomischen Konzept der externen Effekte und dem Phänomen der Delinquenz bestehen im Bereich der Eindämmung dieser Aktivitäten. Zur Abwendung der allokativen Fehlsteuerung, die durch externe Effekte bedingt sind, schlägt die ökonomische Theorie verschiedene Wege der Internalisierung vor, beispielsweise die Zuerkennung von marktfähigen Eigentumsrechten oder Verbote[134]. Die Internalisierung ist selbst wiederum Gegenstand eines Effizienzkalküls. Externe Effekte sollen nicht vollständig beseitigt werden, denn die ökonomische Grenze von Internalisierungsbemühungen liegt an jenem Punkt, bei dem die Grenzkosten der Internalisierung dem durch diese Aktivitäten erzielten Grenzerlös entsprechen[135]. Auch die Prävention und Sanktion von Delikten orientiert sich an ökonomischen Kriterien, denn die Eindämmung von Delinquenz wird nicht mit beliebigem Aufwand erfolgen. Der gesamtgesellschaftliche Faktoreinsatz zur Eindämmung von Kriminalität wird zum Gegenstand eines Effizienzkalküls. Diese Erkenntnis hat als erster Gary S. Becker im Rahmen eines wohlfahrtsökonomischen Modells abgebildet.

3.3 Ökonomisch optimale Eindämmung von Delinquenz

Der Ansatz von Becker zur ökonomischen Analyse von Kriminalität ist in der Literatur bereits ausführlich diskutiert worden[136]. Daher liegt der Schwerpunkt der nachfolgenden Dar-

---

[131] Vgl. Wilkes (1978), S. 67.
[132] Vgl. French, u.a. (1984), S. 114.
[133] Vgl. Adams, Michael: Eigentum, Kontrolle und beschränkte Haftung, Baden-Baden 1991, S. 58.
[134] Vgl. Mishan, Edward J.: The Postwar Literature on Externalities: An Interpretative Essay, in: Journal of Economics Literature, Vol. 9, 1971, S. 1-28, hier S. 14-16.
[135] Vgl. Schuhmann (1987), S. 411.
[136] Vgl. insbesondere die Darstellungen bei: Pyle, David: The Economics of Crime and Law Enforcement, London/Basingstoke 1983, S. 9-14; Grohmann (1973), S. 48-59.

stellung darin, die Grundstruktur des Modells darzulegen und die für die vorliegende Themenstellung relevanten Aussagen abzuleiten.

Die sicherlich bewußt provokativ formulierte Grundfrage von Becker lautet: "... how many offenses *should* be permitted and how many offenders *should* go unpunished?"[137] Mit seinem Modell sollen Aussagen über die optimale Höhe des Ressourceneinsatzes und des Strafmaßes möglich werden, die zur Durchsetzung von Gesetzesvorschriften festgelegt werden. Implizit enthält die Fragestellung bereits zwei wichtige Gedanken. Zum einen wird die ökonomische Dimension der Kriminalitätsbekämpfung hervorgehoben, d.h., die Durchsetzung von Gesetzen wird mit dem damit verbundenen Ressourceneinsatz verknüpft. Zum anderen wird bereits unterstellt, daß im ökonomischen Optimum eine bestimmte Anzahl (ungesühnter) Straftaten vorliegen kann, die größer als Null ist.

Neben dem Grundproblem der Allokation staatlicher Ressourcen zur Verbrechensbekämpfung ist es ein weiteres Anliegen von Becker, einen Beitrag zur Erklärung des Phänomens Kriminalität zu leisten. Seiner Auffassung nach kann mit Hilfe der ökonomischen Theorie der Wahlhandlung (Entscheidungstheorie) die Vornahme von Delikten hinreichend erklärt werden, ohne daß es erforderlich ist, auf komplexe Erklärungsansätze der Psychologie zurückgreifen[138]. Zunächst soll die Indivualebene der Darstellung von Becker erläutert werden.

Die Zahl der Delikte, die eine bestimmte Person j begeht, wird modelliert als[139]

(F.1) $O_j = O_j(p_j, f_j, \mu_j)$

wobei

O_j - Gesamtzahl der Straftaten, die eine Person pro Periode begeht,
p_j - Wahrscheinlichkeit, ertappt und verurteilt zu werden (pro Straftat),
f_j - Bestrafungshöhe pro Straftat,
μ_j - Variable, die sonstige Einflüsse abbildet.

---

[137] Becker (1976), S. 40; Hervorhebung im Orginal.
[138] Vgl. Becker (1976), S. 40.
[139] Vgl. Becker (1976), S. 47.

Die Variable μ wird durch verschiedene Faktoren beeinflußt, beispielsweise durch die Einkommensmöglichkeiten bei legaler Beschäftigung. Die Opportunitätskosten von Delikten können also durch die Erhöhung von Ertragschancen aus legaler Arbeit gesteigert werden.

Annahmegemäß ist die partielle Ableitung von (F.1) nach p bzw. nach f kleiner Null. Diese Argumentation beruht auf der 'Deterrence Hypothesis': Es wird davon ausgegangen, daß mit dem Anstieg von p und f zunehmend potentielle Straftäter von der Begehung eines Deliktes abgehalten werden[140]. Eine Erhöhung von p und/oder von f würde in entscheidungstheoretischer Perspektive den Erwartungswert des Nutzens für den potentiellen Täter verringern, denn entweder wird

- die Wahrscheinlichkeit erhöht, den 'Preis der Straftat' zahlen zu müssen, oder
- es wird der 'Preis der Straftat' selbst erhöht[141].

Der Übergang zur kollektiven, d.h. gesamtgesellschaftlichen Darstellung erfolgt mit Hilfe der Annahme, daß ungeachtet von Unterschieden bei einzelnen Personen lediglich durchschnittliche Variablenausprägungen betrachtet werden können[142]:

(F.2) $O = O(p, f, \mu)$

Die übrigen Verhaltensannahmen bleiben bestehen. Damit sind die Einflußgrößen für das 'Angebot' an Straftaten definiert, was gleichermaßen bedeutet, daß das Ausmaß der Kriminalität allein durch die Anzahl der Straftaten gemessen wird. Das Kalkül der Strafverfolgungsbehörden wird über eine 'social loss'-Funktion abgebildet. Diese Funktion soll im Sinne der Wohlfahrtstheorie die gesamtwirtschaftlichen Schäden der Kriminalität beziffern und besteht aus aus drei Komponenten:

- Dem durch Delikte verursachten gesellschaftlichen Schaden,
- den Kosten der Festnahme von Delinquenten,
- den sozialen Kosten der Bestrafung.

---

[140] Vgl. zur Deterrence Hypothesis: Pyle (1983), S. 13; Cooter/Ulen (1990), S. 523 und Kapitel vier dieser Arbeit.
[141] Vgl. Becker (1976), S. 47.
[142] Vgl. Becker (1976), S. 48.

Die 'social loss'-Funktion[143] lautet

(F.3) $L = D(O) + C(p,O) + b \cdot p \cdot f \cdot O$

wobei die Symbole folgendermaßen definiert sind:

L() - 'social loss' durch Kriminalität,

D() - Netto-Schaden der Gesellschaft aufgrund von Kriminalität[144],

C() - Kosten der Festnahme und Verurteilung von Straftätern (bei einem bestimmten Level an Straftaten und bei einer bestimmten Sanktionswahrscheinlichkeit),

O - Anzahl der begangenen Verbrechen,

$b \cdot p \cdot f \cdot O$ - soziale Kosten der Bestrafung[145].

Die Entscheidungsvariablen des Gesetzgebers bzw. der Strafverfolgungsbehörden sind annahmegemäß p und f. Die Zielfunktion lautet in vereinfachter Darstellung:

(F.4) $L(p,f) ---> Min.$!

Zur Bestimmung der beiden Optimalitätsbedingungen erster Ordnung wird die Zielfunktion partiell nach p beziehungsweise nach f differenziert. In gesellschaftspolitischer Perspektive besteht im Modell von Becker das Ziel, die Größen p und f so zu wählen, daß die Wohlfahrtsverluste minimiert werden, wodurch gleichermaßen eine bestimmte Anzahl von Straftaten determiniert ist. An diesem Punkt sind die Grenzkosten einer Änderung der Anzahl der Straftaten durch p respektive durch f gleich den Grenzerträgen einer Änderung der Anzahl der Straftaten durch p respektive durch f[146].

Becker stellt fest, daß aus wohlfahrtsökonomischer Perspektive Geldstrafen anderen Formen der Strafe überlegen sind[147]. Während beispielsweise Gefängnisstrafen staatliche Ressourcen verbrauchen, stellen Geldstrafen reine Transferzahlungen dar. Für die Bestimmung des Wohlfahrtsoptimums mit Hilfe der 'social loss'-Funktion hat die reine Verwen-

---

[143] Vgl. Becker (1976), S. 51.

[144] D ergibt sich als Differenz von H (Social Loss der Gesellschaft durch kriminelle Aktivität) und G (Vorteil für den Täter aufgrund einer kriminellen Aktivität), also D = H - G. Vgl. Becker (1976), S. 43. Sicherlich ist es für die Opfer von Kriminalität nicht unbedingt nachvollziehbar, daß auch G in der Funktion berücksichtigt wird.

[145] Dabei bildet das Produkt $b \cdot f$ die sozialen Kosten pro sanktionierte Straftat ab, während $p \cdot O$ die Anzahl der bestraften Delikte angibt. Die Größe b wird als Konstante betrachtet.

[146] $MC_f = MR_f$ und $MC_p = MR_p$, vgl. Becker (1976), S. 55.

[147] Vgl. Becker (1976), S. 60 und S. 63.

dung von Geldstrafen gleichermaßen Konsequenzen. Für den Faktor b in Gleichung (F.3) wird angenommen: b = 0. Die sozialen Kosten der Geldstrafe werden also mit Null angesetzt.

Auch wenn die Kritikpunkte an Beckers Ansatz nicht zentral für die vorliegende Darstellung sind, so soll doch auf die wichtigsten Probleme der Modellstruktur eingegangen werden. Es bedeutet eine erhebliche Einschränkung, daß Becker den 'social loss' in Realeinkommensgrößen bemißt[148]. Dieses Problem sieht der Autor auch selbst, wenn er feststellt, daß die sozialen Kosten eines Mordes nicht allein mit dem Verdienstausfall des Opfers gleichgesetzt werden können[149]. Diese Betrachtung würde auch dazu führen, daß Eigentumsdelikte im Sinne eines 'transfer crime' nicht verfolgt würden. Der erste Term (Netto-Schaden) der 'social loss'-Funktion wäre in diesem Fall gleich Null, so daß erst mit der Strafverfolgung dieser Delikte auch gesellschaftliche Kosten entstehen würden. Das Resultat wäre, daß Eigentumsdelikte nach Lesart des Modells nicht verfolgt werden sollten. Schließlich ist die Quantifizierbarkeit der einzelnen Terme der 'social loss'-Funktion äußerst fraglich. Für die Lösung von realen Entscheidungsproblemen der Strafverfolgungsbehörden dürfte das Modell lediglich Anhaltspunkte liefern. Ungeachtet der Kritik stellt der Ansatz von Becker jedoch den ersten bedeutsamen Versuch dar, Allokationsprobleme der Strafverfolgungsbehörden mit Hilfe eines ökonomischen Instrumentariums zu erschließen. Das ist insofern von Relevanz, als die Denkansätze der Allokation von Ressourcen und der Substitution von Entscheidungsvariablen in der Ökonomie geläufiger sind als in der Jurisprudenz, deren Forschungsparadigma diese Zusammenhänge zumindest nicht explizit erschließt.

Zu den zentralen Gedanken von Beckers Ansatz gehört die Einsicht, daß ein wohlfahrtsoptimaler Mitteleinsatz zur Eindämmung von Kriminalität nicht zur vollständigen Beseitigung von Kriminalität führen muß. Gesucht ist vielmehr ein wohlfahrtsoptimales Ausmaß der Eindämmung, denn gesamtgesellschaftlich wird die Bereitschaft zur Finanzierung von Maßnahmen der Kriminalitätsbekämpfung nicht unbegrenzt sein. Bei begrenzten Budgets des Staates konkurriert die Strafverfolgung mit anderen Verwendungsmöglichkeiten knapper staatlicher Ressourcen. Diesen Gedankengang durch eine formalisierte Modellstruktur aufgezeigt zu haben, ist der Verdienst von Becker.

Hieran anknüpfend lassen sich Folgerungen für die vorliegende Themenstellung ableiten. Die als Optimierungsproblem formulierte Modellstruktur von Becker hat Parallelen zur Situation in Handelsunternehmen, wo zumindest implizit ein Marginalkalkül bei der Be-

---

[148] Vgl. zu dieser Problematik: Grohmann (1973), S. 55.
[149] Vgl. Becker (1976), S. 44.

kämpfung von Straftaten angewendet wird. Das hohe, empirisch festzustellende Ausmaß von Straftaten in Handelsunternehmen ist keineswegs unabänderlich gegeben. Vielmehr handelt es sich hier um das Ergebnis eines komplexen Zusammenwirkens verschiedener Einflußfaktoren. Auf der einen Seite besteht das Ziel, die Abverkaufswirkung des Sortiments zu steigern und den Kundennutzen zu erhöhen. Dieses Ziel führt zu Ausgestaltungen der Einkaufsstätten, die gleichermaßen erleichterte Bedingungen für die Vornahme von Straftaten schaffen. Aus einem rein technischen Blickwinkel, d.h. ohne Berücksichtigung von ökonomischen Restriktionen und unter Vernachlässigung von Wirkungsfunktionen des Abverkaufs ist es prinzipiell möglich, eine Betriebsform zu schaffen, die das Problem der Eigentumskriminalität technologisch weitgehend unterbindet[150]. Dem Vorteil der ergriffenen Maßnahmen (Reduktion von Inventurdifferenzen) steht jedoch eine erhebliche Senkung des Kundennutzens (beispielsweise entfällt die ungestörte Auswahl) und eine Anhebung der Kosten (verschlechterte Raumproduktivität oder sinkende Personalproduktivität) gegenüber. Damit steigt das Preisniveau der Handelsunternehmung, die eine gegebene Handelsleistung transaktionskostenminimal ihren Kunden verschaffen will. Wie im wohlfahrtstheoretischen Modell von Becker ergibt sich also auch in Handelsunternehmen das Problem, ein optimales Niveau der Eindämmung von Delikten zu finden. Wenn Handelsunternehmen Ressourcen einsetzen, um über die resultierenden Handelsfunktionen für ihre Kunden Marktspannungen zu überwinden, dann wird sich der Umfang dieser Funktionsausübung am Kundennutzen orientieren. Dieser Kundennutzen beeinflußt maßgeblich die Überlebensfähigkeit, die eine bestimmte Unternehmung bzw. eine bestimmte Betriebsform besitzt. Auch Maßnahmen der Durchsetzung von Eigentumsrechten werden sich am Kundennutzen der ehrlichen Kunden ausrichten, denn die Opferbereitschaft dieser Segmente ist die Basis für die Alimentierung der Handelsunternehmung.

Wie in der Modellstruktur von Becker stellt sich auch in Handelsunternehmen die Durchsetzung von Eigentumsrechten als ein ökonomisches Wahlproblem dar. Delikte in Handelsunternehmen werden von zwei Seiten eingedämmt. Auf der einen Seite sorgt der Staat für eine Eindämmung, beispielsweise durch Verabschiedung von Gesetzen und durch die Bereitstellung von Polizei und Strafverfolgungsbehörden. Auf der anderen Seite unternehmen Handelsunternehmen verschiedenartige eigene Bemühungen, z. B. durch Einsatz von Ladendetektiven oder durch Investition in Sicherheitssysteme. Diese staatlichen und privatwirtschaftlichen Faktoreinsätze sind wiederum nicht unabhängig voneinander. Bei der

---

[150] Auf die Möglichkeit, Ware aus einem gesicherten Lager durch Gitterstäbe an die Kunden auszugeben, sei hingewiesen. Dieser Modus des Abverkaufs ist in manchen, von Gewaltkriminalität heimgesuchten Stadtvierteln US-amerikanischer Großstädte der Fall. Das Preisniveau ist dann oftmals auf hohem Niveau angesiedelt.

Suche nach dem optimalen Grad der Eindämmung von Delinquenz ist es notwendig, diese Interdependenzen zu berücksichtigen. Offensichtlich wird auch in Handelsunternehmen das Ausmaß der Straftaten nur in einem bestimmten und limitierten Ausmaß reduziert. Sicherheitsmaßnahmen führen zur Reduktion von Schadenssummen, die auf Straftaten gegen das Eigentum zurückzuführen sind. Dem sind die Aufwendungen, die durch spezifische Sicherungsmaßnahmen verursacht werden, gegenüberzustellen. Die optimale Allokation der Faktoren ist jedoch nicht ex-ante bekannt, vielmehr erweist sich die Suche nach Effizienz als ein Entdeckungsproblem, dessen Lösung ein situatives Optimum des Faktoreinsatzes ist.

Dazu ist es notwendig, die Einflußfaktoren von Effizienz zu analysieren, die in Handelsunternehmen bei der Durchsetzung von Eigentumsrechten identifizierbar sind und die daraus resultierenden ökonomischen Wahlprobleme aufzuzeigen. In Kapitel vier wird eine stärker entscheidungstheoretische Betrachtung vorgenommen, während in Kapitel fünf die Untersuchung von einer produktionstheoretischen Analyse geleitet wird.

3.4 Zusammenfassung

Zunächst steht die Suche nach jenen ökonomischen Theoriebausteinen im Vordergrund der Untersuchung, die es ermöglichen, die Durchsetzung von Eigentumsrechten bzw. die Bekämpfung von Straftaten einem Effizienzkalkül zugänglich zu machen. Als Resultat ergibt sich, daß gemäß den Annahmen der neoklassischen Theorie die Individuen sich normenkonform bezüglich der elementaren Rechtsordnung verhalten, wozu auch die Eigentumsordnung gehört. Die Problematik der Eigentumsdelikte ist daher in diesem Theorierahmen nicht existent. Die Property Rights-Schule hebt die Bedeutung wohlabgegrenzter Eigentumsrechte für die Funktionsfähigkeit des marktwirtschaftlichen Allokationsmechanismus hervor. Hier tauchen bereits erste Argumente auf, die zeigen, daß die Durchsetzung von Eigentumsrechten als ein Effizienzproblem verstanden werden kann. Wenn aber Ressourcen zur Bekämpfung von Straftaten eingesetzt werden müssen, dann entstehen zwangsläufig auch Wahlprobleme der optimalen Faktorallokation.

Aus der Perspektive der Handelsunternehmung und auch aus wohlfahrtsökonomischer Sicht ist die freiwillige Befolgung der Eigentumsnorm mit dem geringsten Faktorverzehr verbunden. Je weniger Individuen aufgrund internalisierter Werte sich freiwillig an die formalen Normen halten, um so höher ist auch der Ressourceneinsatz, der notwendig wird, um über ein strafrechtliches Anreizsystem die Verhaltenskonformität zu erzwingen. Das mag zu der Frage führen, ob es nicht möglich wäre, Ressourcen auch zur Erzeugung von internalisierten Werten einzusetzen.

Die Analyse von Kriminalität erfordert es, sich vom Paradigma der vollkommen informierten Wirtschaftssubjekte zu lösen. Die Verhaltensspielräume von Individuen, die sich aufgrund einer asymmetrischen Informationsverteilung ergeben, werden in Ansätzen der Informationsökonomie, der Neuen Institutionenökonomik und in Agency-Ansätzen thematisiert. Problembeschreibungen der hidden action, hidden information und des opportunistischen Verhaltens werden jedoch in diesen Forschungsansätzen nicht notwendigerweise genutzt, um Erscheinungsformen der Kriminalität und die Möglichkeiten ihrer Bekämpfung zu analysieren. Die Ökonomie befaßt sich im Regelfall weiterhin mit marktbestimmten Transaktionen. Dort wird ein in der Regel einvernehmlicher Tausch zwischen den Kontraktpartnern unterstellt. Jedoch ergeben sich neue Perspektiven besonders in der informationsökonomischen Forschung, wenn die Möglichkeit antizipiert wird, daß Leistungen und Gegenleistungen einer Transaktion weniger eindeutig bestimmbar und kontrollierbar sind, als es noch in neoklassischen Ansätzen unterstellt wird. Die Tatsache, daß Individuen unbeobachtete und nicht kontrollierbare Verhaltensspielräume besitzen, trifft auch für die Problematik der Kunden- und Personaldelikte in Handelsunternehmen zu.

Explizit auf die Analyse von Kriminalität stellen jedoch allein die Theorieansätze der Economics of Crime ab. Diese Forschungsrichtung ist im anglo-amerikanischen Sprachraum bereits intensiv entwickelt, ihre Wurzeln reichen bis in das 18. Jahrhundert zurück. Die von dem Nobelpreisträgers Gary S. Becker entworfene Modellstruktur wird hier verwendet, um elementare Einsichten in die ökonomischen Dimensionen der Kriminalitätsbekämpfung zu erhalten. Dazu gehört die Erkenntnis, daß die Festlegung der Intensität der Maßnahmen zur Bekämpfung von Delikten als das Ergebnis eines marginalanalytischen Kalküls verstanden werden kann. Nicht die vollkommene Durchsetzung der Eigentumsrechte, sondern der unter Anwendung des Marginalkalküls optimale Grad der Durchsetzung ist daher das eigentliche Entdeckungsproblem. Diese Sichtweise kann auf die Fallkonstellation der Bekämpfung von Eigentumsdelikten in Handelsunternehmen transferiert werden. Weitere Hinweise aufgrund der Auswertung der Modellstruktur ergeben sich, wenn das Entscheidungsverhalten der Täter zur Vornahme einer Straftat als das Ergebnis einer rationalen Wahlentscheidung interpretiert wird. Die Vornahme einer Straftat ist dann zu verstehen als ein Prozeß der Zeit-allokation, bei dem zwischen dem Nutzenzugang aufgrund der Begehung der Tat und dem Nutzenzugang aufgrund einer legalen Erwerbstätigkeit abgewogen wird. Diese Annahmen werden im vierten Kapitel für den Spezialfall der Eigentumsdelikte in Handelsunternehmen einer kritischen Prüfung unterzogen.

4 Gestaltung von Sanktionsdesigns

4.1 Ökonomische Strukturen von Sanktionsdesigns

4.1.1 Sanktionsschwere versus Sanktionswahrscheinlichkeit

Im folgenden werden Strukturen von Wirkungsfunktionen aufgezeigt, mit deren Hilfe Fragen der optimalen Faktorallokation bei der Eindämmung von Eigentumskriminalität in Handelsunternehmen beschrieben werden können. Dabei geht es nicht um eine vollständige Spezifierung der Wirkungsfunktionen mit allen potentiellen Einflußfaktoren. Vielmehr soll die Modellstruktur ökonomische Dimensionen der Bemühungen zur Eindämmung von Delinquenz in Handelsunternehmen aufzeigen, die in der maßgeblich durch rechtswissenschaftliche Beiträge geprägten Diskussion in den Hintergrund getreten sind. Ein ökonomischer Ansatz, der die Komplexität der realen Wirkungsbeziehungen reduziert, liefert elementare Einsichten zur Bedeutung der Substitutionalität von Entscheidungsvariablen, zu Fragen der optimalen Faktorallokation, zur entscheidungstheoretischen Darstellung des Täterkalküls und zu Problemen der Sicherung von Faktoreffizienz.

Durch das Strafrecht erfaßte Handlungen haben die Eigenart, daß die Vornahme eines Deliktes mit Strafe bedroht wird. Aus der Perspektive des Staates und der Handelsunternehmen ist es erforderlich, durch Einsatz von Ressourcen diese Strafandrohung glaubhaft zu gestalten. Mit einer bestimmten Wahrscheinlichkeit müssen Täter damit rechnen, gefaßt und verurteilt zu werden. Diese Dimension wird im folgenden als Sanktionswahrscheinlichkeit bezeichnet. Auf der anderen Seite ist mit der Art des Deliktes und den individuellen Merkmalen der Täter im Justizsystem eine bestimmte Höhe der Strafe verknüpft. Diese Dimension wird im folgenden als Sanktionsschwere bezeichnet.

Handelsunternehmen und Staat realisieren kooperativ eine bestimmte Kombination von Sanktionswahrscheinlichkeit und Sanktionsschwere. Diese Kombination wird im folgenden als Sanktionsdesign definiert. Es handelt sich um die Gestaltung eines Anreizsystems, mit dem über eine Wirkungsfunktion auf das Verhalten von potentiellen Tätern eingewirkt werden soll. Das Sanktionsdesign wird im folgenden in einem einfachen ökonomischen Modell der Kostenminimierung dargestellt, um die Konsequenzen für Probleme der Effizienz zu verdeutlichen.

Mit

(F.5) $E_S = p \cdot f$

wird der Erwartungswert einer Sanktion E_S als Produkt aus der Sanktionswahrscheinlichkeit
p und der Sanktionsschwere f beschrieben[1]. Zur Vereinfachung wird angenommen, daß die
Größe p die Wahrscheinlichkeit der Ergreifung und Verurteilung von Tätern simultan erfaßt. Es könnten entgegen dieser Annahme auch mehrere Wahrscheinlichkeiten unterschieden werden: Erstens, die Wahrscheinlichkeit, daß ein Täter gefaßt wird. Zweitens, die
Wahrscheinlichkeit, daß ein ertappter Täter auch angezeigt wird. Drittens, die Wahrscheinlichkeit, daß ein angezeigter Täter auch verurteilt wird. Eine solche Unterscheidung würde
die höhere Komplexität der Praxis der Strafverfolgungsbehörden berücksichtigen. Dort
treten nicht selten erhebliche Diskrepanzen zwischen der polizeilichen Ermittlungstätigkeit
und der justiziellen Erledigung von Verfahren auf.

Das Sanktionsdesign wird realisiert, um das Ausmaß der Eigentumskriminalität zu kontrollieren. Es ist eine lediglich periphere Ersetzbarkeit von Sanktionswahrscheinlichkeit und
Sanktionsschwere gegeben. Ein Täter, der nie der Gefahr ausgesetzt ist, gefaßt zu werden
(p=0), kann die mit einer Tat verbundene Strafe (f>0) ignorieren. Gleichermaßen wird es
potentielle Täter nicht abschrecken, wenn zwar eine hohe Sanktionswahrscheinlichkeit vorliegt (p>0), aber mit der Ergreifung keine Strafen verbunden sind (f=0). Die tatsächliche
Ermittlung von E_S würde voraussetzen, daß für f eine numerische Größe, beispielsweise ein
monetäres Äquivalent, eingesetzt werden kann und die Wahrscheinlichkeit p bezifferbar ist.
Die Darstellung differenziert zunächst nicht nach einzelnen Deliktarten oder nach einzelnen
Tätereigenschaften, denn im Rahmen der vorliegenden Fragestellung interessieren primär
die Konsequenzen des Modells für die Demonstration ökonomischer Wahlprobleme. Unterschiedliche Niveaus von E_S können jeweils durch eine Sanktions-Isoquante dargestellt
werden.

Die Erzeugung von p und f erfordert einen Faktorverzehr. Dabei sei angenommen, daß
lediglich variable Kosten anfallen, die auf einzelne Einheiten der Variablen entfallen. Die
variablen Kostensätze zur Erzeugung bestimmter Niveaus von p und f werden als k_p und k_f

---

[1] Im folgenden wird eine eigenständige Variablendefinition eingeführt, die unabhängig von dem vorher
dargestellten Modell Beckers ist. Die in der Economics of Crime inzwischen häufig verwendete
Bezeichnung der Sanktionswahrscheinlichkeit mit p und der Sanktionsschwere mit f wird jedoch
übernommen. Dabei sei die Bedeutung von f nicht auf Geldstrafen beschränkt.

definiert. Die Kostensätze seien unabhängig voneinander und konstant. Ein bestimmtes Sanktionsdesign E_S soll nun mit minimalen Kosten erzeugt werden. Es ergibt sich die Zielfunktion

(F.6) $\quad K = k_p \cdot p + k_f \cdot f \text{ --- > Min. !}$

Die Iso-Kostengerade tangiert im Punkt O jene Sanktions-Isoquante, die ein konstantes Niveau des Erwartungswertes der Sanktion E_S repräsentiert. Die Variablen p^* und f^* kennzeichnen eine Minimalkostenkombination bei gegebenem Erwartungswert der Sanktion. Die Suche nach dieser Variablenkombination repräsentiert das eigentliche Entdeckungsproblem in der vorliegenden Modelldarstellung (vgl. Abbildung Z.5).

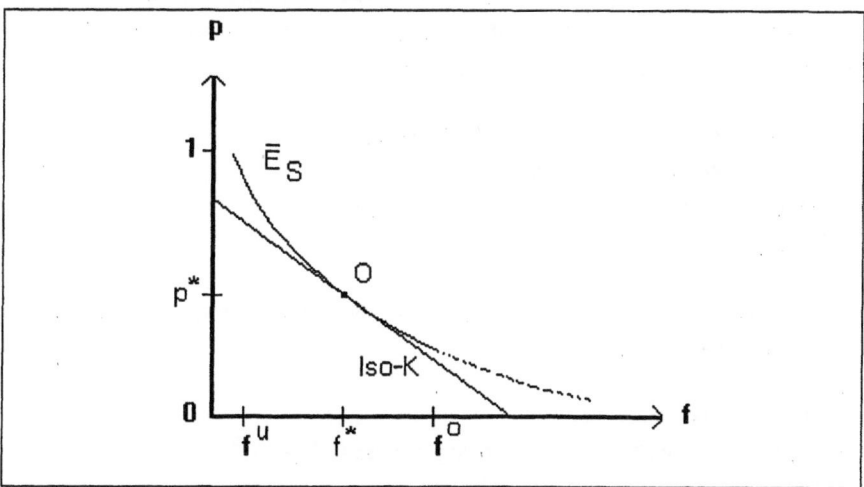

Abb. Z.5: Gestaltung von Sanktionsdesigns als ökonomisches Wahlproblem

Zwei Fragen sind nun zu klären: Zum einen ist zu prüfen, ob die freie Variierbarkeit von Sanktionsschwere und Sanktionswahrscheinlichkeit gegeben ist, d.h., inwieweit es sich speziell auch für Handelsunternehmen und den Staat um Entscheidungsvariablen beziehungsweise um Instrumentvariablen handelt. Zum anderen soll der durch k_p und k_f gekennzeichnete Ressourceneinsatz analysiert werden. Geprüft wird also die relative Höhe der Kosten bei einer Beeinflussung von p respektive von f.

Zunächst stellt sich die Frage, ob in Handelsunternehmen p und f wirklich Entscheidungsvariablen sind, wie auch im deliktunspezifischen Modellansatz von Becker angenommen wurde. Das Strafmaß ist im Regelfall für Handelsunternehmen eher als eine Umweltvariable denn als Entscheidungsvariable einzustufen. Die Höhe potentieller Strafen für einzelne Delikte wird durch geltendes Recht und die aktuelle Rechtsprechung determiniert. Auch wenn das Recht auf langfristige Sicht einen evolutionären Charakter besitzt, so kann im Rahmen einer statischen Betrachtungsweise von der Konstanz der Variable f ausgegangen werden. Genauer gesagt: Für spezifische Delikte dürfte f in einem Wertebereich liegen (vgl. Abbildung Z.5), d.h. es gilt:

$$(F.7) \quad f^u \leq f^* \leq f^o$$

Die Strafe für ein spezifisches Delikt f^* liegt zwischen einer unteren Grenze f^u (z. B. Mindeststrafe) und einer oberen Grenze f^o (z. B. Höchststrafe). Je nach individueller Sachlage wird die Ausprägung von f^* von verschiedenen Einflußfaktoren determiniert. Zu diesen Einflußfaktoren gehören

- soziodemographische Eigenschaften des Delinquenten,
- genauere Umstände des Tatherganges,
- involvierte Ermittlungsbeamte, Richter und Staatsanwälte,
- Beweislage.

Einen gewissen diskretionären Einfluß besitzt auch die Handelsunternehmung im Hinblick auf das Strafmaß. So wird entschieden,

- ob ein Hausverbot erteilt wird,
- ob ertappte Delinquenten überhaupt angezeigt werden sollen[2],
- ob eine 'Fangprämie' eingefordert werden soll.

Wird eine rein monetäre Betrachtung vorgenommen, dann kann unterstellt werden, daß der Vorteil (z. B. der Wert der gestohlenen Ware) des Deliktes in f bereits enthalten ist (Konfiszierung). Diese Annahme ist für Konstellationen der Kundendelikte anwendbar. Es ist davon auszugehen, daß in den meisten Fällen bei gefaßten Tätern auch die gestohlene Ware konfisziert wird. Problematisch wird eine monetäre Darstellung jedoch, wenn ein Delinquent auch bei Bestrafung aus dem Delikt einen Nutzen zieht, beispielsweise wegen der Anerkennung, die selbst ein 'erfolgloses' Delikt in einer sozialen Gruppe verleiht. Außerdem könnte bei einer Unterschlagung ein Teil der unterschlagenen Ware trotz der Er-

---

[2] Vgl. dazu: Minger (1974).

greifung des Delinquenten unentdeckt bleiben. Wenn f für die Handelsunternehmung in der Regel eine Umweltvariable darstellt, so verbleibt für Handelsunternehmen lediglich die Beeinflussung der Variablen p im Sanktionsdesign.

Eine Möglichkeit zur Approximation der Größe p auf empirischer Basis ergibt sich über die Dunkelziffer für Konstellationen der Kundendelikte. Die Gegenwahrscheinlichkeit der Ergreifung und Verurteilung von Tätern wird mit g bezeichnet und lautet

(F.8) $g = 1 - p$, wobei $0 \leq g \leq 1$.

Die Dunkelziffer wird bei Kundendelikten auf 90-95 Prozent geschätzt[3]. Wenn angenommen wird, daß die Dunkelziffer als Anhaltspunkt für die Gegenwahrscheinlichkeit dienen kann, dann läßt sich schließen, daß im handelsspezifischen Sanktionsdesign die Variable p einen eher geringen Wert aufweist. Diese Aussage ist nur im Rahmen einer aggregierten Betrachtung von Bedeutung. Im Einzelfall ergeben sich täter-, betriebsformen- und situationsspezifische Sanktionswahrscheinlichkeiten, die erheblich vom Durchschnittswert abweichen können.

Staatliche Maßnahmen sind im Gegensatz zu Aktivitäten der Handelsunternehmen durchaus geeignet, sowohl die Sanktionswahrscheinlichkeit als auch die Sanktionsschwere maßgeblich zu beeinflussen. Die Beeinflussung der Sanktionswahrscheinlichkeit ist theoretisch auch ohne Beteiligung der Handelsunternehmen möglich, in der Realität erfolgt jedoch normalerweise eine Mitwirkung der Handelsunternehmung. Zum einen ist es Aufgabe von Ladendetektiven oder von Verkaufspersonal, Täter aufzuspüren, zum anderen erfolgt die Verurteilung von Tätern normalerweise erst, nachdem die Handelsunternehmung bei Kunden- oder Personaldelikten Anzeige erhoben hat.

Nun wird geprüft, welcher Ressourceneinsatz mit der Beeinflussung von p bzw. f verknüpft ist. In der Praxis der Strafverfolgung erfolgt ein impliziter Allokationsprozeß, bei dem die Aufwendungen der Präventions- und Sanktionsaktivitäten auf den Staat und auf die Handelsunternehmen verteilt werden. Eine Erhöhung von f, beispielsweise durch eine Gesetzesreform, ist für die einzelne Handelsunternehmung weitgehend kostenneutral. Faktorverzehr dürfte sich hier allenfalls durch Lobbybemühungen der Branchenverbände des Handels oder infolge der Überwälzung von Kosten staatlicher Strafverfolgungsmaßnahmen in Form betrieblicher Steuern ergeben. Dagegen ist die Beeinflussung von p mit erheblichem

---

3   Siehe 2.1.2 .

Ressourceneinsatz verbunden. Verkäuferschulungen, Revision, Ladendetektive und technische Sicherheitssysteme verursachen Kosten.

Für den Staat entsteht dagegen sowohl bei der Erhöhung von p als auch bei der Steigerung von f ein erhöhter Faktorverzehr, soweit die Technologie als konstant unterstellt wird. Die Verbesserung der Sanktionswahrscheinlichkeit erfordert beispielsweise eine Ausweitung der Polizeipräsenz in den Straßen. Auch die Änderung der Sanktionsschwere kann zu erhöhten Kosten führen. Beispielsweise wurden 1986 für einen Häftling pro Tag 100 DM aus Steuermitteln aufgewendet, während die Kosten für Probanden der Bewährungshilfe zwischen 820 DM und 1800 DM im Jahr betrugen[4]. Der verstärkte Einsatz von Haftstrafen führt zu erhöhtem Faktorverzehr. Anders ist der Einsatz von Geldstrafen zu beurteilen. Hier führt eine Erhöhung von f nicht unbedingt zu höherem staatlichen Aufwand, wenn ein für den Staat kostenloser Geldtransfer erfolgt[5].

Im folgenden wird zwischen den Beiträgen der Handelsunternehmung und des Staates zur Erzeugung eines bestimmten Niveaus von E_S unterschieden. In Teilbereichen existiert zumindest eine Möglichkeit der peripheren Substitution staatlicher durch private Faktoreinsätze. Politische und rechtliche Erwägungen begrenzen diese Substitutionsmöglichkeiten. So haben in verfahrensrechtlicher Perspektive allein die Gerichte die Kompetenz, über die Schuld oder Unschuld eines Angeklagten zu befinden. Die Ladendetektive und das Wachpersonal der Handelsunternehmen besitzen im Gegensatz zu Polizeibeamten lediglich eingeschränkte Kompetenzen und sind auf die Mitwirkung staatlicher Behörden bei der Anklageerhebung angewiesen.

Wenn nun zwischen Faktoreinsätzen der Handelsunternehmen und des Staates unterschieden wird, dann kann es zu unterschiedlichen Vorstellungen über die Realisation von bestimmten Ausprägungen der Variablen p und f kommen und vor allem zu Zielkonflikten darüber, wer die mit der Realisation verbundenen Faktoreinsätze zu tragen hat. Die Darstellung soll hier zunächst nur ökonomische Faktoren berücksichtigen.

Handelsunternehmen werden aus ökonomischen Gründen an einer hohen, durch staatliche Sicherheitsproduktion erbrachten Sanktionsschwere interessiert sein und konsequenterweise fordern, daß ein möglichst hoher Anteil des Faktoreinsatzes zur Erhöhung der Sanktionswahrscheinlichkeit vom Staat erbracht wird. Der Staat wird dagegen versuchen, den Res-

---

[4] Vgl. o.V.: Nur in 5% der Verurteilungen, in: Kriminalistik, 4/1986, S. 175.
[5] Im Modell von Becker (1968) wurde dieser Zusammenhang bereits durch den Faktor b=0 deutlich gemacht.

sourcenverbrauch zur Erzeugung der Sanktionswahrscheinlichkeit auf die Handelsunternehmen zu verlagern. Außerdem werden bezüglich der Sanktionsschwere entweder niedrigere Werte strafrechtlicher Sanktionen bevorzugt bzw. es werden Maßnahmen ergriffen, die es ermöglichen, Haftstrafen durch Geldbußen zu substituieren. Das würde bedeuten, daß entgegen den bisherigen Prämissen unterschiedliche Kostensätze zur Erzeugung von f gegeben sind, je nachdem, welche Art der Strafe verwendet wird.

In Abweichung von der hier formulierten Darstellung könnte die Zielsetzung des Staates auch lauten, bei einem gegebenen Kostenbudget das damit maximal zu realisierende Sanktionsdesign aufzufinden. Angesichts zunehmender Defizite der staatlichen Haushalte dürfte diese Betrachtungsweise, bei der von einer unveränderlichen Budgetrestriktion ausgegangen wird, die Entscheidungsverhältnisse in der Praxis approximieren. Das ist insofern von Bedeutung, als eine starre Budgetrestriktion des Staates möglicherweise zu Bestrebungen führt, trotz steigender Gesamtkriminalität die Faktoreinsätze zur Produktion von Sanktionsdesigns für einzelne Deliktarten zu vermindern.

Die erste Dimension bei der Beschreibung der Wirkungsfunktionen von Maßnahmen gegen Straftaten besteht folglich in der Wahl der optimalen Kombination von Sanktionswahrscheinlichkeit und Sanktionsschwere. Dieses Entscheidungsproblem betrifft sowohl die einzelne Handelsunternehmung als auch den Staat.

4.1.2 Ex-ante-Prävention versus ex-post-Sanktion

Ein bestimmtes Sanktionsdesign dient simultan der Prävention und der Sanktion von Delikten. Nun kann bezüglich der Wirkungsweise von Gegenmaßnahmen zur Eindämmung von Delinquenz auf der zeitlichen Ebene modelltheoretisch zwischen Maßnahmen der ex-ante-Prävention und Maßnahmen der ex-post-Sanktion unterschieden werden. Die Maßnahme der ex-ante-Prävention verhindert die Tatausführung, während die Maßnahme der ex-post-Sanktion Delinquenten nach der Tatausführung einer Strafe zuführt (Gedanke der Internalisierung von Straftaten).

Tatsächlich ist den Handelsunternehmen durchaus die Möglichkeit gegeben, Maßnahmen zu ergreifen, die stärker der einen oder anderen Kategorie zuzuordnen sind. Hier wird jedoch nicht unterstellt, daß stets eine eindeutige Dichotomisierung möglich ist. Werden beispielsweise verdeckt arbeitende Ladendetektive, versteckte Kameras oder einseitig durchsichtige Glaswände verwendet, dann sind diese Maßnahmen besonders geeignet, Täter zu überführen, um sie einer ex-post-Sanktion zuzuführen. Auf der anderen Seite dienen verschiedene organisatorische Maßnahmen stärker dazu, die Gelegenheit zur Tat zu vermindern. Beispielsweise werden Schilder aufgestellt, die Kunden auf die strafrechtliche Relevanz von Diebstahlsdelikten aufmerksam machen, Fächer für Einkaufstaschen installiert und wertvolle Ware in abschließbaren Schränken deponiert.

Der Faktorverzehr, der mit Maßnahmen der ex-post-Sanktion verbunden ist, kann als erheblich veranschlagt werden. Die Verstärkung der ex-post-Sanktion bedeutet den Einsatz von Maßnahmen, die die Sanktionswahrscheinlichkeit erhöhen. Wie oben bereits dargelegt wurde, ist dabei mit hohem Faktorverzehr in Handelsunternehmen zu rechnen. Zum anderen erfordern Sanktionen eine verwaltungsmäßige Abwicklung, d.h. die Anzeige bei der Polizei, Einschaltung von Rechtsanwälten, etc. . Die Anwendung von Maßnahmen, die eine ex-ante-Prävention fördern, ist jedoch gleichermaßen mit Problemen behaftet.

In Handelsunternehmen steht zunächst die Erhöhung der Abverkaufswirkung des Sortiments im Mittelpunkt der Überlegungen. Die absatzpolitischen Instrumente, d.h. jene Aktionsparameter, die das Kaufverhalten der Nachfrager beeinflussen sollen[6], werden eingesetzt, um bestimmte Unternehmensziele zu erreichen. Dabei kann es sich um Gewinn- und Umsatzziele, aber auch um die Erhöhung des Bekanntheitsgrades handeln. Absatzpolitische Instrumente werden eingesetzt, um in Form von Wirkungsfunktionen das Verhalten der Nachfrager zu beeinflussen. Dabei kann jedoch nicht ausgeschlossen werden, daß ungewollte Wirkungsinterdependenzen entstehen, die in der Marketing-Wissenschaft als Ausstrahlungseffekt (Spillover-Effekt) bezeichnet werden. Spillover-Effekte sind definiert als Maßnahmen, die "über den anvisierten Zielbereich hinaus positive oder negative Wirkungen entfalten"[7].

Empirisch gesehen ist bekannt, daß Diebstahlsdelikte vielfach Parallelen zu Kaufentscheidungen aufweisen, d.h. im Diebstahl spiegeln sich die alters- und geschlechtsspezifischen Bedürfnisse wieder[8]. Es kann daher nicht ausgeschlossen werden, daß es in Handelsunternehmen zu einem doppelten Spillover-Effekt kommt: Einerseits kann der Einsatz absatzpolitischer Instrumente auch die Wahrscheinlichkeit erhöhen, daß Delikte begangen werden, andererseits wird durch Maßnahmen der ex-ante-Prävention die Gefahr hervorgerufen, ehrliche Kunden vom Kauf abzuhalten. Diese Wirkungszusammenhänge können dazu führen, daß die durch spezifischen Faktoreinsatz angestrebte Verwirklichung eines Subzieles wie

---

[6] Vgl. Müller-Hagedorn (1984), S. 34.
[7] Nieschlag/Dichtl/Hörschgen (1991), S. 851-852.
[8] Vgl. Berckhauer, Friedrich Helmut: Kriminologische und kriminalpolititsche Aspekte des Ladendiebstahls, in: Problem Ladendiebstahl. Moderner Selbstbedienungsverkauf und Kriminalität, hrsg. von Armin Schoreit, Heidelberg 1979, S. 19-38, hier S. 23.

jenes der Prävention von Delikten zu einer lediglich suboptimalen Ausprägung einer Zielgröße führt, die das Unternehmensgesamtziel abbildet.

Werden in einer weiteren Dimension Aktivitäten danach unterschieden, ob sie eher der Kategorie der ex-ante-Präventionsmaßnahmen oder der ex-post-Sanktionsmaßnahmen zuzuordnen sind, dann ist gleichermaßen zu prüfen, wie sich die Faktoreinsätze der Handelsunternehmen und des Staates zueinander verhalten. Der Vorteil des Verzichts auf Maßnahmen der ex-ante-Prävention liegt für Handelsunternehmen darin begründet, daß den Kauf behindernde, störende oder vereitelnde organisatorische Maßnahmen unterbleiben können. Damit wird die 'erlebnisorientierte'[9] Gestaltung der Einkaufsstätten begünstigt. Der Verzicht auf Maßnahmen der ex-ante-Prävention hat wiederholt kritische Kommentare hervorgerufen, beispielsweise meint Berckhauer:
"Im Hinblick auf die Risikobereitschaft der Handelsunternehmen, Waren dem unkontrollierten Zugriff der Kundschaft auszusetzen, ihr den Kauf geradezu aufzudrängen, steht auch eine betriebswirtschaftliche Managementfrage zur Debatte. Gleichwohl kommt der Handel nicht auf den Gedanken, Verluste durch Ladendiebstähle (wie hoch sie auch sein mögen) zumindest auch mit auf Managementfehler oder Managementschwächen zurückzuführen."[10]

Gemäß der Argumentation von Berckhauer müßte die Instanz, die in Handelsunternehmen dispositive Entscheidungen trifft, eine Mitschuld an den Diebstahlsverlusten treffen, da sie den Kunden die freie Zugriffsmöglichkeit auf das Sortiment ermöglicht. Die Kunden dagegen scheinen seiner Darstellung nach eher Opfer als Nutznießer der händlerischen Dienstleistung zu sein. Diese Sichtweise ist nicht haltbar, wenn die Entwicklungsgeschichte der Betriebsformen einer genaueren Analyse unterzogen wird.

Tatsächlich hat der Übergang zur Selbstbedienung nicht zu erhöhtem Kaufzwang geführt, sondern im Gegenteil expliziten und vor allem auch impliziten Kaufzwang aufgehoben[11]. Im traditionellen Einzelhandel war es nicht selten gängige soziale Verhaltensnorm, daß ein Kunde nach einer ausführlichen Beratung einen 'Notkauf' tätigte, wenn er die seinen Idealvorstellungen entsprechende Ware nicht gefunden hatte. Die heute als anomymisiert eingestufte Gestaltung von Einkaufsstätten bietet für den Kunden den Vorteil, daß die soziale Bedeutung der Austauschbeziehung verringert worden ist. Erst dadurch wurde es möglich, eine Ware ungehindert zu prüfen, erneut in das Regal hineinzulegen oder selbst nach der

9 Vgl. Weinberg (1986), S. 97-102.
10 Berckhauer (1979), S. 28.
11 Vgl. Hansen, Ursula: Absatz- und Beschaffungsmarketing des Einzelhandels: eine Aktionsanalyse, 2. Aufl., Göttingen 1990, S. 293.

Faktorabgeltung wieder umzutauschen. Das Selbstbedienungsprinzip erleichtert den Kunden eine Revision ihrer Kaufentscheidung, die im engeren sozialen Kontext von traditionellen Betriebsformen so nicht üblich gewesen wäre. Von daher ist es auch wenig überraschend, daß sich gerade jene Einkaufsstätten als erfolgreich erwiesen haben, die weitgehend auf Maßnahmen der ex-ante-Prävention verzichten. Soweit die Instanz den Kundennutzen durch betriebspolitische Maßnahmen erhöht, kann nicht von einem Managementfehler gesprochen werden. Wenn die Instanz auch bei Dispositionen über die Faktoreinsätze zur Eindämmung von Delinquenz sich am Nutzen der Kunden orientiert, dann ist die Argumentation von Berckhauer nicht haltbar. Wie dieses kundenbezogene Entscheidungskalkül dargestellt werden kann, wird im folgenden erläutert. Zuvor erfolgt die Zusammenfassung der bisherigen Erkenntnisse.

Für den Staat sind Aktivitäten der ex-ante-Prävention als budgetentlastend einzustufen, soweit der Faktoreinsatz weitgehend von Handelsunternehmen selbst vorgenommen wird. Maßnahmen der ex-post-Sanktion sind jedoch sehr budgetbelastend, da es bei einer Strafanzeige zur Beanspruchung der Polizei, von Gerichten, Staatsanwälten und eventuell auch Haftanstalten kommt. Für das Budget des Staates sind daher jene Konstellationen als am günstigsten einzustufen, bei denen Maßnahmen der ex-post-Sanktion selten eingesetzt werden.

4.1.3 Paradox der effizienten Inkaufnahme von Delikten

Im folgenden wird die Betrachtung auf die einzelwirtschaftliche Ebene der Handelsunternehmung verlagert. Wird ein Zielsystem der Handelsunternehmung unterstellt, das die Optimierung des Gewinns vorsieht, dann sind Maßnahmen der Eindämmung von Delikten in ihrer Wirkung auf das Gewinnziel zu überprüfen.

Unterstellt wird zunächst eine statische Modellwelt, bei der sowohl die Kosten von Sicherungsmaßnahmen als auch der aufgrund von Sicherungsmaßnahmen erzielte Erfolg in Geldeinheiten bezifferbar und bekannt sind[12]. Folgende Annahmen werden getroffen: Alle Verbesserungen des Sicherungsniveaus schlagen sich in einer reduzierten Inventurdifferenz nieder, die valide und reliabel ermittelbar ist. Es kann Kausalität vorausgesetzt werden, was bedeutet, daß eine spezifische Senkung der Inventurdifferenz auf die Einführung einer bestimmten Sicherungsmaßnahme zurückführbar ist.

---

[12] In der Praxis ist sowohl die Höhe der Verluste als auch das Potential ihrer Reduzierung eine unsichere Größe.

Sind diese Bedingungen erfüllt, dann wird eine Handelsunternehmung nur solange Sicherungsvorkehrungen ergreifen, bis die marginale Senkung der Inventurdifferenz den marginalen Kosten der zugrundeliegenden Maßnahme entspricht[13]. Daraus folgt jedoch, daß durchaus ein Niveau von Straftaten gegen das Eigentum der Handelsunternehmen existieren kann, welches aus ökonomischen Gründen in dem Sinne effizient ist, als ein weiterer Einsatz von Ressourcen die Betriebsformen-Effizienz (hier operationalisiert durch das Gewinnziel) nicht mehr zu erhöhen in der Lage ist. Eine solche Feststellung gilt lediglich bei gegebener Technologie und berücksichtigt ausschließlich ökonomische Determinanten.

Aus der Perspektive der ehrlichen Kunden einer bestimmten Handelsunternehmung kann das Wahlproblem folgendermaßen erläutert werden. Ehrliche Kunden einer Handelsunternehmung alimentieren durch ihre Faktorabgeltung auch jene Aufwendungen, die durch Straftaten entstehen. Oder pointiert formuliert:
"Massenhaft ausgeführt ist Ladendiebstahl eine Umverteilung von den Ehrlichen auf die Unehrlichen."[14]

Diese Aufwendungen wurden bereits als Risikoprämie bezeichnet. In einer modelltheoretischen Betrachtung kann die Risikoprämie als Kalkulationsbestandteil von den Handlungskosten und den Warenkosten getrennt werden. Die Risikoprämie erfaßt dann jene zusätzlichen Kosten der Unvollkommenheit des Marktes, die mittelbar oder unmittelbar auf Straftaten gegen das Eigentum zurückzuführen sind. Für die Handelsunternehmung ergeben sich zwei Einflußfaktoren der Risikoprämie: Sowohl der monetäre Gegenwert der Verluste, die durch Delikte entstehen, als auch die Aufwendungen für Sicherungsmaßnahmen zur Prävention von Delinquenz werden auf die Preise aufgeschlagen und durch die ehrlichen Kunden alimentiert. Der Wettbewerb zwischen den Handelsunternehmen kann die beliebige Überwälzbarkeit auf die Kunden einschränken und dazu führen, daß stattdessen die Umsatzgewinnrate der betroffenen Handelsunternehmung reduziert wird. Für die Kunden besitzt nun jenes situative Optimum den höchsten Nutzen, bei dem die Risikoprämie ein Minimum annimmt. Es ist anzunehmen, daß in der Praxis dieses Minimum an einem Punkt liegt, dem ein bestimmtes Niveau von Delikten bzw. ein bestimmtes Ausmaß der deliktbedingten Verluste entspricht. Der Sachverhalt kennzeichnet das Paradox der effizienten Inkaufnahme von Delikten. Dieser Zusammenhang wurde jedoch in der Literatur bisweilen

---

[13] Implizit wird hier die Differenzierbarkeit und damit auch die Stetigkeit der zugrundeliegenden Funktionen vorausgesetzt.

[14] Blankenburg (1979), S. 46. Siehe auch die Angaben zur 'hidden tax' im dritten Kapitel.

entweder nicht erkannt oder falsch verstanden, wenn beispielsweise Handelsunternehmen ein 'Mitverschulden'[15] bei der Problematik der Kundendelikte unterstellt wird.

Abweichungen von diesem Optimum werden als Übersicherung respektive als Untersicherung bezeichnet, wobei eine gegebene Technologie zur Prävention von Delikten und gegebene Faktorpreise vorausgesetzt werden. Bei einer entscheidungsorientierten Betrachtungsweise liegt eine Übersicherung dann vor, wenn die marginalen Kosten zusätzlicher Sicherungsmaßnahmen größer sind als die dadurch bewirkte marginale Verminderung der Inventurdifferenzen. Umgekehrt impliziert Untersicherung, daß die marginalen Kosten zusätzlicher Sicherungsmaßnahmen kleiner sind als die dadurch bewirkte marginale Verminderung der Inventurdifferenzen. Das durch den Einsatz von Produktionsfaktoren realisierbare technische Optimum der Durchsetzung von Eigentumsrechten kann daher vom ökonomischen Optimum abweichen. Die ökonomische Optimallösung ist auch im Sinne der ehrlichen Kunden, wenn an diesen Punkt die auf die Preise überwälzte Risikoprämie minimiert wird.

In der Handelspraxis ergeben sich entsprechende Entscheidungsprobleme beispielsweise bei der Bestimmung der optimalen Auszeichnungsdichte von Waren mit elektronischen Sicherungsetiketten. Die einzelnen Sicherungsetiketten, ihre Anbringung und ihre Entfernung verursachen jeweils Kosten. Es kann deshalb vorteilhaft sein, nur einen bestimmten Anteil der (technisch) sicherbaren Artikel mit diesen Etiketten zu versehen[16]. Über die gewählte Auszeichnungsdichte wird mittelbar auch die Sanktionswahrscheinlichkeit beeinflußt.

4.2 Rationalverhalten und Delinquenz

4.2.1 Verhaltensmodellierung bei Delinquenz

Das durch eine Kombination von Sanktionswahrscheinlichkeit und Sanktionsschwere gekennzeichnete Sanktionsdesign beschreibt jenes Anreizsystem, mit dem potentielle Delinquenten von einer Tat abgehalten werden sollen. Der Einsatz solcher Sanktionsdesigns setzt spezifische Annahmen über das Verhalten der potentiellen Delinquenten in ihrer Reaktion auf Entscheidungsvariablen der Handelsunternehmung voraus. Diese Verhaltensannahmen werden im folgenden genauer untersucht. Dazu wird eine Kombination aus entscheidungstheoretischer und verhaltenswissenschaftlicher Modellierung genutzt. Nach der Diskussion

---

15 Vgl. ensprechende Literaturhinweise bei Meurer (1976), S. 2.
16 Vgl. Weisenberger, Kurt: Müssen alle Artikel mit Spezialetiketten gesichert werden?, in: BAG-Nachrichten, 9/1988, S. 25.

91

der Verhaltensannahmen wird dann übergegangen zur Analyse spezifischer Probleme, die sich beim Einsatz von Sanktionsdesigns in Handelsunternehmen stellen.

Die Economics of Crime bewegt sich in der utilitaristischen Tradition von Bentham, wenn unterstellt wird, daß Kriminalität das Ergebnis eines rationalen Entscheidungsprozesses ist, bei dem 'pleasures and pains' der Tatbegehung gegeneinander abgewogen werden[17]. Das Wirtschaftssubjekt entscheidet sich mit der Begehung einer Tat für ein Arbeitsangebot im illegalen Sektor und zeigt damit seine Präferenz zuungunsten eines Arbeitsangebotes im legalen Sektor[18]. Das individuelle Täterkalkül wird entscheidungstheoretisch erklärt, d.h., die Delinquenten maximieren den Erwartungswert des Nutzens[19]. Zwei Einflußfaktoren determinieren annahmengemäß, ob ein Delikt vorgenommen wird[20]:

- Die erwarteten Vorteile aufgrund der Begehung der Tat und
- die erwarteten Kosten der Tatbegehung,

wobei eine rein subjektive Schätzung dieser Größen durch den Entscheider erfolgt. Auf der makroökonomischen Ebene kann auf dieser Grundlage der Zusammenhang zwischen Maßnahmen der Strafverfolgungsbehörden und der aggregierten Kriminalitätsrate untersucht werden, während auf der mikroökonomischen Ebene der Zusammenhang zwischen der Straffälligkeit einzelner Täter und ihrer speziellen Risikowahrnehmung analysiert werden kann.

Diese Sichtweise des rational kalkulierenden Täters ist auch in der Kriminologie nicht unbekannt. Dort wird festgestellt, daß dem Täter ein wirtschaftlicher oder sonstiger Nutzen durch die Tat entsteht, während mit der Deliktbegehung gleichzeitig Nachteile und Schäden für Täter, Opfer und Staat hervorgerufen werden können[21]. Dem Gedanken eines Kosten-Nutzen-Kalküls entspricht die kriminalpolitische Forderung nach einer "kostenerhöhenden Sanktionierung"[22]. Die Vorstellung eines rational kalkulierenden Täters ist jedoch nicht unumstritten[23]: Bei jedem spezifischen Delikt sind tatsituative Umstände und das individuelle Täter-Opfer-Verhältnis zu berücksichtigen. Die Kalkulation der Faktoren, die Kosten und

[17] Vgl. Pyle (1983), S. 5-6.
[18] Vgl. Friedman, David (1987), S. 144.
[19] Vgl. Becker (1976), S. 47 Fußnote 16; Ehrlich (1987), S. 722; Pyle (1983), S. 10.
[20] Vgl. im folgenden Absatz: Piliavin, Irving, u. a.: Crime, Deterrence and Rational Choice, in: ASR, Vol. 51, February 1986, S. 101-119, hier S. 101-102.
[21] Vgl. Eisenberg (1990), S. 81 mit weiteren Nachweisen.
[22] Eisenberg (1990), S. 86.
[23] Vgl. im folgenden Absatz: Eisenberg (1990), S. 86-87.

Nutzen determinieren - so sagen kritische Stimmen in der Kriminologie - ist in vielen Fällen unmöglich.

Die Wirtschaftswissenschaft kennt die Diskussion um die Adäquanz eines nutzen-maximierenden Menschenbildes unter den Stichworten "homo oeconomicus" und "bounded rationality". Kritiker am Konzept neoklassischer Konzeptualisierungen menschlichen Ver-haltens stellen fest, daß der homo oeconomicus einfach strukturierte Problemstellungen mit Perfektion löst oder, prägnanter formuliert, einem "superman in the kindergarten" gleicht[24]. Wissenschaftliche Ansätze zur 'bounded rationality' versuchen daher, die be-grenzten Fähigkeiten zur Informationsaufnahme und Informationsverarbeitung in die Theoriebildung einzubeziehen[25]. Gleichermaßen ist die Konsumentenforschung[26] um ein komplexeres und differenzierteres Analyseinstrumentarium zur Beschreibung menschlichen Verhaltens bemüht, wobei eine interdisziplinäre Integration von Theoriebausteinen der Psy-chologie, Soziologie und Biologie stattfindet.

Die Economics of Crime schlägt dagegen bei der Untersuchung von Entscheidungskalkülen eher den umgekehrten Weg ein. Während die psychologisch und soziologisch orientierte Forschung zum Ladendiebstahl vielfältige Gründe, bisweilen auch bizarre Ursachen und Motivationen der Begehung von Delikten nennt[27], führt die Economics of Crime den Ent-scheidungsprozeß potentieller Delinquenten primär auf ein Kosten-Nutzen-Kalkül zurück. Das ist ein Gesichtspunkt, der möglicherweise bisher in der Diskussion in den Hintergrund getreten ist. Kraut folgt dieser Argumentationsweise, wenn er feststellt, daß es sich beim Phänomen des Diebstahls in Einkaufsstätten des Handels im Grunde genommen um "the acquisition of goods at minimum cost"[28] handelt. Diese zweckrationale Betrachtungsweise deckt sich mit Erkenntnissen empirischer Studien, in denen Delinquenten zu erkennen geben, daß sich Diebstahlsdelikte schlichtweg auszahlen[29]. Bei Vergegenwärtigung der ho-hen Dunkelziffer überrascht dieses Ergebnis nicht.

---

[24] Vgl. Tietz, Reinhard: On Bounded Rationality: Experimental Work at the University of Frankfurt/Main, in: JITE, Vol. 146, 1990, S. 659-672, hier S. 660.

[25] Vgl. Simon, Herbert (1987).

[26] Vgl. Kroeber-Riel, Werner: Konsumentenverhalten, 5. Aufl., München 1992.

[27] Die Kataloge reichen vom alten Vorurteil, daß Frauen während der Schwangerschaft angeblich einen erhöhten Drang zur Entwendung von Gegenständen aufweisen, bis zu Täterbeschreibungen, bei denen Delinquenten durch einen Selbstbestrafungstrieb zur Tat genötigt werden. Vgl. die ausführliche Darstellung bei Murphy (1986), S. 34-41.

[28] Kraut, Robert E.: Deterrent and Definitional Influences on Shoplifting, in: Social Problems, Vol. 23, February 1976, S. 358-368, zitiert nach: Murphy (1986), S. 41.

[29] "crime may, in fact, pay", Cox/Cox/Moschis (1990), S. 154.

Der Ansatz der Economics of Crime grenzt sich folglich von Forschungsansätzen soziologischer und psychologischer Herkunft ab, die ein "over-socialized view of crime"[30] formulieren. Es wird der Einfluß von Kosten-Nutzen-Faktoren zur Erklärung von Delinquenz hervorgehoben. Die einzelnen Vor- und Nachteile, die mit der Vornahme eines Deliktes verbunden sind, analysiert der folgende Abschnitt.

Der Vorteil bzw. der Gewinn, der sich für Täter ergibt, ist monetärer und psychischer Art[31]. Der monetäre Vorteil kann mit Hilfe der traditionellen neoklassischen Haushaltstheorie verdeutlicht werden. Diebstahl ist für die Täter, soweit sie nicht ertappt werden, ein kostenloser Transfer. Im mikroökonomischen Modell der neoklassischen Haushaltstheorie[32] symbolisiert die Budgetrestriktion das elementare Allokationsproblem des Haushalts, begrenzte Ressourcen auf alternative Verwendungszwecke aufzuteilen. Mit erfolgreichen Diebstählen kann diese Budgetrestriktion überwunden, also eine Realeinkommenssteigerung herbeigeführt werden. Zum einen können Artikel gestohlen werden, die sonst nicht als Verwendungsmöglichkeit des limitierten Budgets in Frage gekommen wären (z. B. Luxusgüter), zum anderen setzt der Diebstahl von convenience goods[33] Budgetanteile frei, die für sonst nicht erfüllbare Wünsche verwendet werden können. Wird Diebstahl als ein Verhalten verstanden, das das eigene Budget erweitert, so bewegt sich diese Argumentation im Rahmen eines zweckrationalen Menschenbildes, wie es in der Mikroökonomie geläufig ist. Während jedoch die neoklassische Haushaltstheorie deterministisch strukturiert ist, werden Delikte bei Unsicherheit vorgenommen. Die Realeinkommenssteigerung ist folglich nicht mit Sicherheit gegeben.

Zu den psychischen Vorteilen der Begehung eines Deliktes zählt beispielsweise die Freude an der Gefahr, der Wert des Risikoerlebnisses an sich, die Befriedigung, es einer anonymen Institution bzw. dem System 'gezeigt zu haben', die Anerkennung in sozialen Gruppen und das Gefühl, etwas erreicht zu haben[34]. Zu den Nachteilen bzw. Kosten eines Deliktes zählen materielle Kosten (z. B. Werkzeuge); Opportunitätskosten der Zeit, d.h. entgangene Einkommen aus legaler Beschäftigung oder zumindest das Äquivalent der entgangenen Freizeit; psychische Kosten, z. B. wegen Angst, Risikoaversion, Schuldgefühlen[35], und schließlich 'expected-punishment cost', d.h. der Erwartungswert der Strafe.

---

[30] Vgl. Etzioni (1988), S. 241.
[31] Vgl. Hellman/Alper (1990), S. 39-40.
[32] Vgl. z. B. Schuhmann (1987), S. 21-27.
[33] wie z. B. Lebensmittel, vgl. Nieschlag/Dichtl/Hörschgen (1991), S. 101.
[34] Vgl. im folgenden: Hellman/Alper (1990), S. 39-40.
[35] So auch Tullock, der in seine Funktion explizit eine Größe aufnimmt, die sogenannte 'conscience costs' abbilden soll. Vgl. Tullock, Gordon: The Logic of the Law, Basic Books, 1971, Reprint 1987, S. 213. Es ist zweifelhaft, ob eine solche Variable operationalisierbar ist.

94

Einem monokausalen Erklärungsmuster soll hier nicht gefolgt werden. Vielmehr ist von Interessse, ob der ökonomische Ansatz als modelltheoretische Grundlage für die Gestaltung von Gegenmaßnahmen dienen kann und welchen Beschränkungen er unterliegt. Damit unterscheidet er sich von jenen Ansätzen, die Delinquenz auf eine breite Palette demographischer, soziologischer und psychologischer Einzelfaktoren zurückführen, geht es doch lediglich darum, aus Täterperspektive eine ungünstige Kosten-Nutzen-Relation mit Hilfe eines Sanktionsdesigns zu produzieren.

Das Abschätzen des Nutzens einer Straftat setzt voraus, daß dieser Nutzen ex-ante kalkulierbar ist und dieses Kalkül auch angewandt wird. Problematisch sind beispielsweise impulsive Delikte, die sich wie Impulskäufe eher aus der Gelegenheit einer Situation ergeben. Ferner setzt ein Rationalkalkül eine Abschätzung der Gefahr voraus, ertappt und bestraft zu werden. Im Sanktionsdesign wurde diese Gefahr durch den Erwartungswert der Sanktion gekennzeichnet. Eine entscheidungstheoretische Darstellung soll im folgenden das Wahlproblem des potentiellen Delinquenten veranschaulichen. Dazu erfolgt ein Rückgriff auf das Grundmodell der Entscheidungstheorie[36].

4.2.2 Zwei-Zustands-Welt und Zeitallokation

Es werden zwei Umweltzustände S_1 und S_2 unterschieden, die eine Zwei-Zustands-Welt repräsentieren. Umweltzustand S_1 zeigt die Konstellation auf, in der Täter bei Begehung eines Deliktes nicht gefaßt werden, während in S_2 Täter ertappt und auch verurteilt werden. In S_2 verliert der einzelne Täter den Gegenwert der gestohlenen Ware und muß mit einer bestimmten Strafe f_{ij} rechnen, die zur Vereinfachung als monetäres Äquivalent bezifferbar ist[37]. Die Handlungsalternativen A_i kennzeichnen verschiedene kategorisierte Deliktarten, beispielsweise gemäß der Art und Weise der Tatausführung, nach klassifizierten Schadenskategorien oder nach Straftatbeständen. In der Tabelle erscheinen in der Spalte des Umweltzustands S_1 die als monetäres Äquivalent ausgedrückten Vorteile e_{ij}, die der Täter aufgrund der Begehung der Tat erlangt, während in der Spalte S_2 die einem bestimmten Delikt zugeordneten Strafen f_{ij} eingetragen werden. Die Handlungskonsequenzen e_{ij} besitzen ein positives Vorzeichen, während die Handlungskonsequenzen f_{ij} ein negatives Vorzeichen

---

[36] Vgl. Schneeweiss, Hans: Entscheidungskriterien bei Risiko, Berlin u. a. 1967, S. 7-31.
[37] Auch das Bernoulli-Prinzip setzt nicht voraus, daß es sich bei den Handlungskonsequenzen um monetäre Auszahlungen handelt. Daher wären auch nichtmonetäre Konsequenzen wie Ansehensverlust denkbar. Vgl. Bamberg, Günter/Coenenberg, Adolf: Entscheidungstheorie, 7. Aufl., München 1992, S. 75.

aufweisen. Dem Umweltzustand S_2 wird die Sanktionswahrscheinlichkeit p, dem Umweltzustand S_1 respektive die Gegenwahrscheinlichkeit g zugeordnet (Abb. Z.6).

	nicht ertappt	ertappt
	(g)	(p)
	S_1	S_2
Deliktart		
A_1	e_{11}	f_{12}
A_2	e_{21}	f_{22}
...	...	...
A_i	e_{ij}	f_{ij}

Abb. Z.6: Zwei Zustands Welt-Modellierung

Auf dieses themenbezogene Grundmodell der Entscheidungstheorie können nun die bekannten Entscheidungsregeln bzw. -prinzipien bei Risiko angewandt werden.

Betrachten wir die Anwendung der μ-Regel[38] als das Entscheidungskriterium des
Delinquenten.

(F.9) $E(A_i) = g_i \cdot e_{ij} + p_i \cdot f_{ij} \,\text{---}> \text{Max. !}$

- $E(A_i)$: Erwartungswert bei Begehung des Deliktes A_i
- p_i: Wahrscheinlichkeit der Ergreifung und Verurteilung bei Delikt i
- g_i: Wahrscheinlichkeit, daß Täter nicht ertappt werden bei Delikt i ($g_i = 1-p_i$)
- e_{ij}: Vorteil aufgrund erfolgreicher Begehung der Tat
- f_{ij}: Strafe verurteilter Täter beim Delikt i
- j: dichotomes Merkmal
    (j = 1: nicht ertappt; j = 2: Täter ertappt und zur Strafe f_{ij} verurteilt)
- A_i: Deliktart.

---

[38] Es besitzen hier alle Kritikpunkte Gültigkeit, die in der Entscheidungstheorie bezüglich der
Erwartungswert-Regel geäußert werden.

Der Delinquent wählt jenes Delikt, das den maximalen Erwartungswert verspricht, oder er entscheidet sich für eine Erwerbstätigkeit im legalen Sektor. Durch die Umwandlung der Ergebnismatrix in eine Entscheidungsmatrix, d.h. durch Bewertung der Ergebnisse e_{ij} bzw. f_{ij} mit einer Nutzenfunktion[39] wäre auch die Anwendung des Bernoulli-Prinzips denkbar. Darüber hinaus wäre es möglich, Täter und Handelsunternehmung als rational handelnde Gegenspieler zu betrachten. Dann wäre die Entscheidungssituation der Kontrahenten als Spielsituation zu modellieren.

Im folgenden soll die entscheidungstheoretische Darstellung in bezug auf das Zeitallokationsproblem des Täters weitergeführt werden. In der Economics of Crime ist nicht ganz unumstritten, ob die Entscheidung für die Vornahme eines Deliktes generalisierend als ein Problem der Beschäftigungswahl angesehen werden kann. Während Kunz dem zustimmt, wendet Stigler diese Betrachtungsweise lediglich auf den Kreis professioneller Täter an[40]. So führt Kunz aus: "Beschäftigung bedeutet hier auch nur die Aufwendung von Zeit und anderen Ressourcen zur Realisierung von Zielen (Nutzen), unabhängig davon, ob diese als regelmäßig gedacht ist oder nicht."[41]

Als problematisch erweist sich diese Argumentation insofern, als zwischen dem speziellen Problem der Beschäftigungswahl und dem allgemeinen Problem der Zeitallokation nicht differenziert wird. Wird jedoch diese Differenzierung vorgenommen, dann kann für die professionellen Täter die Vornahme eines Deliktes als Wahl eines Arbeitsangebotes bei unsicheren Konsequenzen gedeutet werden, während für Amateurtäter - wie für Konsumenten auch - lediglich ein Zeitallokationsproblem besteht.

In Handelsunternehmen kann bei den durch Besucher einer Einkaufsstätte begangenen Delikten zwischen dem Kreis der professionellen Täter und jenem der Amateurtäter unterschieden werden. Delinquenz in Handelsunternehmen als ein Substitut für legale Einkommensmöglichkeiten einzuordnen ist somit möglich, jedoch ist dieser Erklärungsansatz nicht auf alle Tätergruppen anwendbar. Professionelle Täter besitzen typische Eigenschaften wie

[39] Vgl. Laux, Helmut: Entscheidungstheorie - Grundlagen, Berlin u. a. 1982, S. 169.
[40] Vgl. Kunz (1993), S. 192; Stigler, George: The Optimum Enforcement of Law, in: Journal of Political Economy, Vol. 78, No. 3, May/June 1970, S. 526-536, hier S. 530.
[41] Kunz (1993), S. 192.

- planmäßiges Vorgehen,
- gemeinschaftliche Tatbegehung,
- Tätigkeit auch außerhalb des eigenen Wohngebietes,
- Diebstahl über den eigenen Bedarf hinaus,
- Suche nach besonders wertvoller Ware und
- Spezialisierung[42].

Bei diesem Täterkreis kommt es darauf an, die Anreize zu vermindern, die zur Wahl der Delinquenz als Mittel der Einkommenserzielung führen. Dagegen kann der Effekt der Einkommenserzielung und die Problematik der Zeitallokation eher sekundär für Gruppen von Jugendlichen sein, die das Delikt im Wesentlichen als ein Risikoerlebnis wahrnehmen.

Einkommensmöglichkeiten aus legaler Arbeit werden in der Economics of Crime im Regelfall als sicher, Einkommensmöglichkeiten aus illegalen Tätigkeiten als unsicher aufgefaßt[43]. Eine entscheidungstheoretische Übertragung dieser Wahlmöglichkeit zwischen sicherer und unsicherer Handlungsalternative läßt die Technik der Konstruktion von Bernoulli-Nutzenfunktionen zu[44]. Dabei wird der Entscheider aufgefordert, zwischen einem Ergebnis mit Sicherheit und einer Lotterie zu wählen und hierfür eine Indifferenzwahrscheinlichkeit anzugeben. Wird die Indifferenzwahrscheinlichkeit mit w_1 und die Gegenwahrscheinlichkeit mit w_2 bezeichnet, so zeigt der Vergleich, bei welcher Ausprägung von w_1 der Täter indifferent zwischen dem sicheren Einkommen aus legaler Arbeit und dem unsicheren Einkommen aufgrund der Begehung eines Deliktes ist. Für den 'best case' wird das Ergebnis eij gewählt, das der Delinquent bei einem bestimmten Delikt Ai maximal erzielen kann, wenn er unerkannt bleibt. Dieses eij wird als e^o bezeichnet. Für den 'worst case' wird das oberste Strafmaß fij eingesetzt, das bei einem Delikt Ai verhängt werden kann (Höchststrafe). Dieses fij wird als f_u bezeichnet. Das sichere Ergebnis e aufgrund einer Tätigkeit im legalen Bereich liegt annahmegemäß zwischen f_u und e^o. Der Delinquent ist bei einer bestimmten Ausprägung von w_1 (genannt w_1^*) indifferent, bei einem bestimmten $w_1 > w_1^*$ präferiert er das Delikt. Mit der Bestimmung von w_1^* ist gleichzeitig auch der Nutzenwert für einwertige Ergebnisse fixiert, die zwischen e^o und f_u liegen (vgl. Abbildung Z.7).

---

[42] Vgl. Loitz/Loitz (1987), S. 11.
[43] Vgl. zu Ausnahmen davon: Schmidt, Peter/Witte, Ann D. (1984), S. 174-175.
[44] Vgl. Laux (1982), S. 170.

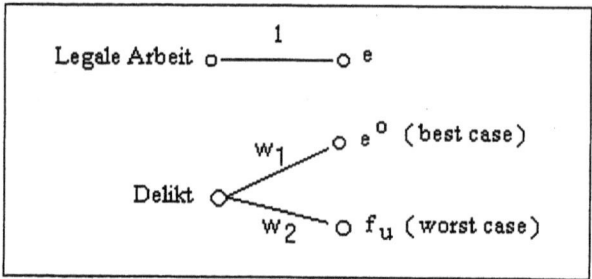

Abb. Z.7: Indifferenz zwischen legaler Arbeit und Delikt

Bei einem durch den Staat vorgegebenen, konstanten Strafmaß verbleibt der Handelsunternehmung die Beeinflussung von p, um die Präferenz der Täter für eine Tätigkeit im illegalen Sektor zu senken. Auch mag bei Personen mit geringer Qualifikation, bei Personen ohne gültige Arbeitserlaubnis oder bei bereits vorbestraften Tätern die Möglichkeit zur Einkommenserzielung durch legale Arbeit stark reduziert sein, was sich in einem geringeren sicheren Ergebnis bei legaler Tätigkeit auswirkt. Dies wiederum fördert die Bereitschaft, trotz erhöhter Sanktionswahrscheinlichkeit ein Delikt zu begehen. Mit dieser Argumentation kann aus ökonomischer Sicht das kriminologische Konzept des 'Labeling'[45] erklärt werden, d.h. das Phänomen, daß vorausgegangene Stigmatisierung durch das Strafrecht zu wiederholter Straffälligkeit führen kann. Hierzu gehören auch die oftmals als 'unrational' eingestuften Delikte von Drogenabhängigen. Die alternativen Ertragschancen im legalen Sektor dürften für diese Personengruppen als äußerst gering einzuschätzen sein. Wenn die Handelsunternehmung selektiv besonders wertvolle Ware mit hoher Intensität sichert, dann wird dadurch die Wahrscheinlichkeit für die Erzielung einer 'fetten Beute' e^0 verringert, was speziell in das Entscheidungskalkül professioneller Täter eingehen wird.

Für die Handelsunternehmung stellt sich bei Kundendelikten das Problem der eigenschaftsbezogenen Heterogenität potentieller Täter. Besucher einer Einkaufsstätte werden unterschiedliche Risikopräferenzen besitzen und sich auch bezüglich ihrer alternativen Möglichkeiten zur Einkommenserzielung unterscheiden. Daraus ergibt sich die Konsequenz, daß entweder ein Sanktionsdesign verwirklicht werden muß, welches im Durchschnitt zum ökonomisch optimalen Grad der Eindämmung von Delikten führt, oder es ist erforderlich, ex-ante eine Selektion von Besuchern der Einkaufsstätte herbeizuführen. Auf diese eigenschaftsbezogenen Selektionsprobleme wird später noch eingegangen. Hier wird zunächst die Bedeutung unterschiedlicher Risikopräferenzen der (potentiellen) Täter für die Gestaltung von Sanktionsdesigns erörtert.

---

[45] Vgl. Eisenberg (1990), S. 77.

4.2.3 Einfluß der Risikoeinstellung

Wird, wie es in einigen Ansätzen zur Economics of Crime geschieht[46], zunächst nur der Erwartungswert der Strafe berücksichtigt, so ist diese Darstellung kompatibel mit der Erwartungswert-Regel der Entscheidungstheorie. Die Erwartungswert-Regel unterstellt jedoch Risikoneutralität und führt nur zu identischen Ergebnissen wie das Bernoulli-Prinzip, wenn eine lineare Risikonutzenfunktion vorliegt[47]. Handlungsalternativen werden als gleichwertig angesehen, sofern sie dieselben Erwartungswerte besitzen, obwohl die Wahrscheinlichkeitsverteilungen über die Zielgröße sich ansonsten unterscheiden. Für eine differenziertere Darstellung ist die individuelle Risikoeinstellung der Täter in die Analyse mit einzubeziehen, denn es muß davon ausgegangen werden, daß Täter auch nichtlineare Risikonutzenfunktionen aufweisen. Zumal setzt die ökonomische Theorie in vielen Fällen generalisierend risikoaverse Wirtschaftssubjekte voraus[48].

In der Entscheidungstheorie wird die Risikoeinstellung eines Entscheiders üblicherweise mit den Begriffen risikoneutral, risikoscheu und risikofreudig charakterisiert. Für die Beschreibung des Entscheidungsverhaltens mittels des Bernoulli-Prinzips ist es jedoch nicht erforderlich, daß die zu diesem Zweck verwendete Risikonutzenfunktion für alle Zielgrößenwerte eine einheitliche Risikoeinstellung des Entscheiders zeigt. M. Friedman und L.J. Savage[49] haben 1948 eine Risikonutzenfunktion beschrieben und empirisch getestet, die sowohl konkave als auch konvexe Bereiche aufweist. Diese Verlaufsform kann beispielsweise erklären, warum dieselben Menschen sowohl an einem Glücksspiel teilnehmen als auch eine Versicherung abschließen.

Eine aus konkaven und konvexen Stücken zusammengesetzte Risikonutzenfunktion könnte auch beschreiben, warum eine relativ größere Anzahl von Individuen ein Ladendiebstahlsdelikt wagt, während schwere Formen der Eigentumsdelikte von demselben Personenkreis nicht begangen werden. Bei kleineren Diebstählen könnte sich die Risikonutzenfunktion noch im konvexen Bereich befinden, während unter den Fallbedingungen größerer Eigentumsdelikte bereits Risikoaversion vorliegt.

---

[46] Vgl. Cooter/Ulen (1988), S. 518; Hellman/Alper (1990), S. 41. Dagegen die Risikoeinstellung explizit berücksichtigend: Polinsky, A. Mitchell: An Introduction to Law and Economics, 2. Aufl., Boston/Toronto 1989, S. 79.

[47] Vgl. Laux (1982), S. 207 und S. 217.

[48] Vgl. etwa für den Fall der Portfolio Selection: Schmidt, Reinhard H.: Grundzüge der Investitions- und Finanzierungstheorie, 2. Aufl., Wiesbaden 1986, S. 154.

[49] Vgl. Friedman, Milton/Savage, Leonard: The Utility Analysis of Choices Involving Risk, in: Journal of Political Economy, Vol. 56, 1948, S. 279-304, Vgl. Laux (1982), S. 184.

Die umfängliche Vornahme von Delikten in Handelsunternehmen muß jedoch nicht zwangsläufig auf konvexe Abschnitte der Nutzenfunktion zurückgeführt werden. Auch konkave Nutzenfunktionen sind mit der Vornahme von Delikten kompatibel, sofern - wie empirische Untersuchungen aufzeigen - Diebstahl in Handelsunternehmen als nahezu risikoloses Unterfangen wahrgenommen wird[50]. Auch wurde festgestellt, daß potentielle Delinquenten bestimmte Schwellenwerte bezüglich des Wertes gestohlener Waren ansetzen, ab dem sie ein Delikt erst als Straftat wahrnehmen[51].

Für den Themenkomplex der Kundendelikte im Einzelhandel ist besonders von Interesse, welchen Nutzen die Delinquenten aus dem 'Risikoerlebnis per se' ziehen[52]. Es ist aus empirischen Untersuchungen bekannt, daß die Motivation zur Begehung eines Deliktes im Handel auch auf den Wunsch nach einem Risikoerlebnis beruht, vielfach sogar diese Komponente den monetären Faktor überwiegt[53]. Damit kann die Suche nach den strukturellen Bedingungen eröffnet werden, die dem Einzelhandel jene gesellschaftlichen Funktionen zuweisen, die normalerweise Gesellschaftsspielen oder Jahrmärkten[54] zukommen. Es ist ein gewisses Paradoxon, daß der Handel, der umfangreiche Ressourcen zur Erschaffung einer 'erlebnisorientierten Einkaufsatmosphäre' einsetzt, damit parallel gewissen Tätergruppen ein Risikoerlebnis verschafft. Gerade bei Heranwachsenden wird das erfolgreiche Delikt als eine Form der Mutprobe und zur Förderung der Akzeptanz innerhalb der sozialen Gruppe verstanden. Es ist daher plausibel anzunehmen, daß Spielfreude durchaus ein Faktor ist, der die Begehung eines Deliktes für bestimmte Tätergruppen fördert, während für professionelle Täter demselben Faktor eine geringere Bedeutung zukommt. Die Einbeziehung der Möglichkeit von Spielfreude hat auch Folgen für die entscheidungstheoretische Darstellung. Um diesen Sachverhalt aus der Perspektive der ökonomischen Theorie zu beleuchten, wird zunächst auf die Axiomatik des Bernoulli-Prinzips eingegangen, das in den Wirtschaftswissenschaften die breiteste Anerkennung als Prinzip rationalen Handelns gefunden hat.

Das Bernoulli-Prinzip basiert auf mehreren Verhaltenspostulaten, die von John von Neumann und Oskar Morgenstern (1944) diskutiert wurden. Werden diese Axiome rationa-

---

[50] Vgl. Cox/Cox/Moschis (1990), S. 152.
[51] Vgl. Guffey, Hugh J./ Harris, James R./Laumer, J. Ford: Shopper Attitudes Toward Shoplifting and Shoplifting Preventive Devices, in: Journal of Retailing, Vol. 55, No. 3, Fall 1979, S. 75-89, hier S. 79 und S. 83.
[52] Diese Problemstellung hat im allgemeinen Kontext schon Schneeweiß angesprochen: "Es ist gewiß schwierig, in der Praxis am Risikoverhalten eines Individuums dessen Lust am Spieltrieb zu isolieren", Schneeweiß (1967), S. 51 Fußnote 2.
[53] Vgl. Cox/Cox/Moschis (1990), S. 151 und S. 153; El-Dirghami (1974), S. 37 und S. 41.
[54] Diese bieten ihre Dienstleistung allerdings nur (sic!) gegen Entgelt an.

len Verhaltens akzeptiert, dann ist es für den Entscheider empfehlenswert, sich nach dem Bernoulli-Prinzip zu richten[55]. Hier soll aus der Vielzahl der Axiome lediglich das Reduktionsprinzip betrachtet werden. Das Reduktionsprinzip besagt, daß eine zusammengesetzte Wahrscheinlichkeitsverteilung über die Ergebnisse äquivalent einer einfachen Wahrscheinlichkeitsverteilung ist, sofern jedes Ergebnis bei beiden Verteilungen jeweils dieselbe Eintrittswahrscheinlichkeit aufweist[56]. Damit wird impliziert, daß Entscheider weder Spielfreude noch Spielabneigung kennen. Es kommt folglich nur auf die Wahrscheinlichkeitsverteilung der Ergebnisse an, es ist aber nicht relevant, wie die Verteilung zustande kommt.

Es gelte die Annahme, daß Spielfreude für einen nicht unerheblichen Kreis von Tätern speziell bei Kundendelikten einen Erklärungsbeitrag zur Tatvornahme zu leisten vermag. Wird Spielfreude jedoch vorausgesetzt, dann kann der Täter offensichtlich das Reduktionsprinzip nicht akzeptieren, denn er mißt dem Zufallsvorgang selbst einen Nutzen zu. Kann jedoch der Täter das Reduktionsprinzip nicht akzeptieren, dann kann auch die normative Grundlage für die Entscheidung des Täters nach Maßgabe des Bernoulli-Prinzips nicht postuliert werden. Hier werden Grenzen einer entscheidungstheoretischen Erklärung des Täterkalküls deutlich. Es muß daher im Rahmen der theoretisch-ökonomischen Diskussion zunächst vorausgesetzt werden, die Täter würden sich gemäß den normativen Grundlagen des Bernoulli-Prinzips verhalten. Sind diese Voraussetzungen gegeben, dann können auch Folgerungen für die Gestaltung von Sanktionsdesigns mit Hilfe eines entscheidungstheoretischen Instrumentariums abgeleitet werden.

Unterschiedliche Risikoeinstellungen von Tätern wirken sich auf die erforderliche Ausgestaltung des Sanktionsdesigns aus.

---

[55] Vgl. Laux (1982), S. 174.
[56] Vgl. im folgenden Absatz: Laux (1982), S. 177 und S. 192.

Dabei kann davon ausgegangen werden, daß[57]

- bei risikoneutralen Entscheidern der Erwartungswert
  der Strafe E_S dem Vorteil der Begehung des Deliktes
  entsprechen sollte,
- bei risikoaversen Entscheidern die Summe aus
  Erwartungswert der Strafe E_S und einem individuellen
  Risikozuschlag des Täters dem Vorteil der Begehung des
  Deliktes entsprechen sollte
  (Risikozuschlag = Erwartungswert minus Sicherheitsäquivalent),
- bei risikofreudigen Entscheidern der Erwartungswert der
  Strafe E_S den Vorteil der Begehung des Deliktes
  übersteigen sollte.

Von Seiten der Handelsunternehmung ist es praktisch unmöglich, bei der Gestaltung eines Sanktionsdesigns den Erwartungswert der Strafe an der individuellen Risikoeinstellung der potentiellen Täter auszurichten. Für manche Besucher der Einkaufsstätte wird daher der im Durchschnitt realisierte Wert von E_S höher als erforderlich, für andere Besucher wird dieser Wert wiederum niedriger als nötig sein.

Wie bereits festgestellt wurde, sind Maßnahmen zur Erhöhung der Sanktionswahrscheinlichkeit für Handelsunternehmen mit hohem Ressourcenverbrauch verbunden, so daß eine Präferenz für die Substitution der Sanktionswahrscheinlichkeit durch eine höhere Sanktionsschwere abzuleiten ist. Daraus könnte nun die Folgerung gezogen werden, daß zur Minimierung der Kosten eines Sanktionsdesigns lediglich das Strafmaß erhöht werden müßte, wobei vornehmlich Geldstrafen zum Einsatz kommen sollten. Dagegen gibt zwei Einwände:

Die Obergrenze einer monetären Strafe liegt beim Vermögen des Täters, d.h. f_{ij} besitzt einen individuell durch Eigenschaften des Täters beschränkten Wertebereich. Während die Anzahl der Tagessätze im deutschen Strafrecht auf die Erfassung des Unrechts- und Schuldgehalts der Tat abstellt, wird die Höhe der Tagessätze an die wirtschaftlichen und persönlichen Verhältnisse der Täter angepaßt[58]. Damit ergibt sich eine täterindividuelle Grenze der Substitution von p durch f.

---

[57] In Anlehnung an: Polinsky (1989), S. 77-86.
[58] Allerdings existiert im Strafrecht auch das Konzept der 'Ersatzfreiheitsstrafe' gemäß § 43 StGB, vgl. Eisenberg (1990), S. 403-406.

Mit zunehmender Höhe von f kommt es zu einem Phänomen der Risikoverlagerung: Wird der Erwartungswert der Sanktion E_S konstant gehalten und p durch ein steigendes f substituiert, dann tragen ertappte und verurteilte risikoaverse Täter einen immer größer werdenden Anteil am Risiko. Diese Verlagerung von Sanktionskosten zulasten von Risikokosten der Täter[59] ist nicht unbedenklich, setzt sie doch den rational kalkulierenden Täter voraus, der bei vollkommener Information die Entscheidung zur Vornahme eines Deliktes fällt. Auch wird jeder Sanktionsmechanismus gewisse 'Fehlentscheidungen' produzieren, d.h. bestimmte Festnahmen und Verurteilungen sind unbegründet. In diesen Fällen wiegt das Phänomen der Risikoverlagerung um so schwerer.

Diese theoretische Einsicht wird in der Literatur unterschwellig reflektiert durch Aussagen folgender Art:
"Deshalb sollte man auf Ladendiebstahl mit geringen Strafen und dabei hoher Sanktionswahrscheinlichkeit reagieren."[60]
"Je härter die Strafe, desto krasser die Ungleichheit im Unrecht."[61]

Die Realisation ökonomisch vorteilhafter Sanktionsdesigns durch periphere Ersetzbarkeit von Variablen ist folglich in doppelter Weise beschränkt. Der Wertebereich der (Geld-) Strafe wird nicht nur durch das Vermögen der Täter, sondern auch durch den Umfang der Risikoverlagerung auf ertappte und verurteilte Täter begrenzt, den die Legislative bzw. die Judikative festlegt. Hier konkurrieren ökonomische Aspekte der Minimierung von Kosten des Sanktionsdesigns mit Problemen der Einzelfallgerechtigkeit.

4.2.4 Einfluß asymmetrischer Information

Wenn im Rahmen der theoretischen Argumentation mit Hilfe des Grundmodells der Entscheidungstheorie erklärt wird, wie das Täterkalkül modelliert werden kann, dann wird implizit vorausgesetzt, daß potentielle Täter auch Kenntnis über die entsprechenden Einflußgrößen ihrer Entscheidung besitzen. Tatsächlich kann jedoch der Informationsstand über diese Einflußgrößen unvollkommen bzw. asymmetrisch verteilt sein.

Die Analyse von Konstellationen, in denen zwischen Wirtschaftssubjekten eine asymmetrische Informationsverteilung besteht bzw. in denen Entscheidungen bei unvollkommener Information getroffen werden müssen, ist in den Wirtschaftswissenschaften viel-

[59] Vgl. Polinsky (1989), S. 82 und S. 86.
[60] Blankenburg (1979), S. 47.
[61] Blankenburg (1979), S. 48.

fach in Ansätzen der Informationsökonomie bzw. im Rahmen von Principal-Agent-Ansätzen diskutiert worden[62]. Auch zwischen der Handelsunternehmung und den (potentiellen) Delinquenten besteht eine asymmetrische Informationsverteilung über entscheidungs-theoretisch gesehen relevante Größen der Ergebnismatrix, zudem verfügen beide Seiten bei der Entscheidungsfindung lediglich über unvollkommene Information.

Potentielle Delinquenten können den (hier dichotom modellierten) Umweltzuständen im Regelfall lediglich subjektive Wahrscheinlichkeiten zuordnen, die von den objektiven Wahr-scheinlichkeiten mehr oder minder differieren. Die Genauigkeit dieser Information kann ex-ante von den Tätern durch Informationsaktivitäten verbessert werden.

Diese Informationsbemühungen[63] können sich beispielsweise auf das Auskundschaften von Einkaufsstätten beziehen. Wenn Täter bevorzugt jene Einkaufsstätten aufsuchen, die ohne Sicherheitssysteme ausgestattet sind, so ist ein gewisser Einfluß auf die zu gegenwärtigende Wahrscheinlichkeitsverteilung möglich. Andere Faktoren, wie zufällig anwesendes und aufmerksames Verkaufspersonal oder verdeckte Kameras, sind nicht ex-ante detektierbar und bewirken, daß die subjektive Wahrscheinlichkeit des Delinquenten von den objektiven Bedingungen mehr oder minder abweicht. Grundsätzlich kann davon ausgegangen werden, daß der Informationsstand sowohl der potentiellen Täter als auch der potentiellen Opfer über die Struktur der Wahrscheinlichkeitsverteilung einen unvollkommenen und asymmetrischen Zustand aufweist. Unvollkommene Information bedeutet einerseits, daß die Handelsunternehmung die Wahrscheinlichkeitsverteilung nicht genau kennt, was durch die große Range der empirischen Analysen zur Diebstahlsproblematik deutlich wird (siehe Kapitel 2). Auch die für Täter drohenden Strafen f_{ij} sind für die Handelsunternehmung eine nur annähernd bestimmbare Größe. Unvollkommene Information bedeutet andererseits die Unfähigkeit des Täters, seine eigene Gefahr, bei der Begehung eines Deliktes ertappt zu werden, exakt einzuschätzen. Möglicherweise besteht selbst über die zu erzielenden Ergeb-nisse e_{ij} nur unvollkommene Information, beispielsweise dann, wenn die Verwertungsmöglichkeit gestohlener Ware beim Hehler eine unbekannte Größe darstellt.

Schließlich besteht zwischen dem Informationsstand der Handelsunternehmung und dem des Täters eine asymmetrische Informationsverteilung, d.h. die Handelsunternehmung verfügt im Gegensatz zum Täter aufgrund der Vielzahl der in den Einkaufstätten im Zeitablauf be-

---

[62] Vgl. stellvertretend Spremann, Klaus: Asymmetrische Information, in: ZfB, 60. Jg., Heft 5/6, 1990, S. 561-586.

[63] Hier wird darauf verzichtet, die Ressourcen zur Informationsbeschaffung explizit einzubeziehen, wie es im Informationsbewertungsansatz geschieht. Vgl. auch Laux (1982), S. 285.

gangenen Delikte über Erfahrungsziffern und kann auf die Größe p mit Hilfe von Sicherungsmaßnahmen Einfluß nehmen. Es existieren auch spieltheoretische Bezüge, wenn antizipiert wird, daß sowohl auf der Täterseite als auch auf der Opferseite Lernprozesse erfolgen. So können Ladendetektive mit der Zeit ein verbessertes Know-how ansammeln, während Täter im Zeitablauf mit der Überwindung bestehender Sicherungseinrichtungen vertraut werden.

Die Erkenntnis, daß allein subjektiv wahrgenommene Wahrscheinlichkeiten bestimmend für das Täterverhalten sind, verweist auf eine verhaltenswissenschaftliche Dimension der Problemstellung.

4.2.5 Verhaltenswissenschaftliche Interpretation

Die Beiträge im Bereich des 'consumer research' haben bisher nur in geringem Maße die Möglichkeit devianten Konsumentenverhaltens in ihren Forschungsansätzen berücksichtigt[64]. Das Forschungsparadigma ist gekennzeichnet von der Perspektive, Kunden einer Einkaufsstätte als potentielle Konsumenten zu betrachten. Es liegt nahe, das Instrumentarium der Konsumentenforschung auch für die Untersuchung eines anders gelagerten Forschungsgegenstandes zu nutzen: Kunden als Delinquenten.

Aus einer ex-ante-Perspektive der Tatausführung gesehen sind nur wahrgenommene Ausprägungen der Größen p und f (bzw. positive Ergebnisse e) verhaltenswirksam. Für die Handelsunternehmung kommt es darauf an, diese Wahrnehmung so zu steuern, daß eine Abschreckungswirkung entstehen kann. Die Annahmen über das Verhalten der Täter werden daher mit den verhaltensorientierten Theorieansätzen der Informationsverarbeitung verknüpft, die unter den Stichworten S-R-Paradigma und S-O-R-Paradigma bekannt sind[65]. Nach dem S-R-Paradigma wird nur der beobachtete Input (Stimulus) und das damit verbundene Verhalten (Response) untersucht, während gemäß dem neobehavioristischen S-O-R-Paradigma auch der Transformationsprozeß der Stimuli (Organismus) mit Hilfe von theoretischen Konstrukten analysiert wird. Für den vorliegenden Sachzusammenhang läßt sich eine Funktionsbeziehung formulieren, die den Unterschied für die vorliegende Themenstellung verdeutlicht:

(F.10) $V_i = F(p,f)$, wobei i $= \{1;2\}$.

---

[64] Vgl. Cox/Cox/Moschis (1990), S. 149.
[65] Vgl. Nieschlag/Dichtl/Hörschgen (1991), S. 103 und S. 130; Freter, Hermann: Marktsegmentierung, Stuttgart u. a. 1983, S. 24-25.

Die Stimuli eines bestimmten Sanktionsdesigns sind die Größen p und f. Daraus resultiert ein bestimmtes Verhalten V_i (Response) potentieller Delinquenten. Die Variable V_i ist dichotom, d.h. sie kennt in der hier vorliegenden Betrachtung nur die Ausprägungen eins (Begehung der Tat) und zwei (Nichtbegehung der Tat). Die Transformation der Stimuli F() wird bei einer Untersuchung nach dem S-R-Paradigma nicht weiter problematisiert (Black-Box), während eine vom S-O-R-Paradigma geleitete Analyse auch diesen Transformations-prozeß einbeziehen würde. Die Black-Box wird in Abbildung Z.8 mit einem Fragezeichen symbolisiert.

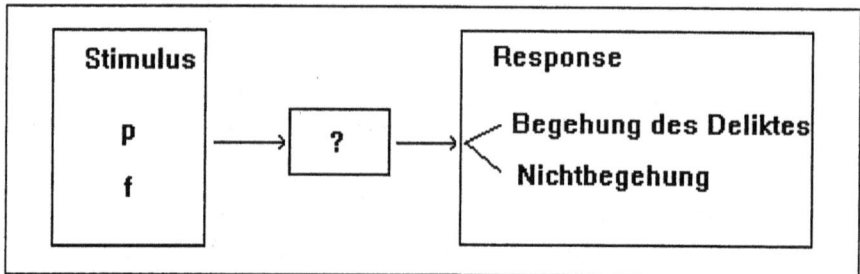

Abb. Z.8: S-R-Paradigma der Wahrnehmung von Variablen des Sanktionsdesigns

Bei der Evaluation von Verhaltenswirkungen der Sanktionsdesigns kommt es darauf an, Annahmen über die Prozesse zu treffen, die vom Stimulus zur Reaktion führen. Die in der Economics of Crime, aber auch in soziologischen und psychologischen Forschungsansätzen zur Kriminalitätsbekämpfung formulierte Annahme wird als "deterrence hypothesis" be-zeichnet.

Die "deterrence hypothesis"[66] ist der neoklassischen Preistheorie verwandt und de facto eine Anwendung der Nachfragetheorie auf den Sonderfall der Kriminalität. Die Strafe wird als der Preis einer Straftat verstanden, so daß die Klärung der Frage wesentlich ist, wie elastisch das Ausmaß der Kriminalität auf eine Veränderung der erwarteten Strafe reagiert. Parallelen ergeben sich zu Untersuchungen von Anreizsystemen in der Ökonomie, die prin-zipiell auch Sanktionen im Rahmen der Verhaltensabgeltung vorsehen[67], bei denen jedoch im Regelfall die Analyse positiver Leistungsanreize[68] im Vordergrund der Forschungs-bemühungen steht.

---

[66] Vgl. im folgenden Absatz: Cooter/Ulen (1988), S. 523-524.
[67] Vgl. Kossbiel, Hugo: Überlegungen zur Effizienz betrieblicher Anreizsysteme, in: DBW, 54. Jg., Nr. 1, 1994, S. 75-93, hier S. 76-77.
[68] Vgl. Laux, Helmut: Grundlagen der Organisation, 2. Aufl., Berlin u. a. 1990, S. 505.

Unter 'general deterrence' versteht Cooter die Zahl der Taten, die aufgrund der Abschreckungswirkung nicht begangen werden, d.h. eine hypothetische Zahl, die für den Anwendungsbereich 'Einzelhandel' als nicht empirisch ermittelbar gelten kann. 'General deterrence' beschreibt jedoch das Ziel der Sicherheitsbemühungen im Einzelhandel: Die Prävention von Straffälligkeit.

Becker hat mit dem traditionellen Instrument der Elastizität die Veränderung seiner Arithmetik (social loss function) auf Variationen von p und f untersucht[69]. Auch die Einzelhandelsunternehmung steht vor dem Problem, die Elastizität der handelsspezifischen Delikte aufgrund von Variationen der Sanktionswahrscheinlichkeit abzuschätzen und dieser Änderung den zur Beeinflussung von p erforderlichen Ressourcenverbrauch gegenüberzustellen. In der Handelspraxis können sich diese Wirkungszusammenhänge lediglich auf quantifizierbare Größen wie beispielsweise die verausgabten Budgets beziehen, während die Sanktionswahrscheinlichkeit und ihre Elastizität zu den theoretischen Konstrukten zu rechnen sind. So stellte der Leiter der Revision einer Drogeriemarktkette fest, daß mit einem Budget von zwei Millionen Mark eine Reduzierung der Inventurdifferenzen um gut sieben Millionen Mark erreicht worden sei[70]. In der Handelspraxis ist die Abschätzung der Relation von eingesetzten Budgets zur erzielbaren Einsparung ex-ante mit erheblichen Unsicherheiten behaftet.

Auswertungen empirischer Studien durch US-amerikanische Autoren ergeben, daß Erhöhungen von p und f durchaus geeignet scheinen, potentielle Delinquenten von der Tatbegehung abzuhalten[71]. Im allgemeinen zeigt sich jedoch, daß zwischen erwarteter Sanktionsschwere und tatsächlicher Deliktbegehung nur äußerst schwache Korrelationen im empirischen Forschungsdesign nachzuweisen sind[72]. Auf die Problematik der Validität und Reliabilität solcher allgemeinen Studien soll hier nicht näher eingegangen werden, dafür sollen aber Untersuchungen erläutert werden, die sich mit Delinquenz in Handelsunternehmen beschäftigen.

Cole hat in einer Befragung von College-Studenten geprüft, ob die Wahrnehmung des Ausmaßes der Sanktionswahrscheinlichkeit und der Höhe der Sanktionsschwere für spezifische

---

[69] Vgl. Becker (1976), S. 51-52.
[70] Vgl. o.V.: Inventurdifferenzen, in: Wirtschaftsschutz & Sicherheitstechnik, Jan./Febr. 1993, S. 44-50, hier S. 49.
[71] Vgl. Cooter/Ulen (1988), S. 530-531 mit weiteren Nachweisen.
[72] Vgl. Albrecht, Hans-Jörg: Generalprävention, in: Kleines Kriminologisches Wörterbuch, hrsg. von Günther Kaiser u. a., Heidelberg 1985, S. 132-139, hier S. 138.

Personenengruppen einen signifikanten Einfluß auf die Bereitschaft zur Vornahme von Delikten gegen Handelsunternehmen hat[73]. Diese Vermutung wurde bestätigt. Problematisch an dieser empirischen Studie ist einerseits die Auswahl der Untersuchungsgruppe, die ausschließlich aus College-Studenten bestand und daher nur als eingeschränkt repräsentativ gelten kann. Darüber hinaus ist es zweifelhaft, inwieweit eine anonyme Befragung den Zusammenhang zwischen der Wahrnehmung von Variablen eines Sanktionsdesigns und der tatsächlichen Neigung zur Tatbegehung valide prognostizieren kann (Problem der Prognosevalidität). Cole glaubt jedoch, daß die verwendete Befragungsmethode einen übermäßigen Bias im Sinne einer Tendenz zu sozial akzeptablen Antworten verhindert hat[74]. Positiv hervorzuheben ist die grundlegende Konzeption der Untersuchung, die danach fragt, in welchem Maße die Wahrnehmung von formalen Sanktionen auf die Vornahme von Kundendelikten im Einzelhandel wirkt.

Für den Bereich der Personaldelikte gibt es ergänzend Untersuchungen von Hollinger und Clark[75], die neben anderen Industriezweigen auch den Bereich des Einzelhandels separat erfassen. In ihrer breit angelegten empirischen Studie fanden sie heraus, daß die Wahrnehmung sowohl der Wahrscheinlichkeit als auch der Schwere organisatorischer Sanktionen einen signifikanten Einfluß auf die Bereitschaft zur Vornahme von Eigentumsdelikten durch das Personal hatte[76].

Auch wenn die Messung der Risikowahrnehmung von Personen bezüglich der Gefahr formaler Sanktionen im Forschungsdesign erhebliche Probleme bereitet[77], so ist hier eine Erkenntnis empirischer Forschung von besonderer Bedeutung: Der präventive Effekt der Kombination von hoher Sanktionswahrscheinlichkeit mit niedriger Sanktionsschwere ist höher einzuschätzen als bei einer Kombination von niedriger Sanktionswahrscheinlichkeit mit hoher Sanktionsschwere[78]. Speziell für den Sachverhalt der Kundendelikte ist die relativ geringe Bedeutung der wahrgenommenen Sanktionshöhe und die signifikant höhere Bedeutung der wahrgenommenen Sanktionswahrscheinlichkeit für die Prognose von Delinquenz dokumentiert[79].

---

[73] Vgl. Cole, Catherine: Deterrence and Consumer Fraud", in: Journal of Retailing, Vol. 65, Iss. 1, Spring 1989, S. 107-120, hier S. 108 und S. 117-118.
[74] Vgl. Cole (1989), S. 111.
[75] Vgl. Hollinger, Richard C./Clark, John P.: Deterrence in the Workplace: Perceived Certainty, Perceived Severity, and Employee Theft, in: Social Forces, Vol. 62, 2, December 1983, S. 398-418.
[76] Vgl. Hollinger/Clark (1983), S. 407.
[77] Vgl. Piliavin/Craig/Gartner/Matsueda (1986), S. 107.
[78] Vgl. Hollinger/Clark (1983), S. 407.
[79] Vgl. Berlitz, Claus u. a.: Grenzen der Generalprävention - Das Beispiel der Jugendkriminalität, in: Kriminologisches Journal, Nr. 1, 1987, S. 13-31, hier S. S. 21-23.

Für die Gestaltung von Sanktionsdesigns der Handelsunternehmung hat dieser Sachverhalt erhebliche Bedeutung. Verschiedene Punkte einer bestimmten Isoquante des Erwartungswertes der Sanktion E_S können eine unterschiedliche Verhaltenswirksamkeit besitzen. Ein gegebener Erwartungswert wäre daher mittels einer Zuordnungsvorschrift in einen Funktionswert zu transformieren, der aufgrund der subjektiven Wahrnehmung die resultierende Präventionswirkung abbildet. Modelltheoretisch kann diese Erkenntnis über die Einführung von Elastizitäten der Instrumentvariablen verdeutlicht werden:

(F.11) $W_{ES} = p^\alpha \cdot f^\beta$

- W_{ES} = Wirkungsfunktion eines bestimmten Erwartungswertes der Sanktion E_S
- α = Elastizität von p
- ß = Elastizität von f

Ohne empirische Fundierung ist eine generelle Aussage über das Niveau der Elastizitäten mit großen Schwierigkeiten behaftet. Hier wird lediglich die oben dargestellte Erkenntnis vorausgesetzt, daß die Elastizität von p in der Regel größer ist als jene von f (d.h. $\alpha > \beta$). Die Verknüpfung mit dem Ressourcenverbrauch verdeutlicht wiederum das Wahlproblem der Handelsunternehmung. Maßnahmen zur Erhöhung der Sanktionswahrscheinlichkeit sind mit hohem Faktorverzehr verbunden, die relative Wirksamkeit ist jedoch höher als bei einer Erhöhung der Sanktionsschwere.

Die Suche nach der kostenminimalen Realisation eines bestimmten Erwartungswertes der Sanktion E_S muß daher durch die Suche nach jener Iso-Wirkungsfunktion substituiert werden, die Punkte gleicher Präventionswirkung abbildet. Diese Punkte sind dann wiederum mit einem minimalen Kostenbudget zu verknüpfen. Die Gestalt dieser Wirkungsfunktionen dürfte für verschiedene Personengruppen äußerst heterogen strukturiert sein.

Die Untersuchungen von Korrelationen zwischen der Wahrnehmung von Ausprägungen der Variablen des Sanktionsdesigns und der Verhaltensmotivation basieren auf einer vereinfachten Darstellung des Verhaltens von Delinquenten, speziell ihrer Wahrnehmung. Die 'deterrence hypothesis' konzeptualisiert folglich eine Modellstruktur der Wahrnehmung. Mit Wahrnehmung wird der Prozeß der Aufnahme und Verarbeitung von Informationen über die Welt durch ein Individuum bezeichnet[80]. Die 'deterrence hypothesis' unterstellt

---

[80] Vgl. Nieschlag/Dichtl/Hörschgen (1991), S. 267.

einen eindeutigen Weg, mit dem Stimuli im Rahmen des unbeobachtbaren Informations-verarbeitungsprozesses in der Black-Box in beobachtbares Verhalten umgesetzt werden. Es wird unterstellt, daß der Erwartungswert der Strafe E_S und die Neigung zur Begehung von Delikten negativ miteinander korreliert sind. Nähere Aussagen über die Black-Box, bei-spielsweise durch operationalisierte hypothetische Konstrukte, werden nicht gemacht.

Diese simplifizierte Darstellung eines Reiz-Reaktionsmusters mag nicht befriedigen. Er-weiterungen der rein utilitaristisch bzw. ökonomisch verfaßten Betrachtungsweise des Ver-haltens von Delinquenten sind daher sinnvoll. Die Kritik am neoklassischen Menschenbild erfaßt auch die Economics of Crime, wie diesbezügliche Diskussionsbeiträge zeigen[81]. Bei der Wahrnehmung der Stimuli werden diese mit dem subjektiven Bezugssystem einer Person konfrontiert[82]. Dabei interagieren rein ökonomische Faktoren mit Einflüssen der moralisch-ethischen Prägung einer Person (Abbildung Z.9).

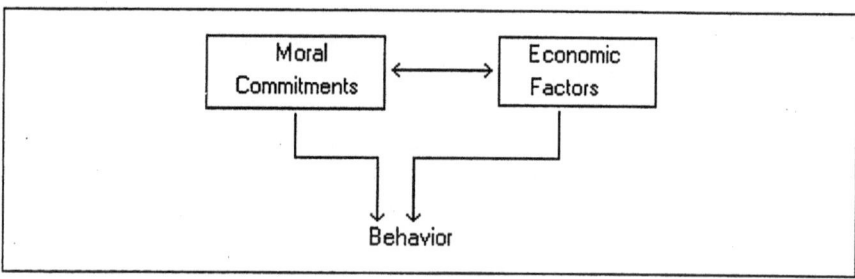

Abb. Z.9: Einfluß der moralisch-ethischen Prägung[83]

Schwellen individueller Moral[84] können auch völlig unabhängig von der tatsächlichen Aus-prägung eines Sanktionsdesigns zur Nichtbegehung von Delikten führen. Die starke Zu-nahme von Straftaten gegen das Eigentum in Handelsunternehmen mag daher in weit geringerem Maße auf die Ausprägung des Sanktionsdesigns zurückzuführen sein, als viel-fach vermutet wird. Eine Veränderung im Wertesystem der Klientel führt dazu, daß auf-grund von internalisierten Werten zuvor ausgeschlossene Verhaltensoptionen nun durchaus in Betracht gezogen werden. Es ist zu prüfen, welche Substitutionsbeziehungen zwischen 'moral commitments' und 'economic factors' bestehen. Sanktionsdesigns wirken im Sinne der Nachfragetheorie zunächst nur auf 'economic factors' der Straftat ein, d.h., der

---

[81] Vgl. Etzioni (1988), S. 241; Grasmick, Harold/Green, Donald: Deterrence and the Morally Committed, in: Sociological Quarterly, Vol. 22, No. 1, 1981, S. 6.

[82] Vgl. Nieschlag/Dichtl/Hörschgen (1991), S. 267.

[83] In Anlehnung an Etzioni (1988), S. 64.

[84] Vgl. Berlitz u. a. (1987), S. 23.

(unsichere) Preis der Straftat wird erhöht. Das Strafrecht soll daher vermehrt jene Defizite der Verhaltenssteuerung ausgleichen, die durch den 'Werteverfall' hervortreten. Das setzt voraus, daß zumindest eine periphere Ersetzbarkeit von 'moral commitments' durch 'economic factors' gegeben ist. Wird diese Ersetzbarkeit unterstellt, dann führt dieser Substitutionsprozeß zu erhöhtem Ressourcenverbrauch, denn das strafrechtliche Anreizsystem wird über private bzw. staatliche Faktoreinsätze erzeugt. Das muß dagegen bei der Herausbildung von internalisieren Werten nicht unbedingt der Fall sein.

4.2.6 Rationalitätspostulat contra Willensschwäche

Die ökonomisch-utilitaristische Darstellung des Verhaltens von Delinquenten findet ihre Entsprechung in der ökonomischen Theorie durch ein spezifisches Verständnis von Rationalität. Die implizit zugrundeliegende Rationalitätsprämisse soll im folgenden einer Prüfung unterzogen werden. Dazu werden idealtypisch drei Arten der Rationalität unterschieden.

Typ A: Rationalität des homo oeconomicus:
Dieser Typus entspricht dem Ansatz, der in der neoklassischen Mikroökonomie zugrundegelegt wird und auch in der normativen Entscheidungstheorie von Bedeutung ist[85]. Danach sind Wirtschaftssubjekte in der Lage, ihren Nutzen (bei Sicherheit) bzw. den Erwartungswert des Nutzens (bei Risiko) zu maximieren und die hierfür notwendigen Prozesse der Informationsaufnahme und Informationsverarbeitung ohne Restriktionen durchzuführen.

Typ B: Bounded Rationality:
Die Kritik an den neoklassischen Darstellungen zur Rationalität hat zu verhaltenswissenschaftlich fundierten Theorieansätzen geführt, die Beschränkungen des Wissens, der Informationsverarbeitungskapazität und der Vergleichbarkeit von Alternativen diskutieren. Dem Ziel der Nutzenmaximierung wird die Realisierung von Anspruchniveaus (Satisfizierung) gegenübergestellt. Auch wird im Gegensatz zum neoklassischen Ansatz der Prozeß der Entscheidungsfindung stärker betont[86].

---

[85] Vgl. Schuhmann (1987), S. 76.
[86] Vgl. Simon, Herbert (1987).

Typ C: Grundsätzlich rationales Handeln, aber Option der Willensschwäche:
Entscheider sind prinzipiell zu rationalem Handeln in der Lage, besitzen jedoch temporär auch eine Neigung zur Irrationalität[87]. Das aus der Philosophie bekannte Problem der Willensschwäche ('akrasia') konzeptualisiert ein kurzfristiges Verhalten, das den langfristigen Interessen einer Person entgegensteht und vorgenommen wird, obwohl eine Person die langfristigen Folgen einer Entscheidung kalkulieren kann bzw. könnte[88]. Während nicht-rationales Verhalten aus reinem logischen Unwissen entsteht, resultiert Irrationalität aus "Störeinwirkungen des Affekts"[89]. Affekte begünstigen kurzfristige Befriedigung statt langfristiger Optimierung[90].

Die Annahme der Rationalität nach Typ A erfordert idealistische Annahmen über die Fähigkeit potentieller Delinquenten, Nutzen und Kosten von Delikten zu bewerten. Die Verfügbarkeit von Information bezüglich der Variablen des Sanktionsdesigns ist im Regelfall unvollkommen und asymmetrisch, wie oben ausgeführt wurde. Die Neoklassik setzt "perfekte Rationalität"[91] der Individuen voraus. Aus verhaltenswissenschaftlicher Sicht liegt es daher nahe, dem Typus B (bounded rationality) eine höhere Erklärungskraft beizumessen. Erweitert wird das Spektrum zur Erklärung des Verhaltens von Delinquenten, wenn eingeräumt wird, daß die Rationalität eines Entscheiders nur einen begrenzten Einfluß auf sein tatsächliches Verhalten besitzt[92]. In diesen Fällen kann ein Sanktionsdesign auch irrelevant für die Entscheidung eines Delinquenten zur Begehung eines Deliktes sein.

Der Vergleich alternativer Konzepte der Rationalität der Art A und B soll hier nicht weiter fortgeführt werden, da diese Auseinandersetzung in der Literatur hinreichend dokumentiert ist[93]. Von besonderem Interesse für die vorliegende Themenstellung ist vielmehr Typ C.

Es ist ein Charakteritikum der Kundendelikte, daß im Gegensatz zu anderen strafbaren Handlungen (z. B. Raub, Einbruchdiebstahl, u. ä.) breite Gesellschaftsschichten als Täter beteiligt sind. So sind bezüglich Geschlecht, Altersgruppe und sozialer Schicht zwar ge-

---

[87] Vgl. Kliemt, Hartmut: Selbstbindung und Selbstverwirklichung - Ökonomische Analyse der Moral, in: Ökonomische Verhaltenstheorie, hrsg. von Bernd-Thomas Ramb und Manfred Tietzel, München 1993, S. 281-308, hier S. 302.

[88] Vgl. Selten, Reinhard: Bounded Rationality, in: JITE, December 1990, Vol. 146, No. 4, S. 649-658, hier S. 651; Thorp, John: Akrasia, in: The Encyclopedic Dictionary of Psychology, hrsg. von Rom Harré and Roger Lamb, Oxford 1983, S. 17.

[89] Cohen, Percy S.: Rationalität, in: Handbuch wissenschaftstheoretischer Begriffe, Band 3, hrsg. von Josef Speck, Göttingen 1980, S. 531-537, hier S. 531.

[90] Vgl. Cohen (1980), S. 532.

[91] Vgl. Richter (1991), S. 400.

[92] Vgl. Selten (1990), S. 652.

[93] Vgl. insbesondere JITE (1990), Vol. 146, No. 4.

wisse Schwerpunkte festzustellen, aber prinzipiell sind Delinquenten mit den verschiedensten Merkmalsausprägungen vertreten ("Volkssport"). Daß Delinquenten auftreten, die ansonsten in ihrem Lebensweg niemals mit dem Strafrecht in Konflikt gekommen sind, ist ein besonderes kriminologisches Charakteristikum[94].

Es stellt sich daher die Frage, warum Menschen, die offensichtlich normalerweise in der Lage sind, eine Konfrontation mit den Bestimmungen des Strafrechts zu vermeiden, ausgerechnet in den Einkaufsstätten des Einzelhandels zu Tätern werden. Neben der Möglichkeit, dieses Verhalten auf objektiv bzw. subjektiv günstige Bedingungen zurückzuführen (Paradigma der Nutzenmaximierung bei einem unzureichend ausgestalteten Sanktionsdesign), kann auch temporäre Willensschwäche als Erklärungsmuster Verwendung finden. Die nach normativer Rationalität strebende Wirtschaftswissenschaft antizipiert die Möglichkeit solcher Irrationalität in der Regel nicht, da die Forschungsperspektive üblicherweise in der Suche nach der rationalen (zieloptimalen) Lösung eines Entscheidungsproblems besteht. Bei einem Teil der Täter kann jedoch diese (temporäre) Irrationalität einen fruchtbaren Erklärungsansatz bieten. Die empirische Praxis zeigt, daß auch wegen geringwertiger Artikel Delikte riskiert werden, obwohl der entgeltliche Erwerb keineswegs durch die individuelle Budgetrestriktion behindert gewesen wäre. Manche Autoren sehen Parallelen zwischen dem Impulskauf in Einzelhandelsunternehmen und impulsiven Delikten - d.h. die Bedingungen für affektgesteuertes Kaufen fördern u. U. auch das affektgesteuerte Stehlen[95].

Für Handelsunternehmen ergeben sich aufgrund der verhaltenswissenschaftlichen Erkenntnisse mehrere Schlußfolgerungen. Zunächst wird offensichtlich, daß Maßnahmen zur Erhöhung der Sanktionswahrscheinlichkeit eine höhere Wirksamkeit erwarten lassen als Maßnahmen, die zu einer Steigerung der Sanktionsschwere führen. Speziell Aktivitäten, die einer Verbesserung der ex-ante-Prävention dienen, werden von Handelsunternehmen in verstärkten Maße eingesetzt werden müssen, um die Akzeptanz des Sanktionsdesigns bei weiten Kundenschichten zu erreichen. Es sollte verhindert werden, daß das Hervortreten der Willensschwäche von Konsumenten begünstigt wird. Dieses Ziel wird erreicht durch Kombinationen von erhöhter Sanktionswahrscheinlichkeit und verstärkter ex-ante-Prävention.

Die vordergründig ökonomische Vorteilhaftigkeit der Substitution von Sanktionswahrscheinlichkeit durch Sanktionsschwere erweist sich als wenig taugliche Strategie, weil

---

[94] Die oft schillernde Darstellung der Handelspraxis reicht von der 'frustrierten Hausfrau' über den 'gutbürgerlichen Renter' bis zur 'delinquenten Millionärsgattin'.

[95] Vgl. Russell, Donald H.: Emotional Aspects of Shoplifting, in: Psychiatric Annals, Vol. 3, May 1973, S. 77-79.

die Verhaltenswirksamkeit dieser Substitution äußerst gering ist, mithin numerisch gleiche Erwartungswerte der Sanktion nicht identische Ergebnisse bezüglich der Generalprävention erzeugen. Es besteht sonst die Gefahr, daß vermehrt Delinquenz auftritt, die zwar potentiell im Wege der ex-post-Sanktion internalisiert werden kann, jedoch ist die Akzeptanz dieser Lösung beim breiten Publikum nicht zu erwarten. Schließlich ist aufgrund der Budgetrestriktion des Staates ein vermehrter Einsatz staatlicher Faktoreinsätze wenig wahrscheinlich. Daraus resultiert, daß die Handelsunternehmen nicht nur bedingt durch die Erhöhung der Sanktionswahrscheinlichkeit, sondern auch wegen der geringen Partizipation des Staates bei diesen Bemühungen mit steigendem Ressourcenaufwand für die Erzeugung von Sanktionsdesigns rechnen müssen.

4.3 Segmentierungs- und Konditionierungsprobleme

4.3.1 Segmentierungsproblem in informationsökonomischer Perspektive

Maßnahmen der Prävention und Sanktion dienen der Handelsunternehmung zur Durchsetzung der vom institutionellen Rahmen (Rechtsordnung) garantierten Eigentumsrechte. Die Maßnahmen erfordern einen Segmentierungsprozeß: Ehrliche Kunden sollen von jenen Besuchersegmenten getrennt werden, die strafbare Handlungen begehen, korrekt arbeitende Arbeitnehmer sollen von betrügerischen Arbeitnehmern unterschieden werden. Elektronische Artikelsicherungssysteme sollen beispielsweise nur auf jene Kunden durch einen Warnton aufmerksam machen, die tatsächlich ein Delikt begangen haben.

Diese Segmentierungsprobleme sind in den Wirtschaftswissenschaften aus dem Bereich der Marktsegmentierung bekannt. Bei der Marktsegmentierung der ersten Stufe sollen beispielsweise die Käufer (Verwender) von den Nichtkäufern (Nichtverwendern) getrennt werden, während auf der zweiten Stufe die Käufer in homogene Segmente eingeteilt werden[96]. Käufer mit ähnlichen individuellen Reaktionsfunktionen können dann in homogene Segmente zusammengefaßt und entsprechend bearbeitet werden[97].

Für die Einkaufsstätten des Einzelhandels ist speziell bei Kundendelikten dieser Zwang zur Segmentierung mit großen Problemen verbunden. Aus einer ex-ante-Perspektive, d.h., bevor eine Person ein Delikt begangen hat, kann die Grundgesamtheit der eine Betriebsstätte des Handels betretenden Personen nur sehr unzureichend eingeordnet werden. Das Recht auf Zutritt besteht aber im Handel grundsätzlich ohne weitere Prüfung von Eigenschaften

---

[96] Vgl. Freter (1983), S. 20.
[97] Vgl. Freter (1983), S. 29.

der Person[98]. Auch wenn Diebstahlsdelikte im Handel von sehr heterogenen Tätergruppen begangen werden, so gibt es doch bestimmte Häufungen von Eigenschaften bei ertappten Delinquenten. Die eigenschaftsbezogene Untersuchung von Tätern ist im Rahmen der empirischen Forschung zum Thema 'Ladendiebstahl' durch eine Vielzahl von Publikationen dokumentiert und wird auch in den Statistiken des Bundeskriminalamtes berücksichtigt[99]. Die Kenntnis typischer Eigenschaftsprofile von Tätern kann zwar für die Arbeit von Ladendetektiven genutzt werden, aus juristischen Gründen jedoch nicht als generelle Methode der Zutrittssteuerung verwendet werden.

Zwar wird gemäß § 123 I StGB Hausfriedensbruch mit Strafe bedroht. Dieser Tatbestand ist jedoch für Besucher einer Betriebsstätte des Handels nur unter bestimmten Umständen verwirklicht, wie die folgenden Zitate zum Hausfriedensbruch verdeutlichen:
"Eindringen bedeutet das Betreten gegen den Willen des Berechtigten."
"Gegen den Willen des Hausrechtsinhabers wird dann nicht verstoßen, wenn dieser mit der Verletzung des Hausrechts einverstanden ist."
"Ein Einverständnis liegt z. B. vor ... bei der Aufforderung zum Besuch von Verkaufsräumen."
"Die generelle Erlaubnis deckt auch das Betreten der Räume zu widerrechtlichen Zwecken (Kaufhausdieb), aber nur so lange keine Funktionsstörung vorliegt."[100]

Handelsunternehmen können folglich auch aus juristischen Gründen nicht beliebig den Zutritt verwehren. Zutritt wird in der Regel unabhängig von den spezifischen sichtbaren oder unsichtbaren Eigenschaften der Besucher ermöglicht. Welche Eigenschaften sind es nun, die hier subsumiert werden?

---

[98] Gewisse Ausnahmen existieren, so bei Personen, für die ein Hausverbot erteilt wurde. Diese Möglichkeit wird jedoch von den Gerichten restriktiv gehandhabt. Vgl. entsprechende Verweise zur jüngeren Rechtsprechung im zweiten Kapitel dieser Arbeit. Beim Personal der Handelsunternehmen könnte, zumindest was Kassiertätigkeiten angeht, vor dem Abschluß des Arbeitsvertrages nach eventuellen Vorstrafen gefragt werden.

[99] Vgl. stellvertretend Dörmann, Uwe: Statistik des Ladendiebstahls, in: Problem Ladendiebstahl, hrsg. von Armin Schoreit, Heidelberg 1979, S. 51-67, besonders S. 58-65; Polizeiliche Kriminalstatistik 1994, Berichtsjahr 1993, S. 152-153 mit Angaben zu Geschlecht und Nationalität; Zöllner (1979), S. 4-6.

[100] Tilch, Horst (Hg.): 'Hausfriedensbruch', in: Deutsches Rechts-Lexikon, Band 2, 2. Aufl., München 1992, S. 414.

Zu den eher durch visuelle Prüfung feststellbaren Eigenschaften gehören
- Geschlecht,
- Aussehen und Kleidung,
- Altersgruppe,
- mitgeführte Gegenstände (Kinderwagen, Sporttaschen, Aktentaschen, u. ä.).
Zu den eher unsichtbaren Eigenschaften gehören
- Einkommensniveau,
- für den Einkaufsgang vorgesehenes bzw. verfügbares Budget,
- eventuelle Vorstrafen,
- individueller Prohibitivpreis für bestimmte Waren
  (= subjektive Preisobergrenze im Kaufentscheidungsprozeß),
- Stammkunde oder Neukunde,
- Risikoeinstellung.

Als zusätzliches Problem ergibt sich, daß die scheinbar eindeutige Dichotomisierung in 'Täter' und 'Nicht-Täter' eine idealtypische Klassifikation darstellt. Es muß davon ausgegangen werden, daß bestimmte Kundensegmente sowohl gegen Faktorabgeltung Waren erwerben als auch im gleichen Einkaufsgang ein Delikt begehen. Festzuhalten bleibt, daß der allgemeine Zutritt für alle Personengruppen prinzipiell offen ist; erst ex-post kann sich herausstellen, ob ein Besucher einer Einkaufsstätte eine strafbare Handlung vornimmt. Inzwischen anscheinend selbstverständlich, erbringt der Handel die Informations-, Beratungs- und Sortimentsfunktion zunächst kostenlos für jeden Besucher der Einkaufsstätte. Hier entstehen Konstellationen, die Parallelen zu den Problemstrukturen öffentlicher Güter aufweisen[101]. Diese Zugangsöffnung in Betriebsstätten des Einzelhandels als Folge der Evolution über das Warenhaus und das Selbstbedienungsprinzip mit einer Faktorabgeltung erst nach Beendigung des Einkaufsganges ist in anderen Branchen keineswegs die Regel[102]. Nicht nur in Privathaushalten existieren erheblich schärfere Selektionskriterien für den Zugang in den Wohnbereich, auch Anbieter von Gütern oder Dienstleistungen, seien es öffentliche Schwimmbäder, Fluggesellschaften oder Opernhäuser, gewähren den Zutritt erst nach erfolgter Faktorabgeltung. Hier steuert die Opferbereitschaft der Konsumenten den Zugang auf eindeutige Weise, d.h., das verausgabte Budget entscheidet über den Zugang. Für den Einzelhandel besteht in dieser Hinsicht ein Dilemma, denn bei der engen Heranführung der Kunden an die Ware treten Zielkonflikte auf. Für den Handel ist es daher erforderlich, die Zugangsmöglichkeit möglichst offen zu halten und gleichzeitig potentielle Täter

---

[101] Vgl. Gümbel (1985a), S. 40-41.
[102] Im Versandhandel erhalten die Kunden keinen Zutritt zum Sortiment, dafür wird aber in der Regel der Rechnungsbetrag kreditiert.

nach Möglichkeit ex-ante vom Betreten der Verkaufsräume bzw. nach dem Betreten derselben von der Vornahme eines Deliktes abzuhalten. Wie kann dieses Ziel erreicht werden? Ansätze für eine Problembeschreibung auf der theoretischen Ebene liefert hierzu die Informationsökonomie.

Die Informationsökonomie beschreibt die Problembereiche, bei der eine Partei nur unvollkommene und asymmetrische Information bezüglich der Eigenschaften bzw. Handlungen der anderen Partei besitzt mit Begriffen wie 'moral hazard', 'hidden intention', 'hidden action' und 'hidden characteristics'[103]. Die Unsicherheit der Wirtschaftssubjekte in der Informationsökonomie ist in Unterscheidung von der Unsicherheitsökonomie eine endogene Größe und kann als Marktunsicherheit aufgefaßt werden[104]. Urspünglich hat dieser Theorieansatz vornehmlich Phänomene informationsbedingten Marktversagens[105] erklären wollen, findet aber inzwischen einen erheblich breiteren Anwendungsbereich[106].

Im Rahmen der Themenstellung der vorliegenden Arbeit ist es nun von Interesse zu prüfen, wie die in der Informationsökonomie vorgeschlagenen Konzepte des 'signalings', des 'screenings' und der 'self-selection' auf das Problem der Segmentierung von Besuchern einer Einkaufsstätte angewandt werden können. 'Screening' bedeutet, daß Information von der schlechter informierten Marktseite beschafft wird, während bei der 'self-selection' die schlechter informierte Marktseite Selbsteinordnungsmöglichkeiten für die andere Marktseite vorgibt[107]. Im Sinne der vorliegenden Arbeit bedeutet 'screening', daß die Handelsunternehmung Information über unbekannte Eigenschaften von Besuchern der Einkaufsstätte erhalten möchte, die auf die Disposition zu strafbaren Handlungen Hinweise ermöglichen. Der Mechanismus der 'self selection' soll bewerkstelligen, daß sich potentielle Delinquenten entweder (unfreiwillig und auch unbewußt) zu erkennen geben bzw. vom Besuch einer Einkaufsstätte wegen des Selbstwahlschemas a priori gänzlich ablassen. Um die Problemstellung zu verdeutlichen, wird im folgenden ein ähnlich gelagerter Beitrag von Jung/Spremann erläutert.

Jung/Spremann haben in einem sowohl empirisch wie theoretisch konzipierten Ansatz vorgeschlagen, Selektionsdesigns und signalgesteuerte Bedienungsstrategien über das

---

[103] Vgl. Spremann (1990), besonders S. 563 und S. 566.
[104] Vgl. Hopf (1983), S. 21; Hirshleiffer, J/Riley, S.: The Analytics of Uncertainty and Information - An Expository Survey, in: Journal of Economic Literature, vol. XVII (1979), S. 1375-1421, hier S. 1377.
[105] Vgl. Akerlof (1970).
[106] Vgl. exemplarisch die Konzeption eines informationsökonomischen Marketings: Kaas (1990).
[107] Vgl. Hopf (1983), S. 31.

Instrument der "Handelsform" zur Bewältigung von Transaktionsrisiken einzusetzen[108]. Die Handelsform (gemeint sind spezifische Betriebstypen des Handels) soll durch Profilierung die 'adäquaten' Kunden selektieren. Denn zum einen wird über die Handelsform determiniert, welche Signale gegenüber dem Kunden ausgesandt werden, zum anderen wird über die Handelsform die Art und Weise beeinflußt, wie auf Kundensignale reagiert wird. So könnte die Besitzerin einer hochpreisigen Modeboutique versuchen, über die Warenauslage einschließlich der jeweiligen Preisauszeichnung im Schaufenster nur jene Personen zum Besuch des Ladens anzureizen, die auch über das sortimentsspezifische Budget verfügen. Die Konzeption von Jung/Spremann bezieht sich auf Probleme, bei denen sich ex-post herausstellt, daß ex-ante mit einer Transaktion verbundene Erfolgserwartungen des Händlers nicht eingetreten sind (Transaktionsrisiko)[109]. Die Größe "Risk" dient als Maß für den risikobehafteten Anteil am Erfolg[110]. Einzelne Signale sollen Wahrscheinlichkeitsaussagen über das ex-ante unbekannte Kundenverhalten bzw. die unbekannten Kundeneigenschaften (z. B. Kaufbereitschaft, Zahlungsbereitschaft, Umtauschneigung) ermöglichen.

Nun werden Parallelen und Abweichungen des im Rahmen dieser Arbeit formulierten Theorieansatzes im Vergleich zu dem von Jung/Spremann vorgeschlagenen Konzept erläutert. Das Grundproblem weist zunächst Ähnlichkeiten auf: Bestimmte Personengruppen sollen ex-ante möglichst erfolgreich selektiert werden, so daß erfolgbringende ('gute') Transaktionen begünstigt werden, bei denen der ex-post realisierte Erfolg mit den Erfolgserwartungen möglichst übereinstimmt. Während jedoch bei Jung/Spremann sich die Selektion auf Kundeneigenschaften (z. B. Zahlungsbereitschaft oder Umtauschneigung) bezieht, die grundsätzlich zu gesetzlich nicht sanktionierten Verhaltensäußerungen führen (z. B. Nichtkauf trotz umfänglicher Beratung, oder Rückgabe von Ware), geht es im Rahmen der vorliegenden Arbeit um die signalgestützte Steuerung jener 'Kundensegmente', die die Bereitschaft mitbringen, Delikte vorzunehmen. Diese Besucher einer Einkaufsstätte besitzen versteckte Eigenschaften, was in der informationsökonomischen Forschung als 'hidden characteristics' bezeichnet wird.

In der Principal-Agent-Theorie wird vorgeschlagen, das Problem der 'hidden characteristics' von Agenten, die der Principal auswählt, mittels selektierender Anreizsysteme (genauer: payment schemes) zu lösen. Zwischen der Handelsunternehmung und den Besuchern der Einkaufsstätte liegt jedoch zunächst nur eine unverbindliche Beziehung vor,

---

[108] Vgl. im folgenden Absatz: Jung, Michael/Spremann, Klaus: Transaktionsrisiken, in: ZfB, 59. Jg. Heft 1, 1989, S. 94-112, hier S. S. 97.
[109] Vgl. Jung/Spremann (1989), S. 96.
[110] Vgl. Jung/Spremann (1989), S. 99.

die höchstens als 'impliziter Vertrag' kategorisiert werden kann. Potentielle Anreizmöglich-keiten sind gegenüber dem Personal daher eher gegeben als gegenüber den potentiellen Kunden. Wird die Handelsunternehmung als Prinzipal verstanden, dann wird deutlich, daß die Handelsunternehmung wegen der offenen Zutrittsmöglichkeiten nur beschränkte Mög-lichkeiten der Selektion und des Anreizes von Agenten besitzt[111].

Gesucht sind daher

- Signale, die als Hinweise auf die moralische
  Prädispositionen der Besucher einer Einkaufsstätte dienen,
- Signale, die von Seiten der Handelsunternehmung ausgehen
  und auf die Qualität des Sanktionsdesigns hinweisen, um
  potentielle Täter von der Tatbegehung abzuhalten,
- Selbsteinordnungsschemen, die potentielle Täter im Rahmen
  des Prozesses der self-selection dazu veranlassen, die
  jeweilige Einkaufsstätte nicht als Operationsfeld zu nutzen.

Signaling, das potentielle Delinquenten auf die Qualität des Sanktionsdesigns hinweisen soll, wird von Einkaufsstätten des Handels in der Praxis vielfältig betrieben. Dazu gehören Warnschilder, die auf eine lückenlose Ahndung von Delikten hinweisen, auffällig blinkende echte Kameras oder auch Kameraattrappen und schließlich Lautsprecherdurchsagen, in denen (oftmals sogar lediglich imaginäre) Ladendetektive in eine Abteilung gerufen werden. Insofern eröffnet eine asymmetrische Informationsverteilung auch auf Seiten der Handels-unternehmen einen Spielraum für Bluff über die wahren Ausprägungen des Sanktions-designs. Als problematischer sind Versuche einzuordnen, aus Signalen, die von Besuchern einer Einkaufsstätte ausgehen, auf deren Eigenschaften zu schließen. Hinweise auf Prädis-positionen und Eigenschaften von Besuchern einer Einkaufsstätte, die moralisches Verhalten bedingen, ergeben sich mit Hilfe von 'Reputation' und unter Nutzung sogenannter 'phänotypischer Signale'. Beim informationsökonomischen Instrument der 'Reputation' er-folgt die Extrapolation von in der Vergangenheit beobachteten Verhaltensmustern, während sich bei 'phänotypischen Signalen' ehrliche Individuen bezüglich ihrer Signale von unehrlichen Individuen unterscheiden lassen[112].

---

[111] Eine gänzlich andere Perspektive ergibt sich, wenn angenommen wird, daß die Kunden die Rolle des Prinzipals übernehmen, indem sie Transaktionsaufgaben an die Handelsunternehmung (= Agent) delegieren, vgl. Woratschek (1992), S. 101.

[112] Vgl. im folgenden Absatz: Kliemt (1993), S. 300-305 mit Verweis auf Frank, Robert H.: Beyond Self-Interest: Prisoner's Dilemmas and the Strategic Role of the Emotions, New York 1988.

Zunächst existiert möglicherweise 'Reputation', z. B. bei Besuchern einer Einkaufsstätte, die als zuverlässige Stammkunden persönlich bekannt sind. Optional sind Daten über vergangene Käufe und das dabei verausgabte Budget in einer Kundenkartei verfügbar. Verhalten in der Vergangenheit wird im Handelsunternehmen beobachtet und registriert, um darauf aufbauend Verhaltenserwartungen zu extrapolieren. In der hochpreisigen Boutique einer Kleinstadt mag Reputation von Bedeutung sein, in großflächigen Betriebsformen mit hoher Kundenfrequenz kann Reputation jedoch nur eine marginale Rolle spielen.

Der Mechanismus der Reputation kann durch Systeme von Kundenkarten unterstützt werden, die eine Zugangsberechtigung zur Einkaufsstätte bzw. sogar zu den nach ihrer Werthaltigkeit separierten Sortimentsteilen steuern[113]. Diese Kundenkarten schließen bestimmte Prüfungen von Eigenschaften der Kunden (z. B. Kontrolle des Personalausweises, Schufa-Auskunft, kundenbezogene Umsätze der Vergangenheit) mit ein, so daß als Konsequenz die Möglichkeit besteht, den Zutritt an spezifische Eigenschaftsmerkmale zu binden. Die rechtlichen Probleme einer diesgearteten Regelung werden hier nicht weiter untersucht. Weiterhin sind 'phänotypische Signale' geeignet, Menschen unterschiedlicher Eigenschaften zu separieren. Dazu müssen diese Signale bestimmte Charakteristiken[114] besitzen:

1) Imitationskosten-Prinzip:
Die Signale sollen schwer vortäuschbar sein - Imitation oder Vortäuschung sollen möglichst kostspielig sein.
2) Derivations Prinzip:
Die Signale entstehen aus Gründen, die mit der Signalübermittlung nichts zu tun haben.
3) Prinzip der vollständigen Enthüllung:
Wenn Individuen vorteilhafte Signale über sich selbst übermitteln, dann werden andere Individuen auch gezwungen, Signale über sich zu übermitteln, selbst wenn diese unvorteilhaft sind.

Zur Verdeutlichung eines potentiellen Signals dient das folgende Beispiel:
Ein Unterscheidungsmerkmal zwischen Delinquenten und ehrlichen Kunden liegt in der Tatsache begründet, daß Normalkunden üblicherweise den Blick auf die ausgelegten Waren

---

[113] So kann der Zugang zu einem Modeprogramm mit Designerkleidern bestimmten, mit dem erforderlichen Budget ausgestatteten Kunden vorbehalten werden.
[114] Vgl. Kliemt (1993), S. 303.

richten, während Diebe sich häufig umschauen, um zu prüfen, ob sie beobachtet werden[115].
Für den Ladendieb ist es zu kostspielig, das Signal ('Betrachten der Warenauslage mit ge-
senktem Blick') vorzutäuschen, da sich sonst die Wahrscheinlichkeit erhöht, ertappt zu
werden (Imitationskosten-Prinzip). Auch das Derivations-Prinzip trifft hier zu: Ehrliche
Kunden halten nicht den Blick in Richtung der Ware gesenkt, um sich eindeutig von Dieben
abzugrenzen, sondern um interessierende Ware zu begutachten.

Zur Weiterführung der Analyse wird einer Darstellung bei Frank gefolgt, der zwei
Qualitäten der Signale unterscheidet, um ehrliche Subjekte von unehrlichen Subjekten zu
unterscheiden[116]. Zum einen können die Signale absolute Zuverlässigkeit aufweisen
("perfectly reliable signal"). Dann ist es kein Problem, die dichotomen Gruppen zu trennen.
In der Praxis werden allerdings im Regelfall nur Signale beobachtet, die eine eingeschränkte
Zuverlässigkeit besitzen ("imperfect signals"). Gemäß der modelltheoretischen Darstellung
seien die Eigenschaften einer Person, die sie zur Gruppe der ehrlichen oder unehrlichen
Subjekte zählen läßt, nicht beobachtbar. Es seien aber Signale beobachtbar, die jedoch nicht
nur von der Eigenschaft des Subjektes selbst, sondern zusätzlich von einer normalverteilten
Zufallsvariable abhängen. Wird das beobachtbare Signal für eine Person i mit S_i bezeichnet,
dann errechne sich die Ausprägung des Signals als

(F.12) $S_i = \mu_i + \epsilon_i$,

wobei annahmegemäß gilt:

$\mu_i = \mu_H$, wenn eine Person ehrlich ist
$\mu_i = \mu_D$, wenn eine Person unehrlich ist
$\mu_H > \mu_D$; außerdem sei ϵ_i eine normalverteilte Zufallsvariable.

Bei zuverlässigen Signalen ist die Varianz von ϵ_i gleich Null, so daß mit Sicherheit von der
Beobachtung eines Signals auf die Eigenschaft (ehrlich oder unehrlich) einer Person geschlossen werden kann. Bei Signalen eingeschränkter Zuverlässigkeit wird angenommen,
daß die Varianz von ϵ_i erheblich ist, so daß S_i lediglich ein Wahrscheinlichkeitsmaß dafür
angibt, in welche Kategorie ein Subjekt einzustufen ist[117]. Solche Signale spielen nicht nur

[115] Vgl. Dörre, Reinhard: Ladendiebstahl - Die Problematik aus der Sicht des Einzelhandels, in: Problem Ladendiebstahl, hrsg. von Armin Schoreit, Heidelberg 1979, S. 69-76, hier S. 73; Lewison/DeLozier (1989), S. 314.
[116] Vgl. im folgenden Absatz: Frank, Robert H.: If Homo Economicus Could Choose His Own Utility Function, Would He Want One with a Conscience?, in: AER, Vol. 77, 1987, S. 593-604, hier S. 596.
[117] Vgl. Frank (1987), S. 596.

bei der Arbeit von Ladendetektiven eine Rolle, sondern auch bei der Einschätzung von Kunden durch das Verkaufspersonal. Eine Person mit einem Kinderwagen, der jedoch kein Kind enthält, oder eine mitgeführte große Waschmitteltrommel, die sich mit auffälliger Leichtigkeit tragen läßt, können Beispiele für Signale sein, die beim Überwachungspersonal zu erhöhter Aufmerksamkeit führen. Doch selbst Warntöne von Elektronischen Artikelsicherungssystemen ermöglichen keinen eindeutigen Rückschluß auf ein Delikt[118].

Sollen Maßnahmen gegen Delinquenz an das Vorliegen bestimmter Signale gekoppelt werden, so entsteht die Schwierigkeit, daß die Signale nur Wahrscheinlichkeitsaussagen ermöglichen. Im Einzelhandel folgt daraus das weite Problemfeld der Falschverdächtigungen, der Fehlalarme und des Mißverhaltens von Ladendetektiven mit unter Umständen juristischen Konsequenzen[119]. Sanktionsmaßnahmen, die auf unzuverlässigen Signalen beruhen, führen zu Image- und Goodwill-Problemen einer Einkaufsstätte.

4.3.2 Einfluß auf Image und Goodwill

Bemühungen, die der Erzeugung von Sanktionsdesigns dienen, können im Konflikt zu Maßnahmen der Gestaltung einer 'erlebnisorientierten Einkaufsatmosphäre' stehen. Eine höhere Präsenz von Wachpersonal und Sicherheitseinrichtungen wie Kameras und Warensicherungsanlagen führt möglicherweise bei potentiellen Kunden zu einem Gefühl der Überwachung und des Mißtrauens. So wurde festgestellt, daß Konsumenten beim Einsatz von EAS-Systemen[120] in erheblichem Maße mit Fehlalarmen konfrontiert werden und aus diesem Grund auch Einkaufsstätten aus ihrem evoked set streichen[121]. Auch wird zumindest beim älteren Publikum die Einsehbarkeit von Umkleidekabinen durch den Einsatz von Schwenktüren nicht unbedingt verkaufsfördernd wirken. Während auf der einen Seite eine Komplementarität zwischen der Abverkaufswirkung und der Anreizwirkung für Delikte - bedingt durch eine kundenfreundliche Warenpräsentation - existiert, besteht hier die Gefahr eines trade off: Verbesserungen der Sicherungsmaßnahmen können zu einer Verschlechterung der Einkaufsatmosphäre und mittelbar zu verminderten Abverkäufen führen.

---

[118] Vgl. ausführlich zu den Problemen dieser Anlagen: Wirsching, Rainer W.: Die unheimlichen Aufpasser: Warensicherungssysteme gegen Ladendiebstahl, Ingelheim 1985.

[119] Vgl. zur Mißhandlung von Kunden: Wirsching (1985), S. 207-224; zu unangemessenen Fangprämien: Loitz/Loitz (1987), S. 149-150; ausführlich zu generellen Problemen des Einsatzes von Kaufhaus-Detektiven: Wirsching, Rainer W.: Den Schnüfflern auf der Spur - Die geheimnisvolle Branche der Detektive, Ingelheim 1986, S. 221-341.

[120] Elektronisches Artikelsicherungssystem.

[121] Vgl. Dawson, Scott: Consumer Responses to Electronic Article Surveillance Alarms, in: Journal of Retailing, Vol. 69, Iss. 3, Fall 1993, S. 353-362.

Zöllner äußert in seiner Untersuchung die Meinung, daß Maßnahmen des Einzelhandels zur Diebstahlsbekämpfung im allgemeinen von Kunden nicht negativ bewertet werden und daher nicht zu Image-Problemen führen[122]. Hier wird dagegen die Auffassung vertreten, daß sich aus dem Einsatz der Sicherungsmaßnahmen erhebliche Probleme der Imagegestaltung ergeben, selbst wenn Besucher einer Einkaufsstätte Maßnahmen gegen Kundendelikte grundsätzlich befürworten. Dazu bedarf es zunächst grundlegender Begriffserläuterungen.

Der Begriff 'Goodwill' bezeichnet in den Wirtschaftswissenschaften das Vertrauenskapital, über das eine Unternehmung bei ihren aktuellen und potentiellen Kunden verfügt[123]. Von Gutenberg ist im gleichen Zusammenhang der Terminus 'akquisitorisches Potential' geläufig. Die Konsumentenforschung kennzeichnet mit 'Image' ein hypothetisches Konstrukt, das in mehreren Dimensionen die Einstellung von Konsumenten gegenüber einem Meinungsgegenstand ausdrückt[124]. Im Einzelhandel bezieht sich die Bewertung auf eine Einkaufsstätte oder auf eine Betriebsform und den Namen, unter dem die jeweilige Betriebsform am Markt auftritt[125].

Der Goodwill, der einer Einkaufsstätte entgegengebracht wird und das Image, das eine Betriebsform durch ihre einstellungsrelevanten Merkmale besitzt, werden auch durch die Ausgestaltung der Maßnahmen zur Deliktbekämpfung beeinflußt. Dazu sind zwei Ebenen von Bedeutung: Auf der ersten Diskussionsebene ist zu prüfen, wie Konsumenten spezifische Kundendelikte, die in Handelsunternehmen begangen werden, bewerten. Auf der zweiten Diskussionsebene ist von Interesse, wie die von Handelsunternehmen eingesetzten Gegenmaßnahmen eingestuft werden.

Wilkes hat in einer verhaltenswissenschaftlichen Untersuchung dazu einen empirisch strukturierten Beitrag geleistet[126]. Dazu wurden "middle-income housewives"[127] bezüglich ihrer Einstellung zu spezifisch strafbaren Handlungen (insgesamt 15 Arten; vom geflissentlich übersehenen Kassierfehler über Preisbetrug bis zum reinen Diebstahl) im Einzelhandel befragt. Von besonderem Interesse ist hier, daß eine ganze Reihe von Konstellationen aus

---

[122] Vgl. Zöllner (1977), S. 169-170.
[123] Vgl. Simon, Hermann: Goodwill und Marketingstrategie, Wiesbaden 1985, S. 15.
[124] Vgl. Kroeber-Riel (1992), S. 161-166.
[125] Vgl. grundlegend zur Imageforschung: Heemeyer, Hermann: Psychologische Marktforschung im Einzelhandel, Wiesbaden 1981.
[126] Vgl. Wilkes (1978).
[127] Die Auswahl dieser Personengruppe ist positiv zu bewerten. Viele US-amerikanische Untersuchungen beschränken sich leider auf die naheliegende aber nur wenig repräsentative Gruppe der College- und Universitätsstudenten.

Konsumentensicht als nur geringes Vergehen eingestuft wurden[128]. Beispielsweise wurde die Änderung von Preisen durch Abkratzen von Preisschildern als wenig verwerflich eingestuft, wenn unter dem abgekratzten Preisschild ein Schild mit niedrigerem Betrag zum Vorschein kam. Auch die mißbräuchliche Inanspruchnahme von Garantieleistungen ist für einen breiten Kreis der Respondenten ein tolerierbares Verhalten. Dagegen wird Diebstahl, Umtausch benutzter Gegenstände und Scheckbetrug mit Majorität als Vergehen verurteilt. Guffey u. a kommen in ihrer Untersuchung zu dem Ergebnis, daß Konsumenten eine bestimmten Schwelle bezüglich des Wertes einer Ware annehmen, ab dem die unentgeltliche Wegnahme eines Gegenstandes erst als Diebstahl eingestuft wird[129].

Nachdem die Bewertung von Kundendelikten durch Konsumenten analysiert wurde, stellt sich nun die Frage, welche Gegenmaßnahmen seitens der Handelsunternehmung von Konsumenten als adäquat angesehen werden. Eine generelle Ablehnung betraf die Einschaltung von staatlichen Ermittlungsbehörden, auch beim als Vergehen eingestuften Diebstahl[130]. Für die oben beschriebene Tat des Preisbetrugs waren sogar viele Befragte der Meinung, die einzige Gegenmaßnahme solle in besseren präventiven Maßnahmen der Handelsunternehmung liegen, um die Gelegenheit gar nicht erst aufkommen zu lassen[131]. Gegenmaßnahmen wie die Inspizierung von Umkleidekabinen, bestimmte Spiegelarten und TV-Überwachung werden teilweise als unangenehm und als das Kauferlebnis störend empfunden[132]. Etwa 15 Prozent der Respondenten in der Untersuchung von Guffey u. a. sagten aus, daß die eingesetzten Methoden zur Prävention von Eigentumsdelikten die Auswahl der Einkaufsstätte definitiv beeinflussen[133].

Als Gründe für die relativ große Toleranz der Konsumenten für Straftaten im Handel sind hervorzuheben[134]:
- der unterschwellige Ausbeutungsverdacht[135] ("Business Deserves It"),
- die Einstufung von Kundendelikten als nicht-kriminelles Verhalten ("Non-Criminal Perception") und
- das nach Einschätzung der Konsumenten 'fahrlässige' Verhalten ("business negligence") der Handelsunternehmen bezüglich ihrer Sicherheitsvorkehrungen.

---

[128] Vgl. Wilkes (1978), S. 69-71.
[129] Vgl. Guffey u. a. (1979), S. 79 und S. 83.
[130] Vgl. Wilkes (1978), S. 72.
[131] Vgl. Wilkes (1978), S. 72.
[132] Vgl. Guffey u. a. (1979), S. 85.
[133] Vgl. Guffey u. a. (1979), S. 85.
[134] Vgl. Wilkes (1978), S. 73.
[135] Vgl. zu dieser Problematik ausführlich: Gümbel (1985a), S. 19-23.

125

Aufgrund dieser Ergebnisse wird evident, daß im Einzelhandel Zielkonflikte zwischen der Intensität der Sicherungsmaßnahmen und der Herausbildung eines vorteilhaften Goodwills gegenüber den Einkaufsstätten nicht vermieden werden können (Abbildung Z.10).

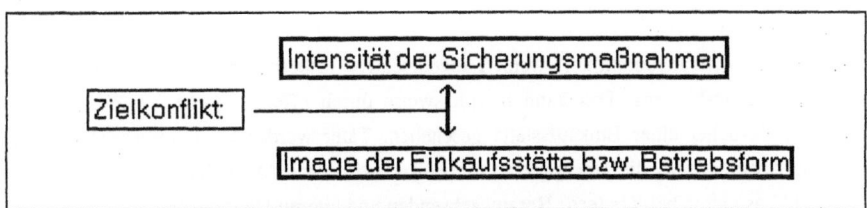

Abb. Z.10: Potentieller Zielkonflikt von Sicherungsmaßnahmen

Wie oben ausgeführt wurde, sind weithin nur unzuverlässige Signale vorhanden, die auf eine Straftat schließen lassen. Jede Falschverdächtigung von Kunden kann daher jenen Goodwill wieder zerstören, der durch Einsatz der Marketing-Instrumente mit hohem Aufwand aufgebaut wurde. Hier kann es zu dem kommen, was anschaulich als 'badwill' bezeichnet werden kann.

Der Zielkonflikt führt zu eindeutigen Verhaltenskonsequenzen der Handelsunternehmen. Beim Einsatz von Ladendetektiven wird nicht nur auf Erfolge, sondern auch auf korrektes Verhalten geachtet[136]. Der Versuch, eine hohe Servicequalität in Handelsunternehmen zu erzeugen, umfaßt auch den sensiblen Bereich der Abwicklung begründeter oder unbegründeter Tatverdächtigungen. Gerade größere Handelsunternehmen, die eine Betriebsform durch absatzpolitische Instrumente als Marke etablieren, bewegen sich hier in einem Aktionsfeld, das zu negativen Konsequenzen für die Wahrnehmung einer Marke führen kann, wenn ein negativer Goodwill-Transfer resultiert. Zwar kündigen Handelsunternehmen regelmäßig an, daß jeder Diebstahl zur Anzeige gebracht wird. Tatsächlich wird nicht in allen Fällen dieser Weg beschritten[137].

In diese Argumentation fügt sich auch das Rollenmodell ein, das von Murphy[138] für Ladendetektive entwickelt wurde. Dazu unterscheidet er idealtypisch drei, nicht notwendigerweise exklusive Rollenbilder, die Ladendetektive annehmen können:

---

[136] Vgl. Wirsching (1986), S. 264.
[137] Vgl. Wirsching (1986), S. 312, Blankenburg (1979), S. 42.
[138] Vgl. im folgenden: Murphy (1986), S. 174-175.

- Law-Enforcement-Officer:

Dieser Typus setzt die Eigentumsrechte der Handelsunternehmung gezielt durch, indem er Delinquenten aufspürt, festnimmt, interviewt und den Strafverfolgungsbehörden übergibt.

- Peace Officer:

Diese Rolle wird angenommen, wenn Ladendetektive insbesondere präventiv versuchen, Straftaten zu verhindern. Das kann beispielsweise durch offensichtliche Verfolgung verdächtiger Besucher einer Einkaufsstätte geschehen. Täter werden zwar aufgegriffen, aber auf eine Anzeige bzw. die Übergabe an die Polizei wird nach Möglichkeit verzichtet. Dies geschieht besonders bei Kindern, Heranwachsenden und älteren Delinquenten.

- Moral Entrepreneur:

Ladendetektive dieser Kategorie versuchen den Delinquenten durch 'moralische Belehrung' die Unrechtmäßigkeit ihres Tuns zu verdeutlichen.

Wegen potentieller Goodwill-Probleme ist die Rolle des "Peace Officers" besonders vorteilhaft. Dem entgegen stehen jedoch Anreizsysteme des Handels, die die Arbeitsleistung der Detektive nach Maßgabe der Anzahl ertappter Delinquenten bewerten[139]. Die hieraus resultierende 'Kopfgeldjäger-Mentalität' ist der Zielrichtung der absatzpolitisch gerichteten Instrumente des Handels eher entgegengestzt und in der Lage, die Herausbildung des Typus des 'Law Enforcement Officers' zu fördern. Dann wird statt ex-ante-Prävention die ex-post-Sanktion verstärkt, u. U. sinkt der Anreiz von Detektiven, dazu beizutragen, Delikte im Vorfeld ihrer Entstehung zu verhindern. Bei dem aufgezeigten trade off von Sicherungsintensität und Image einer Einkaufsstätte handelt es sich de facto um das Ergebnis einer Konditionierung.

---

[139] Bezogen auf die tatsächliche Sicherheitsproduktion ist dieses Output-Maß ein eher zweifelhafter Erfolgsmaßstab. Siehe dazu das fünfte Kapitel dieser Arbeit.

4.3.3 Verhaltenssteuerung als Konditionierungsproblem

Die Perspektive, Kunden als Delinquenten und nicht als umworbene Abnehmer zu betrachten, ist in der Konsumentenforschung nicht lehrbuchüblich. Dem steht nicht entgegen, das Instrumentarium der Konsumentenforschung auf den vorliegenden Themenkreis anzuwenden. In der Konsumentenforschung wird unter dem Begriff 'emotionale Konditionierung' eine Sozialtechnik verstanden, mit der (potentielle) Kunden beeinflußt werden können[140]. Während emotionale Konditionierungsbemühungen herkömmlicher Art darauf gerichtet sind, ein bestimmtes Tun (Kauf von Ware) zu fördern, stellt das Problemfeld der Eigentumsdelikte die Unternehmen vor die Aufgabe, ein bestimmtes Unterlassen zu erreichen (Abbildung Z.11).

Konditionierung gerichtet auf	Erwünschtes Verhalten	Mittel
ein Tun	Kauf von Ware	absatzpolitische Instrumente
ein Unterlassen	Nichtvornahme von Delikten	Sicherungsmaßnahmen

Abb. Z.11: Ziele der Konditionierung

Parallel müssen sowohl ein bestimmtes Verhalten bestärkende als auch ein bestimmtes Verhalten schwächende Konditionierungen erzielt werden. Die Verstärkung und Abschwächung von Verhalten ist in der Konsumentenforschung Gegenstand von Lerntheorien[141]. Lerntheorien können klassifiziert werden in Stimulus-Response-Theorien sowie kognitive und soziale Lerntheorien[142]. Stimulus-Response-Theorien umfassen wiederum zwei grundsätzliche Arten von Erklärungsansätzen. Zum einen das "Lernen nach dem Kontiguitätsprinzip" (klassische Konditionierung: Reiz -> Reaktion), zum anderen das "Lernen nach dem Verstärkungsprinzip" (operante Konditionierung: Reaktion -> Reiz).

Die in Handelsunternehmen erforderliche Konditionierung umfaßt sowohl eine positive als auch eine negative Verstärkung von Reaktionen. Eine Reaktion gilt im Lichte der S-R-Theorien[143] als positiv verstärkt, wenn die Wahrscheinlichkeit, daß ein Subjekt eine bestimmte Reaktion auf einen bestimmten Reiz folgen läßt, sich erhöht hat. Entsprechend wird eine Reaktion als negativ verstärkt angesehen, wenn sich diese Wahrscheinlichkeit

---

[140] Vgl. Krober-Riel (1992), S. 124-125.
[141] Vgl. Staehle, Wolfgang: Management, 6. Aufl., München 1991, S. 188.
[142] Vgl. im folgenden Absatz: Staehle (1991), S. 189-194.
[143] Vgl. Staehle (1991), S. 192.

vermindert hat. Den Hintergrund dieser Theorie bildet das Effektgesetz von Thorndike, nach dem belohnte Aktivitäten tendenziell verstärkt und bestrafte Aktivitäten tendentiell geschwächt werden[144].

Wenn Maßnahmen der positiven und negativen Verstärkung nicht unabhängig voneinander sind, dann kommt es zu Zielkonflikten. Beispielsweise schafft die direkte Zugriffsmöglichkeit der Konsumenten auf weite Teile des Sortiments eine Atmosphäre, die Impulskäufe zu fördern in der Lage ist, jedoch kann das Interesse für eine spezifische Ware auf dem gleichen Weg zur Inbesitznahme ohne Faktorabgeltung führen. Impulsverhalten ist ein unmittelbar reizgesteuertes Auswahlverhalten, das normalerweise unmittelbar auf die Wahrnehmung eines Produktes folgt[145]. Die starke Reizabhängigkeit und das Zurücktreten kognitiver Prozesse ist beim Impulsverhalten insofern von Bedeutung, als u. U. die Kalkulation der Folgen einer Straftat unterbleibt. Wenn die Handelsunternehmung ein bestimmtes Sanktionsdesign verwirklicht und die Konsumenten bei impulsiven Reaktionen dieses Sanktionsdesign nicht in ihren Entscheidungsprozessen berücksichtigen, dann ist die präventive Funktion des Sanktionsdesigns außer Kraft gesetzt. In dieser Konstellation folgen Täter dem Modus des durch akrasia beeinflußten Rationalverhaltens. Daraus erklärt sich die Notwendigkeit zur ex-post-Sanktion, der jedoch (s.o.) weite Kreise der Konsumenten kritisch gegenüberstehen.

Als Ergebnis soll hier festgestellt werden, daß die ökonomisch-technische Realisation von Sanktionsdesigns zu Wirkungen führt, die als nicht unabhängig von den Zielrichtungen der traditionellen absatzpolitischen Instrumente eingestuft werden müssen. Die Verwirklichung eines Subzieles wie z. B. der 'Minimierung der Inventurdifferenzen' kann der Verwirklichung eines Oberzieles wie z. B. der Umsatz- oder Gewinnmaximierung, entgegenstehen. In der Handelspraxis wird der Suchprozeß nach dem situativen Optimum wegen der Komplexität verhaltenswissenschaftlicher Wirkungsfunktionen eher heuristisch strukturiert sein.

4.4 Personaldelikte contra institutionalisierte Verhaltenserwartungen

Die Tatsache, daß ein bedeutsamer Teil der Gesamtheit der Delikte durch Mitglieder des Personals begangen wird, wird hier zum Anlaß genommen, um auf die Besonderheiten ein-

---

[144] Vgl. Thorndike, Edward L.: The Psychology of Learning, Vol. II, New York 1913, Kroeber-Riel (1992), S. 340.
[145] Vgl. Kroeber-Riel (1992), S. 384-386.

zugehen, die sich bei der Gestaltung von Sanktionsdesigns zur Abwehr von Personaldelikten ergeben. Aus organisatorischen Gründen bewegen sich Beschäftigte in Handelsunternehmen vielfach zwischen den ausgelegten Waren, so daß die potentiellen Möglichkeiten zur Begehung von Straftaten sehr umfangreich sind. Die folgende anschauliche Klassifikation[146] dient dazu, die Bandbreite der strafbaren Handlungen durch Mitglieder des Personals aufzuzeigen:

- Eater:

Ißt oder trinkt aus Beständen, die im Verkaufsraum vorzufinden sind.

- Smuggler:

Versucht, Ware aus den Verkaufsräumen herauszubringen, z. B. in Mülltüten oder in Kleidungsstücken eingehüllt.

- Discounter:

Gewährt unautorisierte Rabatte an Freunde oder Verwandte.

- Dipper:

Entwendet Geld aus der Kasse; entnimmt aus der Kasse Geld zwecks Umtauschs, obwohl die vermeintliche Ware nie zurückgegeben wurde; mißbraucht den Belegschafts-Rabatt.

- Embezzler:

Vertrauensperson (z. B. Filialleiter) 'bezahlt' fiktive Aushilfskräfte oder Lieferanten-Rechnungen; erhält Provisionen von Lieferanten für Einkaufsmengen, die den tatsächlichen Bedarf weit übersteigen.

- Partner:

Leistet Unterstützung für Dritte (z. B. Weitergabe von Information oder Schlüsseln) zur Vornahme von Straftaten und ist am 'Ertrag' der Delikte beteiligt.

- Stasher:

Versteckt Ware in der Hochsaison, um diese Ware in der Nebensaison zu einem reduzierten Preis zu erwerben.

Im Sinne der Anreiz-Beitrags-Theorie werden die Beschäftigten einer Handelsunternehmung als Organisationsteilnehmer verstanden. Daher wird geprüft, welche Möglichkeiten die Organisation zur Prävention bzw. Sanktion von Eigentumsdelikten besitzt. Gemäß der Anreiz-Beitrags-Theorie entschließt sich ein Individuum zur Teilnahme an einer Organisation, wenn die Anreize der Organisation den Beiträgen entsprechen oder diese überschreiten[147]. Für Arbeitnehmer können die Anreize materieller und auch immaterieller Art sein, z. B. Einkommen oder Prestige. Die Beiträge des Organisationsteilnehmers bestehen im we-

---

[146] Vgl. Lewison/deLozier (1989), S. 318.
[147] Vgl. March, James G./Simon, Herbert A.: Organizations, New York u. a. 1958; Staehle (1991), S. 399.

sentlichen aus der erbrachten Arbeitsleistung[148]. Die Kongruenz von Anreizen und Beiträgen wird in subjektiven Nutzengrößen gemessen und ist abhängig vom individuellen Anspruchsniveau des Individuums[149].

Erfolgreiche Delikte ermöglichen es den Beschäftigten, den Umfang der mit der Organisationsmitgliedschaft verbundenen Anreize zu erhöhen. Diese Verhaltensweise ist jedoch nicht kompatibel mit den Normen der Organisation. Normen können nach Luhmann als zeitlich generalisierte und vom Einzelfall unabhängige Verhaltenserwartungen verstanden werden[150]. Innerhalb der Organisation wird der Konsens mit den formalen Verhaltenserwartungen unterstellt - unabhängig von den individuellen Einstellungen der Mitglieder[151]. Die tatsächliche Normenkonformität eines Mitgliedes der Organisation hängt von verschiedenen Faktoren ab[152]:

- erwartete Sanktion bei Normenverletzung,
- Gruppenkohäsion,
- Internalisierung von Normen,
- Legitimität der Normen,
- Instrumentalität der Normen zur eigenen Bedürfnisbefriedigung,
- Konsistenz- und Widerspruchsfreiheit des Normensystems.

Handelsunternehmen versuchen nun, durch verschiedene Gegenmaßnahmen Personaldelikte einzudämmen. Die erste Option der Handelsunternehmung, um die Konformität mit dem Normensystem zu erreichen, liegt wiederum in der Gestaltung eines Sanktionsdesigns. Im Vergleich zur Prävention von Kundendelikten ist bei Personaldelikten eine größere Vielfalt von Reaktionen der Handelsunternehmung möglich, was aus der Tatsache resultiert, daß die Täter gleichzeitig auch Organisationsteilnehmer sind.

Sanktionen können unterschieden werden in formelle Sanktionen und informelle Sanktionen. Während die formelle Sanktion in beispielsweise strafrechtlichen Konsequenzen besteht, handelt es sich bei informellen Sanktionen um Reaktionen innerhalb der Organisation auf die Normenverletzung des Organisationsteilnehmers, zum Beispiel, wenn ein Delinquent durch die Tatbegehung in der Arbeitsumgebung ausgegrenzt wird.

---

[148] Vgl. Staehle (1991), S. 400.
[149] Vgl. Staehle (1991), S. 401.
[150] Vgl. Luhmann, Niklas: Funktionen und Folgen formaler Organisationen, 3. Aufl., Berlin 1976, S. 57.
[151] Vgl. Luhmann (1976), S. 68.
[152] Vgl. Staehle (1991), S. 254.

Die Bandbreite der formellen und informellen Sanktionen deckt ein breites Spektrum ab, zum Beispiel

- soziale Ächtung durch das übrige Personal,
- temporärer Ausschluß von bestimmten Anreizen (Entzug des Personalrabatts),
- Entzug von Befugnissen oder Verantwortung,
- Beendigung der Organisationsmitgliedschaft (Entlassung),
- strafrechtliche Konsequenzen.

Im Gegensatz zu Delikten, die von Kunden begangen werden, besteht bei Personaldelikten noch stärker die Neigung, aus Imagegründen auf formelle Sanktionen zu verzichten[153]. Ein weiterer Erklärungsansatz für den Verzicht auf formelle Sanktionen liegt in der Tatsache begründet, daß formelle Sanktionen durch eine abgestufte Bandbreite informeller Sanktionen ersetzt werden können. Diese Verhaltensoption ist bei der Ahndung von Kundendelikten in der Regel nicht gegeben.

Auch bei Personaldelikten hat besonders das Ausmaß der wahrgenommenen Sanktionswahrscheinlichkeit eine präventive Wirkung[154]. Aus der Perspektive der Organisationstheorie hat der alleinige Einsatz von Kontrollen und Sanktionen jedoch den Nachteil, daß keine positiven Anreize geschaffen werden, sich im Sinne der Organisation einzusetzen[155]. Handelsunternehmen setzten im Bereich der Personaldelikte neben Kontrollen auch positive Anreize ein. Beispielsweise erfolgt die Zahlung einer Pauschalprämie an das Personal, wenn die Inventurdifferenz gegenüber dem Vorjahr erfolgreich gesenkt werden konnte, oder es werden 'Fangprämien' für ertappte Kollegen ausgelobt[156]. Für eine Organisation, die Maßnahmen der ex-ante-Prävention präferiert, ist die letztgenannte Option eines Anreizsystems problematisch, da der Modus der ex-post-Sanktion gefördert wird. Außerdem sind die Wirkungen auf die Arbeitszufriedenheit, die Motivationsstruktur, das Organisationsklima und die Organisationskultur bei sanktionierenden Anreizsystemen zu bedenken.

Aus theoretischer Sicht können bestimmte Erscheinungsformen der Personaldelikte als der Versuch eines Individuums gedeutet werden, die subjektiv empfundene Unzulänglichkeit der organisationsspezifischen Anreize auszugleichen. Der Verbesserung der Relation von

---

[153] Vgl. Hollinger/Clark (1983), S. 403, Murphy (1986), S. 136, Minger (1974), S. 208.
[154] Vgl. Hollinger/Clark (1983), S. 407-408.
[155] Vgl. Laux (1990), S. 505.
[156] So bei Bloomingdale's in New York, wo für Hinweise auf delinquente Kollegen bis zu 2.500 US-$ ausgelobt wurden. Vgl. Solomon, David J.: Hotlines and Hefty Rewards: Retailers Step Up Efforts to Curb Employee Theft, Wall Street Journal, 17. September 1987, S. 37.

Anreizen und Beiträgen durch den Wechsel zu einer anderen Organisation können verschiedene Faktoren entgegenstehen. Beispielsweise fehlt einer Person die zum Wechsel erforderliche Qualifikation, oder Angebot und Nachfrage sind auf dem Arbeitsmarkt sehr unausgeglichen. Es besteht die Notwendigkeit, mangels Alternativen in der bisherigen Organisation zu verbleiben.

Diese Problematik mag insbesondere auf der operativen Ebene von Handelsunternehmen eine Rolle spielen, wo die Entlohnungshöhe auch im Vergleich zu anderen Branchen am unteren Ende der Lohnskala angesiedelt ist. Häufig werden gering qualifizierte Arbeitskräfte eingesetzt, deren Zugehörigkeit zum Betrieb nur kurzfristig ist. Die Opportunitätskosten einer freiwilligen oder auch erzwungenen Beendigung der Organisationsmitgliedschaft sind für diese Gruppe von Beschäftigten als eher gering einzustufen. Von Seiten der Handelsunternehmung kann nun versucht werden, eine Art 'Bond' zu entwickeln, der bei nur kurzfristiger Organisationsmitgliedschaft oder bei Beendigung der Organisationsmitgliedschaft aufgrund von strafbaren Handlungen den Beschäftigten verloren geht. Damit wird es möglich, die Opportunitätskosten der Beendigung der Organisationsmitgliedschaft zu erhöhen und damit auf längere Sicht ein Verhalten im Sinne der organisatorischen Ziele zu fördern. Außerdem wäre zu prüfen, ob auch immaterielle Anreize der Organisationsmitgliedschaft erhöht werden können, um die Identifikation mit den Organisationszielen zu stärken. Insgesamt jedoch können positive Anreizsysteme notwendige Kontrollen und Sanktionen im Bereich der Personaldelikte nicht vollkommen substituieren.

4.5 Zusammenfassung

Bei der Gestaltung von Sanktionsdesigns werden ökonomische Wahlprobleme deutlich. Die Ursache hierfür liegt darin begründet, daß die betrachteten Entscheidungsvariablen lediglich peripher ersetzbar sind. Als Entscheidungsvariablen werden die realisierte Sanktionswahrscheinlichkeit und die realisierte Sanktionsschwere definiert. Zur Abbildung der Modellstruktur werden zunächst zwei Zielvorstellungen formuliert. Entweder, es wird bei einem gegebenem Erwartungswert der Sanktion die Minimierung der Kosten angestrebt, oder es wird mit einem gegebenem Budget der maximal mögliche Erwartungswert der Sanktion realisiert. Diese Konstellation ist aus dem Blickwinkel der Legislative und der Exekutive gegeben, wenn fiskalpolitische Engpässe das verfügbare Budget zur Prävention und Sanktion von handelsspezifischen Delikten limitieren. Auf der einzelbetrieblichen Ebene wird es Ziel der Handelsunternehmung sein, zur Sicherung des Kundennutzens den als Risikoprämie definierten Kalkulationsbestandteil zu minimieren, der auf die ehrlichen Kunden überwälzt wird. Modelltheoretisch kann dieser Versuch als das Ergebnis eines marginalanalytischen

133

Kalküls verstanden werden, um ein situatives Optimum der Eindämmung von Delinquenz zu bewirken.

Für die Handelsunternehmen ist der Ressourcenverbrauch zur Erzeugung eines Sanktions-designs von mehreren Faktoren abhängig: Erstens, von der aggregierten Höhe der Aufwen-dungen, die notwendig sind, um eine bestimmte Ausprägung der jeweils betrachteten Ent-scheidungsvariable zu erzeugen. Zweitens, von der Allokation dieser Aufwendungen auf die Handelsunternehmen beziehungsweise auf den Staat. Drittens, von der relativen Verhal-tenswirksamkeit spezifischer Ausprägungen der Entscheidungsvariablen.

Die relative Verhaltenswirksamkeit der Entscheidungsvariablen kann mit Hilfe des Konzepts der Elastizität dargestellt werden. Es wird der auch durch empirische Ergebnisse gestützten Annahme gefolgt, daß die Elastizität der Sanktionswahrscheinlichkeit höher ist als die Ela-stizität der Sanktionsschwere. Jedoch ist für einzelne Handelsunternehmen die Erhöhung der Sanktionswahrscheinlichkeit auch mit erheblichen Aufwendungen für Sicherungsmaß-nahmen verbunden. Aus ökonomischen Gründen könnten Handelsunternehmen daher daran interessiert sein, die Reduktion der Sanktionswahrscheinlichkeit durch die Erhöhung der Sanktionsschwere zu substituieren. Diese Substitutionsmöglichkeit ist jedoch nicht durch-führbar, denn Legislative bzw. Exekutive setzen das Strafmaß exogen fest. Das Strafmaß selbst liegt in einem bestimmten Wertebereich. Bei steigender Substitution von Sanktions-wahrscheinlichkeit durch Sanktionsschwere werden auf verurteilte risikoaverse Täter er-höhte Risikokosten verlagert. Die Möglichkeit zur Verlagerung von Risikokosten wird daher über die Obergrenze des Strafmaßes institutionell eingeschränkt. Bei reinen Geldstra-fen wird der Wertebereich der Sanktionsschwere durch das Vermögen der Täter begrenzt. Beim alleinigen Einsatz von zivilrechtlichen pauschalierten Schadensersatzansprüchen an-stelle von strafrechtlichen Ahndungsmöglichkeiten zur Sanktion von Diebstahlsdelikten[157] ergäbe sich weiterhin das Problem, daß vermögenslose Täter nur begrenzt oder gar nicht sanktionierbar sind. Damit würde für bestimmte Tätergruppen die Verhaltenswirksamkeit des Sanktionsdesigns außer Kraft gesetzt. Das Resultat wäre eine Erosion des Eigentums-schutzes.

Zur Beschreibung des Verhaltens der Täter wird eine entscheidungstheoretische Modellierung vorgenommen. Eigentumsdelikte in Handelsunternehmen ermöglichen eine Realeinkommenssteigerung bei Risiko. Diese Risikosituation wird mit Hilfe einer Zwei-Zustands-Welt abgebildet. Das Verfahren zur Bestimmung von Bernoulli-Nutzenfunktionen

---

[157] Vgl. entsprechende Vorschläge zur 'Entkriminalisierung' bestimmter Ladendiebstahlsdelikte bei: Albrecht, Peter Alexis u. a. (1992b), S. 57.

ermöglicht es aus modelltheoretischer Perspektive, jene Wahrscheinlichkeit zu ermitteln, bei der ein professioneller Täter indifferent zwischen der Begehung eines Deliktes und der Durchführung einer legalen Erwerbstätigkeit ist. Wenn die alternativen Möglichkeiten der Einkommenserzielung sehr gering sind, dann wird auch die Neigung zur Tatbegehung steigen. Für den Kreis der Amateurtäter bei Kundendelikten wird der Modellierungsansatz, der die Entscheidungsstruktur als ein Problem der Beschäftigungswahl bei unsicheren Konsequenzen abbildet, verworfen. Für diesen Täterkreis kann jedoch die Annahme eines Zeitallokationsproblems fruchtbar sein. Die Argumentation wird erweitert, indem Ausnahmen von den entscheidungstheoretisch vorgegebenen Prämissen des Rationalverhaltens zugelassen werden. Das ist zum einen die Möglichkeit der Spielfreude, beispielsweise bei jugendlichen Tätern. Das ist zum anderen die Möglichkeit der Willensschwäche, beispielsweise bei kurzfristig ausgerichtetem Impulsverhalten.

Die Einkaufsstätten des Handels sind, auch aus rechtlichen Gründen, eine Art 'öffentlicher Raum'. Daraus folgt, daß der Zutritt unabhängig ist von den spezifischen Eigenschaften der Besucher einer Einkaufsstätte. Lediglich unzuverlässige Signale können Hinweise auf die Prädispositionen zur Tatbegehung und auf die nicht beobachtbaren Eigenschaften der Besucher geben. Zu diesen Eigenschaften gehören die Risikoeinstellung, die Preisbereitschaft, (alternative) Erwerbsmöglichkeiten und das jeweils internalisierte Wertesystem. Fehlentscheidungen aufgrund unzuverlässiger Signale sind problematisch, denn sie können zu Falschverdächtigungen und Image-Problemen führen. Unabhängig von den spezifischen Eigenschaften der Besucher wird nur ein einheitliches Sanktionsdesign produziert. Der optimale Erwartungswert der Sanktion ist jedoch auch von der individuellen Risikoeinstellung des Täters abhängig.

Die Grenzen einer ökonomischen Modellierung mit Hilfe der 'deterrence hypothesis', auf der strafrechtliche Steuerungsmechanismen aufbauen, wird durch eine verhaltenswissenschaftliche und eine informationsökonomische Betrachtungsweise verdeutlicht. Die Annahme einer negativen Korrelation der Neigung zur Tatbegehung mit der Höhe der Variablen des Sanktionsdesigns unterstellt, daß vollkommene Information gegeben ist und eindeutige Mechanismen der Informationsverarbeitung wirksam werden. Dementgegen besteht in der Praxis bei den Tätern ein lediglich unvollkommener Informationsstand über die Ausprägungen der Enscheidungsvariablen. Außerdem ist nicht bekannt, wie Täter individuell wahrgenommene Ausprägungen in Verhaltensäußerungen transformieren. Schließlich ist zu prüfen, ob die als 'Werteverfall' apostrophierte Veränderung von internalisierten Normen durch die soziale Kontrolle mit Hilfe von Sanktionsdesigns überhaupt kompensiert werden kann. Zumindest führt der Versuch, eine Verhaltenssteuerung über strafrechtliche Anreizsysteme zu bewirken, zu höherem Ressourcenverbrauch. Die Tendenz für Handelsunternehmen dürfte daher in Zukunft lauten: Verstärkter Einsatz von präventiven Maßnahmen zur Erhöhung der Sanktionswahrscheinlichkeit.

Die bisher analysierten Zusammenhänge der Modellierung von Wirkungsfunktionen, mit denen eine Verhaltenssteuerung erreicht werden soll, erschließen noch nicht die Faktoreffizienz von Maßnahmen, mit denen auf die Entscheidungsvariablen eingewirkt wird. Daher wird im folgenden Kapitel geprüft, welche Möglichkeiten und Grenzen die Anwendung der Produktionstheorie zur Prüfung der Effizienz der handelsspezifischen Faktoreinsätze bietet und wie sich staatliche Bemühungen um eine Reallokation von Faktoreinsätzen zugunsten anderer Deliktarten auf den Handel auswirken. Die Durchsetzung von Eigentumsrechten in Handelsunternehmen kann als Komponente der händlerischen Produktionsaktivitäten verstanden werden, d.h. als Produktion von Sicherheit.

5 Ökonomische Wahlprobleme bei der Produktion von Sicherheit

5.1 Grundfragen einer produktionstheoretischen Analyse

5.1.1 Produktionsfaktorsystem und Exklusions-Technologie

Produktionsspezifische Zusammenhänge in Handelsunternehmen zu beschreiben ist kein neues Unterfangen. Der Einsatz der Produktionstheorie zur Analyse von Input-Output-Effizienz ist in der Mikroökonomie und in der industrielle Prozesse untersuchenden Betriebswirtschaftslehre jedoch geläufiger als in der Handelsbetriebslehre. Ein wesentlicher Grund hierfür liegt in der Tatsache begründet, daß Sachgüter im Gegensatz zum theoretischen Konstrukt der Handelsleistung leichter abgrenzbar und meßbar sind. Darüber hinaus ist die Diskussion bisweilen kontrovers geführt worden, da manche Autoren von der Vorstellung ausgingen, es müsse eine allumfassende Produktionsfunktion für den Handel postuliert werden. Auch Sinn und Zweck des Betriebsvergleichs und der Nutzen der betriebswirtschaftlichen Produktionstheorie sind nicht unumstritten[1].

Im Rahmen der vorliegenden Themenstellung soll untersucht werden, wie Input-Output-Relationen bei der Durchsetzung von Eigentumsrechten in Handelsunternehmen mit Hilfe der Produktionstheorie untersucht werden können. Wenn mit einer Betriebsform eine definierte Handelsleistung erbracht werden soll, dann ist der Aufwand zur Erbringung dieser Handelsleistung nicht unabhängig von den Eigenschaften der Marktpartner. In der idealtypischen Umwelt des vollkommenen Marktes, in der Eigentumsdelikte nicht existent sind, bedarf es auch keiner Maßnahmen zur Durchsetzung von Eigentumsrechten. Dagegen führt in der Handelspraxis die Tatsache, daß Wirtschaftssubjekte auch potentielle Delinquenten darstellen können, zu der Konsequenz, daß diese Eigenschaft der Wirtschaftssubjekte den Ressourcenverbrauch der Handelsunternehmung beeinflußt. Ressourcenverbrauch zur Durchsetzung von Eigentumsrechten und zur Erbringung einer spezifischen Handelsleistung sind daher interdependent verknüpft. Sicherungsmaßnahmen der Handelsunternehmen zur Prävention und Sanktion dienen dem Ziel, die Eigentumsrechte der Han-

---

[1] Vgl. zu diesem Themenkomplex: Barth, Klaus: Betriebswirtschaftslehre des Handels, 1. Aufl., Wiesbaden 1988, S. 85-86; Hedderich, Rudolf: Eine Erwiderung zu den Ausführungen von Barth, in: ZfB, 54. Jg., Heft 3, 1984, S. 299-301; Hedderich, Rudolf: Die Grundlagen des Handelsbetriebes, in: ZfB, 56. Jg., Heft 6, 1986, S. 484-499; Holler, Helmut: Produktionsfunktion und Handelsbetrieb, Frankfurt am Main u. a. 1990; Gümbel, Rudolf: Zur Verbindung von Handels- und Produktionsfunktionen, in: Information und Produktion, Festschrift für Waldemar Wittmann, hrsg. von Siegmar Stöppler, Stuttgart 1985, S. 125-146.

delsunternehmung in einem unvollkommenen Markt durchzusetzen. Diese Bemühungen werden im folgenden unter dem Begriff der Sicherheitsproduktion zusammengefaßt.

Die betriebswirtschaftliche Produktionstheorie hat sich ursprünglich, sicherlich auch nicht unbeeinflußt von der Biographie Gutenbergs[2], zunächst auf die Untersuchung primär industrieller Fertigungsprozesse zur Erstellung von Sachgütern konzentriert. Erst in jüngerer Zeit sind Forschungsbeiträge zu finden, die auch für Dienstleistungsunternehmen Input-Output-Beziehungen analysieren[3]. Die Produktion von Sicherheit kann als eine Variante der Dienstleistungsproduktion verstanden werden[4].

In der Economics of Crime sind bereits Probleme der Allokationseffizienz bei der Produktion von Sicherheit thematisiert worden. Einen Überblick über die Vielzahl der Beiträge gibt Pyle[5]. Die Ansätze konzentrieren sich auf die Modellierung produktionsmäßiger Zusammenhänge bei Polizeidiensten ("production of police services") und deren ökonometrisch-empirische Umsetzung. Wie in der Produktionstheorie geläufig, sind mehrere grundlegende Problemstellungen zu lösen:
- Welcher Input geht in welchen Mengen in die Produktion der Polizeidienste ein?[6]
- Wie kann der Output der Polizei-Produktion operationalisiert werden?
- Welche Funktionsform kann unterstellt werden?[7]
- Können theoretische Modelle in empirisch testbare Funktionen umgesetzt werden?

Das ökonomische Konzept der Produktionsfunktion impliziert, daß jene Punkte, die technische Effizienz abbilden, bereits bekannt sind[8]. Tatsächlich handelt es sich jedoch nicht nur bei der Suche nach der Minimalkostenkombination, sondern auch bei der Suche nach den effizienten Aktivitäten der Technologie um ein Entdeckungsproblem, das sich Handelsunternehmen bei der Sicherheitsproduktion stellt. Die Produktionsfunktion als effizienter Rand der Technologie kann nicht als gegeben vorausgesetzt werden.

In Tradition der Gutenbergschen Darstellung gehören zu den Produktionsfaktoren insbesondere die Elementarfaktoren und der dispositive Faktor, d.h. menschliche Arbeit, Betriebs-

---

2 Gutenberg war speziell mit den Prozessen chemischer Fabrikation vertraut. Vgl. auch Corsten, Hans: Betriebswirtschaftslehre der Dienstleistungsunternehmungen, Eine Einführung, München 1988, S. 90.
3 Vgl. Corsten (1985); Maleri (1991).
4 Auf die Problematisierung des Begriffes 'Dienstleistung' wird hier verzichtet.
5 Vgl. Pyle (1983), 6. und 7. Kapitel.
6 Vgl. Pyle (1983), S. 117.
7 Vgl. Pyle (1983), S. 129-151.
8 Vgl. Schuhmann (1987), S. 105; Fandel, Günter: Produktion I: Produktions- und Kostentheorie, 2. Aufl., Berlin u. a. 1989, S. 51.

mittel wie z. B. Maschinen und die Geschäftsleitung. Buddeberg hat speziell für Handelsunternehmen eine Systematik von Betriebsfaktoren erstellt[9]. Er unterscheidet die Elementarfaktoren (menschliche Arbeitsleistung und sachliche Betriebsmittel), den Regiefaktor Ware,
den Sicherheitsfaktor Kapital und die dispositiven Faktoren (Planung, Organisation). Für
die vorliegende Themenstellung bietet die Darstellung von Buddeberg jedoch keine substan-
tiellen Vorteile. Somit kann die Systematik nach Gutenberg als ausreichend für die vorliegende Modellbildung eingestuft werden.

Einige praxisorientierte Beispiele sollen die Bandbreite der in Handelsunternehmen eingesetzten technischen Hilfsmittel aufzeigen. Diese technischen Einrichtungen dienen der Abschreckung, der Erschwerung der Tatausführung und der Alarmierung nach der Wegnahme
von Gegenständen[10]. Dazu gehören

- Sicherheitspreisetiketten gegen Preisbetrug,
- Videoüberwachung und Fernsehkameras,
- Warnschilder,
- Spiegel,
- automatisierte Lautsprecherdurchsagen,
- mechanische Sicherungen (mit oder ohne Alarm) und
- Elektronische Artikelsicherungssysteme (EAS).

EAS-Systeme bauen ein elektromagnetisches Feld auf. Schranken im Eingangsbereich
sprechen dann mit einem Warnton an, sobald eine mit einem Etikett gesicherte Ware in
diesen Bereich gebracht wird. Aus technischen und ökonomischen Gründen ist es jedoch
nicht möglich, das gesamte Sortiment zu sichern[11]. Die jüngste technische Entwicklung
sieht es vor, daß die Etiketten bereits vom Hersteller unsichtbar in die Ware integriert
werden (Quellensicherung). Dabei ergeben sich Einigungsprobleme zwischen Industrie und
Handel über die Abgeltung der zusätzlichen Kosten[12]. Durch die Quellensicherung wird die
Produkteigenschaft einer Ware verändert, die zwar für die mit Sicherungssystemen ausgestatteten Händler von Nutzen ist, nicht jedoch für Händler ohne EAS-Anlagen.

Neben dem Einsatz technischer Hilfsmittel (Produktionsfaktor Kapital) kommt auch der
Produktionsfaktor Arbeit zum Einsatz. Der Personaleinsatz zur Sicherung reicht vom ge-
schulten Bedienungspersonal über Ladendetektive und Wachmänner am Eingang bis zu

---

[9] Vgl. Buddeberg, Hans: Betriebslehre des Binnenhandels, Wiesbaden 1959, S. 41-55.
[10] Vgl. im folgenden Absatz: Loitz/Loitz (1987), S. 150-160.
[11] Vgl. Wirsching (1985), S. 163.
[12] Vgl. Wilcke, Hans-Jürgen: Die Diebes-Detektoren, in: Einzelhandelsberater, 37. Jg., Nr. 3, März 1994,
S. 58-62, hier S. 60.

kombinierten City-Streifen im Auftrag mehrerer Handelsunternehmen. Von der Seite des Staates kommen ergänzend Polizeibeamte, Gerichtsbeamte und die Staatsanwaltschaft zum Einsatz.

Die Gesamtheit aller Aktivitäten, die in einem Unternehmen aufgrund des technischen Wissens alternativ realisierbar sind, werden in der Produktionstheorie als Technologie bezeichnet[13]. Die Gesamtheit der einer Handelsunternehmung zur Verfügung stehenden Produktionspunkte zur Durchführung der Sicherheitsproduktion wird im folgenden als 'Exklusions-Technologie' bezeichnet. Diese Begriffswahl reflektiert die Erkenntnis, daß all jene Wirtschaftssubjekte, die nicht eine entsprechende Bereitschaft zur Faktorabgeltung aufweisen, mit Hilfe der Sicherheitsproduktion von der Nutzung der in Handelsunternehmen bereitgestellten Waren ausgeschlossen werden sollen. Unterschiedliche Handelsunternehmen weisen auch unterschiedliche Exklusions-Technologien auf. Die Ausprägungen sind abhängig von Sortiment, Größe, räumlicher Gestaltung der Einkaufsstätte und Betriebsform. So konnte der Schuheinzelhandel durch die Einführung der Einschuhpräsentation[14] einen einfachen, aber wirkungsvollen technologischen Fortschritt im Rahmen der Sicherheitsproduktion vollziehen. Weitere Beispiele sollen die Heterogenität der Exklusions-Technologie bei unterschiedlichen Betriebsformen unterstreichen: Ein Tante-Emma-Laden in traditioneller Gestaltung besaß eine Ladentheke, die die Kunden von der Ware trennte. Durch die ständige Präsenz von Bedienungspersonal entstand eine zusätzliche Überwachung des Warenbestandes. In Cash-and Carry-Märkten moderner Ausprägung fehlt dagegen oftmals die Überwachung der Ware. Kunden können ohne Behinderung an die Ware herantreten (Selbstbedienung), außerdem ist die Personalpräsenz aus Effizienzgründen stark reduziert, so daß weite Teile des Sortiments nicht beaufsichtigt werden können. Zur Kompensation werden Ladendetektive und EAS-Systeme eingesetzt. In Versandhandelsunternehmen fehlt die Zugriffsmöglichkeit der Kunden auf das Sortiment völlig, dagegen entstehen Problembereiche durch Personal, das beim Einpacken von Paketen die Gelegenheit zur Entwendung ungeschützter Teile des Sortiments hat. Außerdem ist die Option des Betrugs durch Kunden nach Warenzustellung (Warenkreditbetrug) gegeben.

Bei den meisten Produktionsfaktoren technischer Art handelt es sich um Potentialfaktoren und deren Leistung - so geben EAS-Anlagen über mehrere Perioden ihren Leistungsstrom ab. Ein weiterer, bisher ungenannter Produktionsfaktor spielt bei der Sicherheitsproduktion von Handelsunternehmen eine bedeutende Rolle: die potentiellen Delinquenten.

---

[13] Vgl. Fandel (1989), S. 25.
[14] Vgl. Wirsching (1985), S. 392.

In Theorieansätzen zur Dienstleistungs-Produktion wird hervorgehoben, daß Kunden insofern eine wichtige Rolle zukommt, als sie essentiell notwendig zur Erbringung von spezifischen Dienstleistungen sind. So kann ein Friseur ohne die Anwesenheit der Kunden keinen Haarschnitt ausführen. In diesem Zusammenhang wird von den Kunden als einem externen Faktor gesprochen, der sich der autonomen Disponierbarkeit der Unternehmung entzieht[15]. In gleicher Art ist die Mitwirkung der Kunden in Handelsunternehmen von hoher Bedeutung, so bei der Anwendung des Selbstbedienungsprinzips und bei der Übernahme eines Anteils an der Raumüberbrückung. Das hohe Maß, mit dem speziell Kunden der Handelsunternehmung neben dem Personal in den Produktionsprozeß einer Handelsleistung involviert sind, schafft Gelegenheiten für strafbare Handlungen. Auch die Besucher einer Einkaufsstätte werden zu einem Produktionsfaktor, der gleichermaßen als externer Faktor einzuordnen ist. Wenn ein Ladendetektiv die Personalien einer verdächtigen Person aufnimmt oder die Besucher einer Einkaufsstätte zur Abgabe ihrer Taschen aufgefordert werden, dann ist stets die Mitwirkung des externen Faktors erforderlich. Die Sicherheitsproduktion setzt also das Vorhandensein potentieller Täter voraus, denn ohne deren Existenz wären diese Faktoreinsätze gänzlich sinnlos. Die Eigenschaften des externen Faktors entscheiden über den Umfang der Faktoreinsätze, die im Rahmen einer Produktion von Sicherheit in Handelsunternehmen notwendig werden. Um alternative Konstellationen der Input-Output-Effizienz zu überprüfen, ist es erforderlich, die Inputs und Outputs der Sicherheitsproduktion einer Operationalisierung zugänglich zu machen.

5.1.2 Erfassung von Inputs und Outputs

Die Produktionstheorie erfaßt das Mengengerüst der Kosten. Für Bewertungen alternativer Situationen der Input-Output-Effizienz ist es daher erforderlich, die eingesetzten Inputs und die Ausbringung zu definieren und zu erfassen, um deren produktionsmäßige Zusammenhänge zu überprüfen. Auf diese Meßprobleme wird im folgenden eingegangen. Bei der Sicherheitsproduktion in Handelsunternehmen kommen die aus der Volkswirtschaftslehre bekannten aggregierten Produktionsfaktoren Arbeit und Kapital zum Einsatz. Im Personalbereich erfolgt der Einsatz von Ladendetektiven sowie von Sicherheits- und Wachpersonal. Im Bereich der Betriebsmittel kommen verschiedene technische Anlagen wie EAS-Systeme und Kameras zum Einsatz[16].

---

[15] Vgl. Corsten (1988), S. 91.
[16] Speziell bei technischen Gerätschaften wäre es auch möglich, die Anschaffung als ein Investitionsproblem zu beschreiben.

Der Personaleinsatz kann beispielsweise in Mannstunden erfaßt werden. So könnte eine Filiale die Gesamtheit der pro Periode notwendigen Detektivstunden registrieren. Schwieriger ist die Bestimmung des Mengeninputs des Faktors Kapital. Meist steht lediglich Informationsmaterial über den Bestand des Kapitalstocks zur Verfügung, z. B. die Anzahl der Maschinen und Gerätschaften. Zum einen ist es erforderlich, vorhandenes Zahlenmaterial über die Größe des Kapitalstocks in einen Indikator über den Leistungsinput der jeweiligen Gerätschaft umzusetzen, zum anderen besteht möglicherweise das Ziel, verschiedene Arten des Kapitalinputs zu aggregieren[17]. Die Anzahl der in einer Einkaufsstätte installierten Spiegel und ihre Einsatzdauer kann sicherlich problemlos bestimmt werden. Die Leistungsintensität eines Spiegels kann jedoch sehr stark variieren, je nachdem, auf welche Art und Weise der Spiegel plaziert wird. Die Laufzeit einer EAS-Anlage könnte in Maschinenstunden angegeben werden. Die Aggregation der Inputs von Spiegel und EAS-Anlage dürfte unmöglich sein. Hier zeigen sich erste Grenzen auf, die die Entwicklung eines exakten Instrumentariums zur Prüfung von Effizienz erschweren.

Weitaus problematischer gestaltet sich jedoch die Operationalisierung von Output-Größen der Sicherheitsproduktion. In den Theorieansätzen zur Dienstleistungsproduktion wird darauf hingewiesen, daß die Outputerfassung mit Schwierigkeiten verbunden ist, da einerseits neben dem quantitativen auch der qualitative Output zu erfassen ist, und andererseits die bekannten Verfahren des Messens, Wiegens und Zählens nur bedingt geeignet sind[18]. Die Produktion von Polizeidienstleistungen und die Erfassung von Outputgrößen der Polizei wurden von Lind und Lipsky untersucht[19]. In Anbetracht dessen, daß Polizeidienste ihrer Struktur nach eine starke Verwandtschaft zu den Diensten der Ladendetektive und des Wachpersonals in Handelsunternehmen besitzen, sollen diese Erkenntnisse hier als Hinweise auf Möglichkeiten und Schwierigkeiten der Erfassung von Outputgrößen berücksichtigt werden. Die Autoren unterscheiden mehrere potentielle Outputmaße:

- Ausgaben für Polizeidienste bzw. Kosten der Inputs;
- intermediäre Outputs, wie Reaktionszeiten der
  Polizeikräfte oder Festnahmequoten;
- Endprodukte, wie Kriminalitätsraten oder die
  Wahrscheinlichkeit, Opfer einer Straftat zu werden;
- 'benefits' der Polizeidienste gemäß einer Kosten-Nutzen-Analyse.

---

[17] Vgl. auch Pyle (1983), S. 117.
[18] Vgl. Maleri (1991), S. 82; Corsten (1988), S. 112.
[19] Vgl. Lind, Robert/Lipsky, John: The Measurement of Police Output: Conceptual Issues and Alternative Approaches, Law and Contemporary Problems, Autumn 1971, S. 566-588, hier S. 580-583.

Gegen die erörterten Größen ist kritisch einzuwenden, daß die Anwendung von Wertgrößen bereits Input-Output-Effizienz unterstellt und vom Mengengerüst der Kosten abstrahiert. Das für die Produktionstheorie seltsam anmutende Verfahren, wertmäßige Inputgrößen mit dem Output gleichzusetzen, ist jedoch in der politischen Diskussion durchaus geläufig. Nicht selten wird pauschal gefordert, die Ausgaben für die Exekutive zu erhöhen, um eine verbesserte Eindämmung der Kriminalität zu erreichen. Aspekte der Input-Output-Effizienz der Polizeidienste treten dann in den Hintergrund. Vorteilhaft ist jedoch die Unterscheidung von intermediären und finalen Outputs, worauf im folgenden zurückgegriffen wird. Bei der Verwendung intermediärer Outputs ist es notwendig, daß zwischen dem intermediären Output und dem finalen Outputmaß eine enge Korrelation herrscht. Die Operationalisierung des Endproduktes der Sicherheitsproduktion in Handelsunternehmen erweist sich als schwierig, wie die folgenden Erkenntnisse aufzeigen.

Schon 1964 hat Carl S. Shoup von der Columbia University in einem Aufsatz[20] über die Aufteilung von Ressourcen zur Verbrechensbekämpfung auf zwei verschiedene Stadtbezirke festgestellt, daß er, wenn die Achsen der Transformationskurve mit der Anzahl der verübten Verbrechen im jeweiligen Stadtbezirk beschriftet werden, die Indifferenzkurven 'falsch herum' (d.h. konkav statt konvex) zeichnen muß, "since the axes measure anti-goods rather than goods"[21]. In seiner Modelldarstellung werden jene Indifferenzkurven bevorzugt, die näher zum Ursprung liegen. Mehr als zwanzig Jahre später greift er erneut diesen Gedanken auf:

"How to define a physical unit of output for a service ... remains largely an unsolved problem."[22] Er kommt wiederum zu einer gleichartigen Schlußfolgerung wie 1964:

"The number and types of crimes prevented can never be known, only the number and types of those committed. These latter are non-outputs, or perhaps negative outputs is a better term."[23]

---

[20] Vgl. Shoup, Carl S.: Standards for Distributing a Free Governmental Service: Crime Prevention, in: Public Finance, Vol. 19, 1964, S. 383-392.
[21] Shoup (1964), S. 390.
[22] Shoup, Carl S.: Distribution of Benefits from Government Services: Horizontal Equity, in: Public Finance, No 1/1988, Vol. XXX, S. 1-18, hier S. 6.
[23] Shoup (1988), S. 6.

"Accordingly, total output of a preventive service can never be known, but increments in it can be inferred from decrements in the negative output."[24]

Eine ähnliche Problematik ergibt sich im vorliegenden Zusammenhang: Der Output der Sicherheitsproduktion in Handelsunternehmen ist de facto etwas, das nicht mehr vorhanden ist. Zunächst könnte der Output mit der Anzahl ertappter Täter bemessen werden[25]. Eine Zunahme dieses Maßes könnte jedoch sowohl ein Indikator für die verbesserte Input-Output-Effizienz der Sicherheitsproduktion als auch ein Indiz für zunehmende Kriminalität sein. Eine Senkung dieses Maßes könnte sowohl die Verschlechterung der Input-Output-Effizienz der Arbeit von Ladendetektiven anzeigen als auch die verbesserte Präventionswirkung des unternehmensspezifischen Sanktionsdesigns reflektieren.

Die Festnahme von Tätern ist jedoch nur ein intermediärer Output, denn das eigentliche Endprodukt der Sicherheitsproduktion besteht in der Abschreckung bzw. der Prävention von Delikten, um die Anzahl der tatsächlich begangenen Delikte schließlich zu vermindern[26]. Aus einer theoriegeleiteten Perspektive ist daher als relevantes finales Outputmaß der Sicherheitsproduktion in Handelsunternehmen die Generalprävention der handelsspezifischen Delikte anzusehen. Die Präventionswirkung ist eine hypothetische Größe - ein theoretisches Konstrukt, das lediglich über Indikatoren approximiert werden kann. Für eine exakte Evaluierung der Input-Output-Effizienz wären Daten über die tatsächlich verhinderten Straftaten notwendig. Diese hypothetische Größe ist jedoch, speziell auf der Ebene der einzelnen Einkaufsstätte, nicht bekannt. Aus diesem Grund ist die Handelspraxis auf Surrogate angewiesen.

Ein in der Handelsbetriebslehre bekanntes Hilfsmittel stellt der Betriebsvergleich dar. Für vergleichbare Filialen kann Zahlenmaterial erfaßt werden, um Rückschlüsse auf die Faktoreffizienz der Sicherheitsproduktion zu ziehen. Größere Unternehmen sind bereits dazu übergegangen, Diebstahls-Informations-Systeme einzusetzen, um die Leistung eingesetzter Detekteien und die Wirksamkeit von Hilfsmitteln zu kontrollieren. Die Informationssysteme enthalten beispielsweise folgende Daten:

---

[24] Shoup (1988), S. 6.
[25] So wird bei Grohmann in Ermangelung alternativer empirisch meßbarer Größen angenommen, daß die Anzahl der verurteilten und bestraften Personen ein Erfolgsmaßstab ist, der einem bestimmten Grad des Schutzes vor Verbrechen entspricht (!); Vgl. Grohmann (1973), S. 9.
[26] So auch Darrough, Masako N./Heineke, John M.: The Multi-Output Translog Cost Function: The Case of Law Enforcement Agencies, in: Economic Models of Criminal Behavior, hrsg. von J.M. Heineke, Amsterdam u. a. 1978, S. 259-275, hier S. 260. Andere Autoren definieren dagegen das Endprodukt als Gerechtigkeit ('justice'), vgl. Lind/Lipsky (1971), S. 569.

144

- Zahl aufgedeckter Kunden- und Mitarbeiterdelikte,
- abhanden gekommene Waren je Abteilung,
- aufdeckender Personenkreis,
- zur Aufdeckung eingesetzte Hilfsmittel und
- statistische Daten über die Tätereigenschaften[27].

Die Handelspraxis nutzt im Regelfall die Inventurdifferenz als mengen- bzw. wertmäßigen Maßstab zur Bewertung der Effizienz der Sicherheitsproduktion. Wie bereits in Kapitel zwei erläutert, sind unterschiedliche Inventurdifferenzen nur bedingt aussagekräftig, da die absolute Ziffer keinen Rückschluß auf Kausalitäten ermöglicht. In Ermangelung von operationalen Alternativen ist die Inventurdifferenz für die Handelspraxis ein Behelfsindikator. Eine Senkung der Inventurdifferenz wird dann beispielsweise auf veränderte Faktoreinsätze bei der Sicherheitsproduktion oder auf eine innovative Exklusions-Technologie zurückgeführt und stellt damit ein Surrogat für das nicht erfaßbare Outputmaß der Generalprävention dar. Nach der Problematik der quantitativen Erfassung des Outputs der Sicherheitsproduktion soll auch auf die Qualität des Outputs eingegangen werden.

Für Handelsunternehmen ist die Abwicklung von Situationen, in denen Besucher einer Einkaufsstätte einer Straftat verdächtigt werden, eine sensible Angelegenheit. Es braucht nicht weiter begründet zu werden, daß für die betroffenen Kunden eine Falschverdächtigung zu einer wenig vorteilhaften Bewertung der Einkaufsstätte führt. Daher sollte neben einem quantitativen Outputmaß, beispielsweise der Zahl der ertappten Täter, auch die Qualität der Sicherheitsproduktion berücksichtigt werden. Ein Ladendetektiv, der eine große Zahl ertappter Täter vorzuweisen hat, jedoch gleichzeitig eine große Anzahl von Falschverdächtigungen 'produziert', kann Goodwill-Probleme der Sicherheitsproduktion verstärken. Wenn eine EAS-Anlage auch Warntöne abgibt, die von Herzschrittmachern und Hörgeräten ausgelöst werden, dann relativiert dieser Sachverhalt die quantitative Präventionswirkung dieses Systems. Es ist daher durchaus sinnvoll, auch die Anzahl der Fehlalarme und die Anzahl der Falschverdächtigungen zu erheben. Daneben sollte auch die Service-Qualität der Abwicklung von begründeten oder unbegründeten Verdächtigungen evaluiert werden.

Mit den Schwierigkeiten einer sinnvollen operationalen Definition eines Outputs der Sicherheitsproduktion wird deutlich, daß der Formulierung von Input-Output-Relationen im Sinne produktionsmäßiger Zusammenhänge konzeptionelle Grenzen gesetzt sind. Eine Studie von Arthur Young in Verbindung mit dem amerikanischen National Mass Retailing Institute er-

---

[27] Vgl. Jotzo, Peter: Ladendieben mit DISY noch zielgenauer auf der Spur, in: BAG-Nachrichten, 9/1991, S. 28-29, hier S. 28.

gab, daß Spiegel und die Beschränkung von Zugangsmöglichkeiten für Kunden die meistgenutzten Sicherungen gegen Kundendelikte darstellen[28]. Die höchste Effizienz besaßen nach Einschätzung der Händler jedoch EAS-Systeme und Wachpersonal.

Es bietet sich von Seiten der Handelsunternehmen an, bei umfangreichen Investitionen in Warensicherungssysteme einen Modus der Faktorabgeltung zu vereinbaren, bei dem die Entlohnung des Lieferanten zumindest teilweise an die Entwicklung einer relevanten Outputgröße gekoppelt wird. Beispielsweise könnte sich die Entlohnung nach dem Umfang richten, um den die Inventurdifferenz nach der Systeminstallation tatsächlich vermindert ist. Damit würden Unsicherheiten über die tatsächliche Faktoreffizienz der Anlage auf die Hersteller verlagert.

5.1.3 Anpassungsformen

Spätestens seit Gutenberg[29] werden in der Produktionstheorie die Anpassungsmöglichkeiten der Betriebe an Beschäftigungsschwankungen diskutiert. Gutenberg unterscheidet zwischen der Anpassung ohne und mit Änderungen der Faktorqualität. Zu den Formen der Anpassung ohne Änderung der Faktorqualität gehören die intensitätsmäßige, die quantitative und die zeitliche Anpassung. Bei einer gegebenen z-Situation ergibt sich die produzierte Menge (x) eines Gutes als Produkt aus Anzahl der Produktionsfaktoren (m), Intensität menschlicher und maschineller Arbeitsleistungen (d) und der Betriebszeit (t):

(F.13): $x = m \cdot d \cdot t$

Der nächste Abschnitt konzentriert sich auf Möglichkeiten der Anpassung der Sicherheitsproduktion an betriebliche Beschäftigungsschwankungen. Dazu ist zunächst zu klären, was unter einer Beschäftigungsschwankung im Rahmen der Themenstellung zu verstehen ist.

Während im Bereich der industriellen Produktion die Definition der betrieblichen Kapazität und der Grad ihrer Auslastung leichter zu fassen sind, besteht im Bereich der Sicherheitsproduktion in Handelsunternehmen ein Problem der Operationalisierung dieser Größen. Diese Schwierigkeiten ergeben sich zum einen aus der begrenzten Quantifizierbarkeit von Inputs und Outputs, zum anderen aus der mangelnden Abgrenzbarkeit von Leistungseinhei-

---

[28] Vgl. Lewison/deLozier (1989), S. 316.
[29] Vgl. im folgenden Absatz: Gutenberg, Erich: Grundlagen der Betriebswirtschaftslehre, Erster Band - Die Produktion, 23. Aufl., Berlin u. a. 1983, S. 354-358.

ten bzw. von Güter- oder Serviceeinheiten. Die Beschäftigung ergibt sich aus der Belastung einer Einkaufsstätte mit einem bestimmten Grad der Delinquenz. Dieser Belastung steht wiederum eine bestimmte Exklusions-Technologie zur Prävention und Sanktion gegenüber. Im Gegensatz zum Fertigungsunternehmen ist daher der Beschäftigungsgrad stärker fremdbestimmt, d.h., der Einfluß des externen Faktors determiniert, in welchem Maße eine gegebene Kapazität tatsächlich ausgelastet wird. Über den tatsächlichen Grad der Beschäftigung herrscht unvollkommene Information, zudem handelt es sich um eine unsichere und periodisch stark schwankende Variable: Den Handelsunternehmen ist in einer gegebenen Periode nicht exakt bekannt, wie hoch sich das Ausmaß der verübten Delikte bemißt und wie groß die Anzahl der präventiv verhinderten Delikte ist. Die Unsicherheit über den tatsächlichen Beschäftigungsgrad führt dazu, daß stets eine bestimmte Leistungsbereitschaft aufrechterhalten werden muß, die jedoch unter Effizienzgesichtspunkten suboptimal bemessen sein kann.

Daraus ergeben sich zwei Schlußfolgerungen. Erstens ist es problematisch, die zur Sicherheitsproduktion aufzubauende Kapazität festzulegen, zweitens kann es zu einer temporären bzw. permanenten Unterauslastung oder Überlastung der gewählten Kapazität kommen. Bei der Unterauslastung der Kapazität besteht die Gefahr, daß Leerkosten entstehen. Als Leerkosten werden in Weiterführung der Schmalenbachschen Fixkostentheorie jene fixen Kosten der Betriebsbereitschaft definiert, die auf die nicht genutzte Kapazität entfallen[30]. Das Problem, daß sowohl die notwendige Kapazität als auch der tatsächliche Grad der Beschäftigung unsichere Größen bei der Sicherheitsproduktion sind, verweist auf die Rolle der unvollkommen Information als Kostenbeeinflussungsfaktor[31]. Bei der Überlastung der Kapazität wird ein bestimmter Standard des Sicherungsniveaus abgesenkt, wodurch sich ein relevantes Output-Maß verändert. Beispielsweise sinkt die angestrebte, durchschnittliche Sanktionswahrscheinlichkeit, oder die Inventurdifferenz steigt bei jeweils gegebener Technologie.

Im Bereich der Kundendelikte bietet es sich an, das Ausmaß der Auslastung der Kapazität über die Quantität und Qualität des Kundenstromes und parallel über die Zahl der in einer Zeitspanne abgewickelten Kontrakte zu approximieren. Mit steigender Anzahl der Besucher einer Einkaufsstätte steigt auch der Arbeitsaufwand der Überwachung durch das zur Überwachung eingesetzte Personal. Extremwerte erreicht der Beschäftigungsgrad in Saisonzeiten (Weihnachtsgeschäft, Schlußverkauf). Mit steigender Anzahl des Abverkaufs von gesicher-

---

[30] Vgl. Gutenberg (1983), S. 348.
[31] Vgl. auch schon die Hinweise zur Relativität der Leerkosten bei: Gümbel, Rudolf: Die Bedeutung der Leerkosten für die Kostentheorie, in: ZfbF (1964), 15. Jg., S. 65-81.

ten Artikeln steigt auch der Aufwand zur Deaktivierung von Sicherungsetiketten, wodurch der Einfluß der Anzahl der abgewickelten Kontrakte (und ihrer einzelnen Positionen) auf den Beschäftigungsgrad deutlich wird. Die qualitative Dimension des Kundenstromes wird durch die Eigenschaften der Besucher einer Einkaufsstätte beschrieben. So treten nach Schulende oder in Schulpausen in bestimmten Einkaufsstätten große Mengen von Schülern auf, die u. U. zu einer erheblichen Mehrbelastung der betrieblichen Sicherungskapazität führen. In diesem Fall ist nicht nur die quantitative, sondern auch die qualitative Dimension des Kundenstromes verantwortlich für einen steigenden Grad der Beschäftigung.

Die Anpassung der betrieblichen Kapazität an wechselnde Beschäftigungsgrade erfolgt in mehreren Dimensionen. Die intensitätsmäßige Anpassung eines bestehenden EAS-Systems erlaubt es, einen größeren oder kleineren Kundenstrom durch die Sicherheitsschleusen hindurchzuleiten. Die Leistungsintensität des Aggregates ist als durchaus variabel anzusehen. Tatsächlich ist jedoch die Wirksamkeit eines EAS-Systemes nicht unabhängig vom komplementären Personaleinsatz, denn es muß Personal zur Verfügung stehen, um bei der Auslösung eines Warntones Kontrollmaßnahmen zu ergreifen[32]. Die Produktionsfaktoren Arbeit und Kapital sind daher nicht voneinander unabhängig. Erfolgt eine bedeutsame intensitätsmäßige Anpassung des Sicherungssystems, dann ist gleichermaßen eine Anpassung beim Personaleinsatz notwendig. Diese Anpassung wird im Regelfall sowohl intensitätsmäßig als auch quantitativ strukturiert sein. Die zeitliche Anpassung der Produktionsfaktoren besitzt eine Obergrenze bei den Ladenöffnungszeiten. Die zeitliche und quantitative Anpassung beim Faktor Arbeit erfolgt im Bereich der Ladendetektive häufig durch Einsatz von Fremdfirmen. Die Kontrahierung am Markt eröffnet hier eine Flexibilität, die es den Handelsunternehmen ermöglicht, in Zeiten hoher Beschäftigungsgrade die Sicherheitsproduktion schnell anzupasssen.

Gutenberg war bei seiner Analyse von Anpassungsformen zunächst davon ausgegangen, daß die Anpassung bei unveränderter Beschaffenheit der Produktionsfaktoren vollzogen wird[33]. Die Faktorqualität jedoch ist bei der Sicherheitsproduktion nur schwer zu evaluieren. Bei Ladendetektiven gehen Größen wie Ausbildungsstand, Erfahrung, Umgangston, Erfolgsrate, Vertrautheit mit juristischen Bestimmungen und Ausmaß der Fehlverdächtigungen in die Bewertung der Faktorqualität ein, während bei EAS-Systemen die präventive Wirksamkeit, der Prozentsatz der Fehlalarme, Systemausfälle und Wartungsanfälligkeit eine Rolle spielen. Die Abgabe des Leistungsstromes eines EAS-Systems in den Perioden seiner Nutzung ist jedoch nicht konstant. Vielmehr kommt es im Zeitablauf zu einem Fading der

---

[32] Vgl. Loitz/Loitz (1987), S. 162; Wisching (1985), S. 418.
[33] Vgl. Gutenberg (1983), S. 355.

Sicherungswirkung[34], so daß der Output, gemessen durch die Generalprävention, nach der Ersteinführung einer bestimmten Exklusions-Technologie in einer Einkaufsstätte wieder abnimmt.

5.1.4 Substitutionsbeziehungen

Die Erkenntnis, daß in modernen Gesellschaften ein überwiegend komplementäres Verhältnis zwischen marktbestimmten und staatlichen Aktivitäten besteht[35], trifft auch für den Bereich der Sicherheitsproduktion in Handelsunternehmen zu. Der betriebliche Produktionsprozeß zur Durchsetzung von Eigentumsrechten in Handelsunternehmen ist interaktiv verknüpft mit der staatlichen Sicherheitsproduktion: Ein von Ladendetektiven ertappter Täter kann nur dann verurteilt werden, wenn Eigentumsdelikte durch Gesetz mit Strafe bedroht werden, Polizeikräfte zur Festnahme zur Verfügung stehen und ordentliche Gerichte die Möglichkeit zur Verurteilung eröffnen.

Mit staatlichem Faktoreinsatz wird im folgenden jener Anteil an der Sicherheitsproduktion bezeichnet, den der Staat zur Bekämpfung von Delinquenz in Handelsunternehmen bereitstellt. Der Faktoreinsatz des Handels wird als privater Faktoreinsatz bezeichnet. Im Gebiet der Strafverfolgung ist der Staat aus institutionellen Gründen ein Monopolanbieter, d.h. eine totale Substituierbarkeit staatlicher Faktoreinsätze ist nicht gegeben. Eine periphere Substitution zwischen staatlicher und privater Sicherheitsproduktion ist jedoch möglich. So steht es in der Entscheidungsgewalt des Staates, in welchem Ausmaß Polizeikräfte zur Verfolgung von Delikten in Handelsunternehmen abgestellt werden. Erhöht der Staat die Anzahl der Polizeikräfte, die in einer Einkaufszone patrouillieren, dann besteht auch ein Potential, das Handelsunternehmen bei konstantem Sicherungsniveau erlaubt, ihre Faktoreinsätze abzusenken. Die Möglichkeit, von der öffentlichen Hand produzierte und finanzierte Dienstleistungen kostenlos als Produktionsfaktoren nutzen zu können[36], ist auch für Handelsunternehmen gegeben. Kostenlose Nutzung beschreibt hier lediglich den Sachverhalt, daß der staatliche Beitrag zur Sicherheitsproduktion nicht separat gemäß der tatsächlichen Faktorinanspruchnahme eines Handelsunternehmens verrechnet wird. Die Alimentierung erfolgt pauschal und unspezifisch unter anderem durch die Steuerzahlungen der Handelsunternehmen. Das Entscheidungsproblem, die Sicherheitsproduktion auf staatliche und private Produzenten zu verteilen, verdeutlicht Abbildung Z.12.

---

[34] Vgl. Wirsching (1985), S. 90.
[35] Vgl. Nowotny (1991), S. 28.
[36] Vgl. auch Maleri (1991), S. 132.

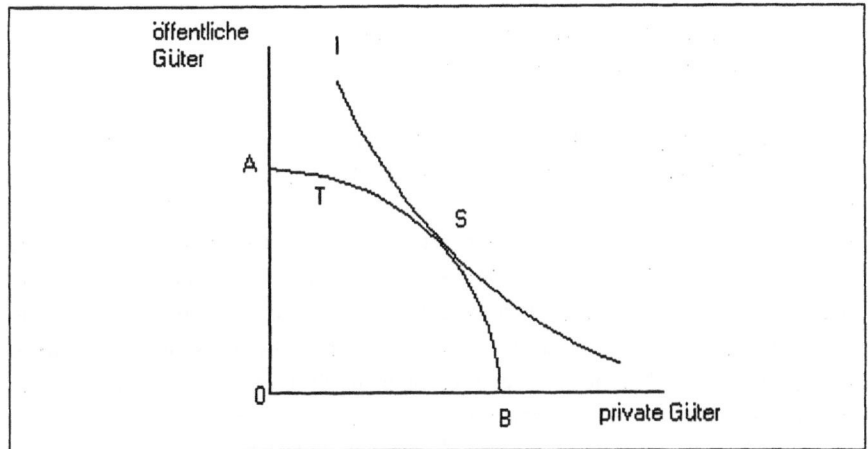

Abb. Z.12: Kombination privater und staatlicher Faktoreinsätze

Die Transformationskurve T beschreibt jene Güterbündel, bestehend aus privaten und öffentlichen Gütern, die bei gegebener Technologie und gegebenem Budget eine effiziente Sicherheitsproduktion repräsentieren. Die Punkte A und B zeigen Ausnahmesituationen, in denen eine vollständige Substitution staatlicher durch private Faktoreinsätze erfolgt und umgekehrt. Aufgrund der bestehenden Rechtsordnung sind diese Konstellationen nicht realisierbar. Die konvexe Nutzenfunktion I repräsentiert stellvertretend jene Präferenzordnung, die aufgrund in der Regel kollektiver Entscheidungsprozesse (Politik, Gesetzgebungsverfahren, u. ä.) bevorzugt wird. Der Tangentialpunkt S zeigt jene Idealposition, bei der die Präferenzordnung auch zur Auswahl eines Punktes auf dem effizienten Rand des Entscheidungsfeldes führt. Diese Konstellation wird nicht zwangsläufig eintreten. Vielmehr dürfte die Lage der Nutzenfunktion für einzelne Interessengruppen eine durchaus divergente Struktur annehmen. So werden die staatlichen Strafverfolgungsbehörden möglicherweise eine andere Position bevorzugen als Branchenverbände des Handels. Unterschiedliche Verläufe der Nutzenfunktion zeigen dann unterschiedliche Vorstellungen darüber auf, wie bei der Sicherheitsproduktion die Aufteilung auf private und staatliche Faktoreinsätze zu gestalten ist. Diese unterschiedlichen Positionen werden bei der Diskussion um die sogenannte Entkriminalisierung deutlich. Dort wird angestrebt, "präventive Maßnahmen der Anbieter zur Sicherung und Kontrolle zu aktivieren, indem die staatliche Strafandrohung zurückgenommen wird."[37]

---

[37] Albrecht, Peter-Alexis, u. a. (Hg.): Strafrecht - ultima ratio, Baden-Baden 1992, S. 29.

5.2 Allokationsentscheidungen des Staates und Folgen für Handelsunternehmen

5.2.1 Staatliche Budgetrestriktion und staatliches Allokationsproblem der Kriminalitätsbekämpfung

Die Tatsache, daß bei der Durchsetzung von Eigentumsrechten in Handelsunternehmen komplementär sowohl staatliche als auch private Faktoreinsätze zum Einsatz kommen, führt zu der Frage, wie Allokationsentscheidungen des Staates die Sicherheitsproduktion in Handelsunternehmen beeinflussen. Dazu wird angenommen, daß der Staat eine allgemeine Budgetrestriktion beachten muß, die u. a. durch die maximal erzielbaren Steuereinnahmen und die Staatsverschuldung determiniert wird. Die Budgetrestriktion, d.h. die Summe aller Haushaltmittel, die auf alternative Verwendungszwecke aufgeteilt werden können, sei gegeben und bekannt. Der Entscheidungsprozeß zur Allokation des Budgets des Staates auf verschiedene Verwendungsmöglichkeiten kann in zwei Stufen beschrieben werden.

In der ersten Stufe der Budgetallokation werden die Haushaltsmittel auf verschiedene Ressorts verteilt, d.h. funktional gesehen beispielsweise den Verwendungszwecken Gesundheit oder Verkehr zugeordnet. So wird in der Bundesrepublik Deutschland der Haushaltsplan unter institutionellen Gesichtspunkten nach Ministerien oder Ressorts gegliedert[38]. In der zweiten Stufe der Budgetallokation sind die einem Ressort zugeordneten Mittel auf verschiedene Verwendungsmöglichkeiten innerhalb des jeweiligen Ressorts zu verteilen. Im folgenden konzentriert sich die Analyse allein auf die zweite Stufe der Budgetallokation im Bereich der Bekämpfung von Kriminalität.

Wird den Behörden der Strafverfolgung wie Polizei und Staatsanwaltschaften ein bestimmtes Budget zugeordnet, dann ist zu entscheiden, wie diese Mittel auf die Bekämpfung einzelner Straftaten aufzuteilen sind. Unterschiedlichen Straftaten wird bei der Strafverfolgung ein unterschiedliches Gewicht eingeräumt. So besteht ein intensives Interesse der Prävention und Sanktion von Straftaten wie Mord oder Totschlag, während der Verfolgung anderer Straftaten wie z. B. den Kundendelikten eine geringere Priorität eingeräumt wird. Es handelt sich um ein "Selektionsproblem im Strafverfolgungsapparat"[39]. Über den Umfang der Bemühungen und über die Höhe des Strafmaßes für eine bestimmte Straftat kommen Präferenzen zum Ausdruck, die die relative Sozialschädlichkeit einer Tat ausdrücken. Diese

---

[38] Vgl. Brümmerhoff, Dieter: Finanzwissenschaft, 5. Aufl., München/Wien 1990, S. 130.

[39] Zipf, Heinz: Kriminalpolitische Überlegungen zum Legalitätsprinzip, in: Einheit und Vielfalt des Strafrechts, hrsg. von Jürgen Baumann und Klaus Tiedemann, Tübingen 1974, S. 487-502, hier S. 492.

Präferenzen werden auch über die Allokationsentscheidung bei einem gegebenen Budget deutlich.

In der folgenden Modelldarstellung, die von Harold L. Votey und Llad Phillips entworfen wurde, wird das Allokationsproblem der Aufteilung von Ressourcen auf verschiedene Deliktarten bei gegebener Budgetrestriktion der Polizeikräfte analysiert.

5.2.2 Allokation von Ressourcen auf verschiedene Deliktarten

Votey und Phillips[40] modellieren die Polizei als eine Mehrprodukt-Unternehmung, wobei der Output definiert ist als "crimes cleared by arrests"[41]. Die Polizei klärt verschiedene Straftaten durch die Festnahme der Täter auf. Für jede Deliktart existiert eine Produktionsfunktion der Form

(F.14) $C_i = f(O_i, X_{ij}, t_i)$, $(i = 1..., n; j = 1, ..., m)$

wobei die Symbole bedeuten:
C_i - Delikte der Art i, die durch Festnahme aufgeklärt werden[42]
O_i - Zahl der Straftaten (bei n Deliktarten)
X_{ij} - Primärinput ("primary inputs") bei m Inputarten
t_i - Einfluß der Technologie, mit der ein Verbrechen bekämpft werden kann.

Zusätzlich ist bekannt, daß die Inputs auf die einzelnen Deliktarten aufgeteilt werden müssen:

(F.15) $X_j = \sum_{i=1}^{n} X_{ij}$ $(j = 1,..., m)$

Zur Bekämpfung von Verbrechen steht jedoch nur ein begrenztes Budget zur Verfügung. Dieses Budget muß auf die Bekämpfung mehrerer Deliktarten aufgeteilt werden. Die Budgetrestriktion lautet:

---

[40] Vgl. Votey, Harold L./ Phillips, Llad: Police Effectiveness and the Production Function for Law Enforcement, in: Journal of Legal Studies, Vol. 1, No. 2, June 1972, S. 423-436, hier S. 424.

[41] Vgl. im folgenden: Votey/Phillips (1972), S. 423-427.

[42] Für die Sicherheitsproduktion in Handelsunternehmen stellt dieses Output-Maß einen potentiell möglichen Weg der Operationalisierung dar, jedoch ist damit nur ein begrenzt aussagefähiger Indikator für die Leistungsfähigkeit der Sicherheitsproduktion gegeben, zumal die Gesamtzahl der Straftaten unbekannt ist.

(F.16) $\quad T = \sum\limits_{j=1}^{m} r_j X_j$, wobei

r_j - Preis des einzelnen Inputs

X_j - Gesamtmenge des jeweiligen Inputs

T - Budget

Die Strafverfolgungsbehörden maximieren annahmegemäß den Nutzen, der der Aufklärung bestimmter Straftaten zugeordnet wird. Es wird daher die Zielfunktion

(F.17) $\quad U = u(C_i)$, (i= 1,..,.n)

unter Berücksichtigung des verfügbaren Budgets (F.16) und der Produktionsfunktionen zur Bekämpfung von Delikten (F.14) maximiert. Die folgende Abbildung (Z.13) zeigt diesen Zusammenhang für die Bekämpfung zweier Verbrechensarten.

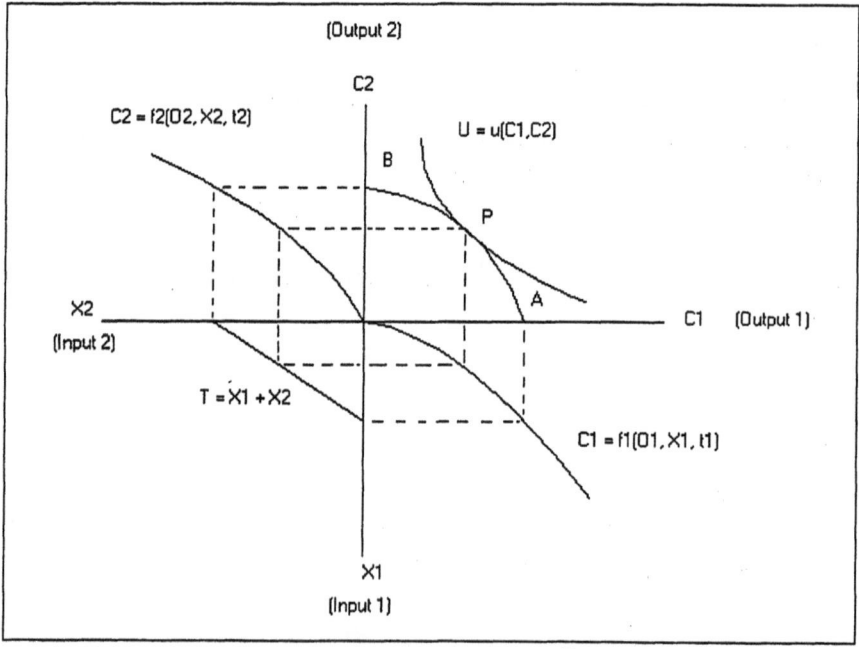

Abb. Z.13: Allokation von Ressourcen auf zwei Deliktarten[43]

[43] In Anlehnung an Votey/Phillips (1972), S. 426.

Die Anzahl der Straftaten und die Technologie wird als gegeben unterstellt, außerdem existiert jeweils lediglich eine Inputart. Für die Faktorpreise (r) nehmen Votey/Phillips zur Vereinfachung an, daß r = 1 ist. Für die Deliktarten eins und zwei existiert jeweils eine Produktionsfunktion. Die Polizei hat nun die Aufgabe, ein gegebenes Budget T auf die Bekämpfung der zwei Deliktarten derart aufzuteilen, daß die Transformationskurve von der höchstmöglichen Indifferenzkurve tangiert wird. In der Abbildung ist das im Punkt P der Fall. Punkt B charakterisiert eine Konstellation, in der das Gesamtbudget auf die Bekämpfung des Deliktes zwei verwendet wird, während Punkt A die völlige Verausgabung für Deliktart eins kennzeichnet.

Eine Verbesserung in der Technologie zur Verbrechensbekämpfung kann durch die Variable t_i dargestellt werden. Dazu wird eine neoklassische Produktionsfunktion für eine Deliktart unter Berücksichtigung eines einzigen Inputs betrachtet. Abbildung Z.14 zeigt die Verschiebung der Produktionsfunktion nach oben von f(O,t) nach f(O',t') als Resultat einer innovativen Technologie (t') und/oder als Resultat einer Erhöhung der Anzahl der Straftaten (O'). Bei konstantem Input $X1^*$ wird bei f(O',t') eine erhöhte Anzahl von durch Festnahme geklärter Delikte möglich; es erfolgt eine Steigerung des Outputs von C_n nach C_h.

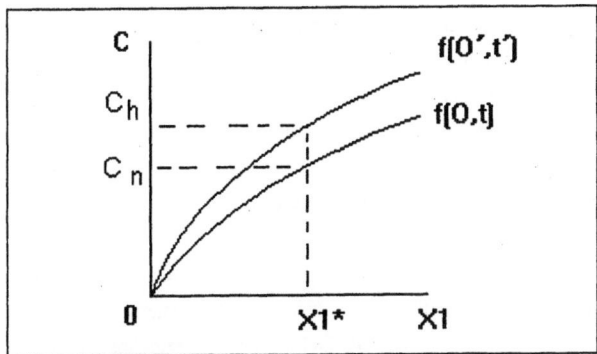

Abb. Z.14: Verbesserung der Technologie[44]

Votey/Phillips überführen den Modellansatz anschließend in eine empirisch testbare Form, wobei die Produktionsfunktion vom Typ Cobb-Douglas ist. Außerdem unterziehen die Autoren die Modellstruktur einem empirischen Test für vier verschiedene Deliktarten[45]. Für die vorliegende Untersuchung soll aber primär die Struktur der Problembeschreibung im

[44] In Anlehnung an Votey/Phillips (1972), S. 425.
[45] Vgl. Votey/Phillips (1972), S. 427-429.

Vordergrund stehen, weniger die Details und Schwierigkeiten ihrer empirischen Validierung.

Zunächst sollen die Modellannahmen des Konzepts diskutiert und anschließend die Übertragung der Modellstruktur auf die vorliegende Themenstellung vorgenommen werden. Das Modell setzt die Kenntnis der Produktionsfunktionen als gegeben voraus, woraus sich ergibt, daß die Strafverfolgungsbehörden auch den effizienten Rand des Entscheidungsfeldes kennen. Nicht selten wird jedoch gerade die Suche nach dem effizienten Rand das eigentliche Entdeckungsproblem darstellen. Außerdem wird unterstellt, daß die Grundgesamtheit in Form der Zahl der Straftaten O_i bekannt ist. Bemerkenswert ist die Annahme, daß die Polizei bei einem Anstieg der Zahl der Straftaten auch eine höhere Zahl erfolgreicher Festnahmen realisiert[46]. Offensichtlich wird davon ausgegangen, daß die Wahrscheinlichkeit der Festnahme bei konstanter Polizeipräsenz steigt, wenn sich nur 'genügend Fische im Becken tummeln'. Es kann jedoch nicht plausibel angenommen werden, daß sich auch die Relation der Anzahl der durch Festnahme geklärten Fälle C_i zu der Anzahl der verübten Straftaten O_i verbessert, wenn O_i bei gegebenem Budget und konstanter Technologie ansteigt.

Die Krümmung der Nutzenfunktion drückt die relative Wertschätzung aus, die Strafverfolgungsbehörden der Lösung einer bestimmten Straftat i beimessen. Diese Krümmung kann als eine grafische Veranschaulichung interpretiert werden, wie die relative Sozialschädlichkeit der Delikte eingestuft wird. Eine Verschiebung der Nutzenfunktion zugunsten einer bestimmten Deliktart i führt zu einem neuen Allokationsoptimum und damit zu einer Verschiebung des Umfangs der Faktoreinsätze auf die begünstigte Deliktart.

Folgende Annahmen werden nun getroffen: Eigentumsdelikte in Handelsunternehmen werden im Sinne von Abbildung Z.13 als Deliktart eins definiert. Organisierte Bandenkriminalität, beispielsweise Raub und Erpressung, wird als Deliktart zwei bezeichnet. Nun sei das verfügbare Budget der Strafverfolgungsbehörden aufgrund fiskalischer Engpässe konstant und nicht ausweitbar. Annahmegemäß tritt vermehrte Bandenkriminalität im Alltag auf, die die öffentliche Meinung beunruhigt. Die Strafverfolgungsbehörden werden der Lösung von Straftaten der Bandenkriminalität einen höheren Nutzen zuordnen. Die Verschiebung der Nutzenfunktion führt dazu, daß steigende Budgetanteile zur Klärung der Deliktart zwei verausgabt werden. Wegen der Budgetrestriktion geht diese Verausgabung auf Kosten der Deliktart eins. Generell kann eine diesgeartete Verschiebung der Nutzenfunktion als der

---

[46] Vgl. Votey/Phillips (1972), S. 426.

Zwang verstanden werden, bei steigender Gesamtkriminalität (Deliktarten eins und zwei) ein knappes Budget auf verschiedene Deliktarten aufzuteilen. Die Allokation der Ressourcen geht dann zu Lasten jener Deliktarten, deren Sozialschädlichkeit als geringer eingestuft wird.

5.2.3 Reduktion staatlicher Faktoreinsätze aufgrund veränderter Präferenzordnungen

Die Faktoreinsätze in Handelsunternehmen sind nicht unabhängig von den Faktoreinsätzen des Staates. Diese Tatsache impliziert, daß der Mindereinsatz von Produktionsfaktoren beim Staat durch erhöhte Faktoreinsätze der Handelsunternehmen ausgeglichen werden muß, wenn ein konstantes Sicherungsniveau aufrechterhalten werden soll.

Grundsätzlich gilt bei der Verfolgung von Straftaten das Legalitätsprinzip, d.h., alle strafbaren Handlungen sind zu verfolgen. Die rechtswissenschaftliche Diskussion der Frage, ob es sich dabei um einen Anklagezwang, einen Verfolgungszwang oder um eine Verfolgungspflicht[47] handelt, soll hier nicht näher problematisiert werden. Im Vordergrund des Interesses steht vielmehr die Erkenntnis, daß aus arbeitsökonomischen Gründen das Legalitätsprinzip in der Praxis ständig unterlaufen wird[48]. Die Ursache liegt in der Begrenztheit des verfügbaren Budgets, so daß der Allokationsprozeß auf der zweiten Stufe zu einer Aufteilung von Ressourcen auf die Bekämpfung einzelner Deliktarten führt. Der Verlauf der Nutzenfunktion in der Modellstruktur von Votey/Phillips gibt dann die relative Sozialschädlichkeit von Delikten im Sinne einer Präferenzordnung an[49]. In der Praxis geht der Substitutionsprozeß bei der Bekämpfung von Straftaten zu Lasten von Aktivitätsbereichen, die der staatlichen Prävention und Sanktion von Delikten in Handelsunternehmen dienen.

Einfacher Diebstahl in Einkaufsstätten des Handels gehört zu den sogenannten Bagatellstrafsachen.
"Bagatellstrafsachen sind Strafsachen, bei denen das Strafbedürfnis im Hinblick auf das geringe Unrecht bzw. die geringe Schuld sehr niedrig ist oder überhaupt nicht besteht."[50]

---

[47] Vgl. Schroeder, Friedrich-Christian: Legalitäts- und Opportunitätsprinzip heute, in: Einheit und Vielfalt des Strafrechts, hrsg. von Jürgen Baumann und Klaus Tiedemann, Tübingen 1974, S. 411-427, hier S. 414.

[48] Vgl. Eisenberg (1990), S. 251.

[49] Verschiedene Autoren versuchen, unterschiedlichen Deliktarten unterschiedliche Bedeutungsgewichte durch monetäre Größen zuzuordnen. Vgl. zu diesen problematischen Ansätzen: Pyle (1983), S. 178-180.

[50] Tilch, Horst (Hg.): 'Bagatellsache', in: Deutsches Rechts-Lexikon, Band 1, 2. Aufl., München 1992, S. 456.

Bei Bagatellstrafsachen eröffnet sich die Möglichkeit der Einstellung des Verfahrens nach §153 StPO wegen geringer Schuld oder auch nach §153a StPO. Diese juristische Kategorie zeigt auf, daß ökonomische Gesichtspunkte auch in der Justiz von Bedeutung sind. Zum einen sollen Kosten der Strafverfolgung vermindert werden ('Effizienzproblem bei begrenztem Budget'), zum anderen wird bei der Verfolgung von Delikten mit geringeren Schadenssummen eine Präferenzordnung über das Strafmaß (Variable f im Rahmen dieser Arbeit) offenbart. Mit Hilfe verschiedener Überlegungen und Gesetzesinitiativen wurde in der Vergangenheit der Versuch gemacht, speziell bei der Verfolgung von Kundendelikten eine neue strafrechtliche bzw. verfahrensrechtliche Wertung durchzusetzen. Dazu zählen Alternativgesetzentwürfe und ähnliche Bestrebungen, die das Ziel verfolgen, als Ladendiebstahl klassifizierte Kundendelikte in Handelsunternehmen aus dem Katalog strafrechtlicher Tatbestände zu entfernen ('Entkriminalisierung'[51]), sowie länderspezifische Verfügungen[52], die Staatsanwälte anweisen, bei 'kleineren' Schadenssummen bis 100 DM nach Möglichkeit die Verfahren einzustellen, um die Gerichte zu entlasten. Einige ausgewählte Argumente aus den länderspezifischen Kommissionsvorschlägen sollen hier wiedergegeben werden:

- Die Bedeutung des Eigentums hat sich gewandelt, da materielle Werte
  durch nicht-materielle Werte abgelöst worden sind[53].
- die Verletzbarkeit des Eigentümers durch Diebstahl ist infolge der Zunahme
  von Sachversicherungen mehr und mehr verringert worden[54].
- Die Anonymität des Opfers erleichtert den Zugriff auf die Ware[55].
- Das Strafrecht besitzt derzeit den Charakter einer
  "flankierenden Gewinnsicherungsmaßnahme"[56].
- Die Notwendigkeit zur Entkriminalisierung von Ladendiebstahl ergibt sich
  aufgrund der Tatsache, daß hier Taten von geringer Bedeutung mit
  hohem Arbeitsaufwand verfolgt werden[57].

---

[51] Vgl. Arzt (1974); o.V.: Ein Desaster für die Ministerin, in: Der Handel, 11/1993, S. 16.
[52] Vgl. zum sogenannten 'Krumsiek-Erlaß': Rundverfügung des Justizministers von Nordrhein-Westfalen vom 2. Dezember 1985 (4001 - III A. 153) über die Einstellung von Ermittlungsverfahren nach §§ 153 Abs. 1, 153a Abs. 1 StPO; o.V.: Freibrief?, in: Kriminalistik, 40. Jg., 4/1986, S. 175; Füllkrug, Michael: Freischuß für Ladendiebe - Versuch einer Versachlichung der Diskussion, in: Kriminalistik, 40. Jg., 6/1986, S. 319-321.
[53] Vgl. Albrecht, Peter-Alexis, u. a. (Hg.) (1992b): Rechtsgüterschutz durch Entkriminalisierung, Baden-Baden 1992, S. 51.
[54] Vgl. Albrecht (1992b), S. 51. Anmerkung: Einfacher Diebstahl in Handelsunternehmen ist normalerweise nicht versicherbar!
[55] Vgl. Albrecht (1992b), S. 51.
[56] Vgl. Albrecht (1992b), S. 62.
[57] Vgl. Albrecht (1992a), S. 29.

- Eine Herabstufung des Ladendiebstahls zur Ordnungswidrigkeit wird abgelehnt, da sich auf der Grundlage des Ordnungswidrigkeitenrechts keine nennenswerte Reduzierung des Arbeitsaufwandes erwarten läßt[58].

Offensichtlich gehen die Kommissionsvorschläge nicht von dem Gedanken aus, wie eine Neubewertung der Sozialschädlichkeit der handelsspezifischen Delikte erfolgen kann bzw. erfolgen sollte. Vielmehr ist Ausgangspunkt der Überlegungen, wie die Neubewertung der Sozialschädlichkeit von Delikten ausgestaltet werden muß, damit es zu einem minimalen Arbeitsaufwand für die betroffenen Strafverfolgungsbehörden kommt. Die Argumentation ist daher in hohem Maße ökonomisch strukturiert. Hier offenbart sich ein Defizit der (ökonomischen) Effizienzkontrolle kriminalpolitischer Maßnahmen. Verfahren der Prüfung von Input-Output-Effizienz sind dort nur in geringem Maße verbreitet. So stellt Schellhoss für die Bundesrepublik Deutschland, in deutlicher Abgrenzung zur Situation in den USA, fest: "Soweit erkennbar, ist aber bei kriminalpolitischen Maßnahmen die ökonomische Rationalität des Einsatzes der Mittel bisher noch nicht überprüft worden."[59] Dieses Defizit kann mittelbar als Ursache für Erwägungen zur Rechtsreform angesehen werden. Reformansätze sollen eine Reallokation von Mitteln ermöglichen. Dieser Weg scheint offenbar opportuner als der Gedanke, die Effizienz der Faktoreinsätze kriminalpolitischer Maßnahmen bei bestehender Rechtslage zu prüfen und zu verbessern. Dazu wäre es erforderlich, geeignete Instrumentarien zu entwerfen und einzuführen. Unabhängig von den Vorgaben des Legalitätsprinzips stellt sich für den Staat die Frage, welcher Ressourcenverbrauch bei bestehender Rechtslage durch kriminalpolitische Maßnahmen verursacht wird und welche Potentiale der Einsparung dort noch erschlossen werden können.

Die neueren Vorstöße zur Entkriminalisierung können daher jenseits der Diskussion um strafrechtliche Bewertungen einzelner Deliktarten als Bestrebungen interpretiert werden, angesichts eines bestehenden, nicht ausweitbaren Budgets (in der Modelldarstellung die Größe T) und bei einer steigenden Anzahl von Straftaten (in der Modelldarstellung die Größe O_i) Ressourcen von bestimmten Deliktarten (hier insbesondere Kundendelikte) zugunsten anderer Deliktarten (z. B. Gewaltkriminalität, organisierte Kriminalität, etc.) zu verlagern. Handelsunternehmen müssen daher damit rechnen, daß es im Zuge der Steigerung der Gesamtkriminalität bei limitierten staatlichen Budgets zu einem Rückzug staatlicher Faktorein-

---

[58] Vgl. Albrecht (1992a), S. 30.
[59] Schellhoss, Hartmut: Kriminalökonomie, in: Kleines Kriminologisches Wörterbuch, hrsg. von Günther Kaiser u. a., Heidelberg 1985, S. 244-248, hier S. 244. Allerdings ist anzumerken, daß Landesrechnungshöfe stichprobenartig einzelne Methoden der Wirtschaftlichkeits- und Ordnungsmäßigkeitsprüfung auch im Bereich der Polizei und der Staatsanwaltschaften anwenden.

sätze aus all jenen Bereichen der Strafverfolgung kommt, die als 'minder schwer' im Sinne einer ordinal formulierten Präferenzordnung eingestuft werden.

Diese Präferenzordnung äußert sich bei der Tätigkeit von Polizeidienststellen darin, daß nicht alle bekannt gewordenen Straftaten mit der gleichen Intensität verfolgt werden. Der relative Faktoreinsatz der Polizei zur Verfolgung von Straftaten ist abhängig von der eigenen Einschätzung über die Sozialschädlichkeit von Delikten, dem zur Bearbeitung spezifischer Delikte notwendigen durchschnittlichen Arbeitsaufwand und den erwarteten Erfolgschancen[60]. Die letzten beiden Gesichtspunkte zeigen auf, daß nicht nur die Präferenzordnung über die relative Sozialschädlichkeit bzw. Schwere einzelner Delikte, sondern auch Erwägungen in Form von Input-Output-Relationen beim Kalkül der Strafverfolgungsbehörden zumindest implizit eine Rolle spielen. Die Folgen dieser Kalküle treffen auch die Handelsunternehmen.

5.2.4 Konsequenzen für Handelsunternehmen

Mit dem Legalitätsprinzip ist die Zuweisung von Aufgaben der Strafverfolgung an die staatlichen Behörden verbunden. Die Sicherheit der Eigentumsrechte besitzt das Charakteristikum eines öffentlichen Gutes. Reine öffentliche Güter, auch als Kollektivgüter bezeichnet, besitzen definitionsgemäß folgende Charakteristika[61]:
- Nichtanwendbarkeit des Ausschlußprinzips:
  Aus technischen oder ökonomischen Gründen kann die Nutzung des Gutes nicht von der Zahlung eines Entgeltes abhängig gemacht werden.
- Nichtrivalität im Konsum:
  Der aus dem Konsum des öffentlichen Gutes dem Konsumenten zukommende Nutzen ist unabhängig von der Anzahl der Nutzer, d.h. es entsteht kein Überfüllungsproblem.

Aus der Perspektive der ökonomischen Theorie ergeben sich bei reinen öffentlichen Gütern spezifische Phänomene. Wegen der fehlenden Ausschlußmöglichkeit[62] gibt es keinen Anreiz für Wirtschaftseinheiten, ihre Präferenzen und damit die Zahlungsbereitschaft für diese Güter zu offenbaren[63]. Auf Märkten kommt es daher zu einer suboptimalen Versorgung mit

---

[60] Vgl. Zipf (1974), S. 492.
[61] Vgl. Samuelson, Paul A.: The Pure Theory of Public Expenditure, in: Review of Economics and Statistics, Vol. 36, 1954, S. 387-389; Musgrave, Richard A.: Finanztheorie (engl.: The Theory of Public Finance), 2. Aufl., Tübingen 1969, S. 8-11; Brümmerhoff (1990), S. 79.
[62] Vgl. zum Ausschlußprinzip: Musgrave (1969), S. 10.
[63] Vgl. Brümmerhoff (1990), S. 79.

159

Kollektivgütern (Unterversorgung), so daß unter Umständen der Staat diese Güter bereitstellen muß. Reine öffentliche Güter dürften äußerst selten sein[64], jedoch kann der Bereich der inneren Sicherheit dieser Kategorie zugeordnet werden[65]. Die Finanzwissenschaft geht davon aus, daß der Bereich innere Sicherheit zweifelsohne zu den Aufgabenbereichen selbst eines "liberalen Nachtwächterstaates"[66] gehört und daß die Finanzierungsmittel im wesentlichen durch Zwangsabgaben ohne Bezug auf die Verteilung der Nutzen öffentlicher Güter beschafft werden. Eine Faktorabgeltung entsprechend der tatsächlichen Faktorinanspruchnahme findet daher nicht statt.

Eine Veränderung der Sicherheit der Eigentumsrechte ist dahingehend zu überprüfen, inwieweit sich hier zunehmend eine Entwicklung zu einem unvollständig öffentlichen Gut abzeichnet. Die Begrenztheit der staatlichen Budgets bei steigender Gesamtkriminalität führt zu einer Rivalität im Konsum der verschiedenen, durch Kriminalität betroffenen Nachfrager staatlicher Sicherheitsproduktion und zu einer (u. U. durch gesetzliche Maßnahmen verfügten) Ausschließbarkeit der Handelsunternehmen vom bisher als öffentlich verstandenen Gut der 'Sicherheit der Eigentumsrechte'[67]. An die Stelle der unspezifisch abgegoltenen öffentlichen Bereitstellung eines bedeutsamen Teiles der Sicherheitsproduktion treten verstärkt durch die Handelsunternehmen selbst zu alimentierende Faktoreinsätze.

Dieser Substitutionsprozeß wirkt auf die Ausgestaltung der Sanktionsdesigns von Handelsunternehmen. Zum einen können Maßnahmen der ex-post-Sanktion nur erschwert durchgesetzt werden, wenn staatliche Ressourcen wegen einer Veränderung der Präferenzordnung in bezug auf handelsspezifische Deliktarten vermindert werden. Daraus folgt, daß Maßnahmen der ex-ante-Prävention verstärkt an Bedeutung gewinnen, die mit Hilfe der Exklusions-Technologie von Handelsunternehmen selbst erzeugt werden müssen. Zum anderen wird es bei einer Senkung der Sanktionsschwere durch staatliche Maßnahmen notwendig, eine Substitution durch eine Erhöhung der Sanktionswahrscheinlichkeit zu bewirken. Ergebnis der Veränderungen der staatlichen Faktorallokation im Bereich der Sicherheitsproduktion ist daher ein erhöhter Ressourcenverbrauch von Handelsunternehmen, der durch Maßnahmen der ex-ante-Prävention in Verbindung mit der Erhöhung der Sanktionswahrscheinlichkeit ausgelöst wird. Mittelbar ist eine Verlagerung dieser Aufwendungen auf jene Kundenseg-

---

[64] Vgl. Brümmerhoff (1990), S. 88.
[65] Vgl. Andel, Norbert: Finanzwissenschaft, 3. Aufl., Tübingen 1992, S. 385.
[66] Andel (1992), S. 382.
[67] Ausschließbarkeit ist auch schon dann gegeben, wenn zwar formaljuristisch ein Strafverfahren gegen Täter eingeleitet werden kann, aber im Ergebnis (z. B. aus verfahrensrechtlichen Gründen) nicht mit einer verhaltenswirksamen Sanktionierung zu rechnen ist. Dann kommt es für den einzelnen Täter nicht zu einer internalisierenden ex-post-Sanktionierung der Straftat, während für andere potentielle Delinquenten ein Signal entsteht, das zu einer unzureichenden Generalprävention der Strafe führt.

mente zu erwarten, die als ehrliche Kunden mit dem Erwerb von Ware auch die Kosten der Exklusions-Technologie alimentieren. Mit der Verminderung staatlicher Faktoreinsätze werden Lösungen notwendig, die vergleichbar der staatlichen Sicherheitsproduktion für eine nicht auf einzelne Handelsunternehmen begrenzte Produktion von Sicherheit sorgen. Die Wirkungsinterdependenz von Maßnahmen der Sicherheitsproduktion zur Durchsetzung von Eigentumsrechten führt zu Kooperationslösungen bei privaten Faktoreinsätzen, wie im folgenden dargelegt wird.

161

5.3 Innenstadt-Sicherheit als Ergebnis kooperativer Faktoreinsätze

5.3.1 Spatialer und temporaler Spillover

Der Begriff 'Spillover' ist in den Wirtschaftswissenschaften in mehreren Anwendungsgebieten geläufig: In der Finanzwissenschaft bzw. der Ökonomie des öffentlichen Sektors und in der Marketingwissenschaft. In der Finanzwissenschaft bezeichnet 'Spillover' einen externen Effekt, der in räumlicher Dimension (interregionale Externalitäten) seine Wirkung entfaltet[68]. So können die von einer Gemeinde A bereitgestellten öffentlichen Güter in weiteren Gemeinden genutzt werden ('spillouts'), oder die Bürger der Gemeinde A nutzen die in anderen Gemeinden angebotenen öffentlichen Güter ('spillins')[69]. In der Marketingwissenschaft wird mit 'Spillover' die Tatsache beschrieben, daß beim Einsatz der Marketing-Instrumente die erzielte Wirkung in sachlicher, räumlicher oder zeitlicher Dimension über den intendierten Zielbereich 'hinausschießt'[70].

Shoup hat 1964 die Allokationsprobleme beschrieben, die auftreten, wenn Polizeikräfte zur Kriminalitätsbekämpfung auf mehrere Stadtteile aufgeteilt werden müssen[71]. Eine (zeitlich stark verzögerte) Ergänzung zu diesem Beitrag leistete Fabrikant[72]: Er erweitert die Shoupsche Argumentation durch die Einführung von räumlichen Spillovers zwischen den Stadtteilen. Wenn beispielsweise zwei Stadtteile A und B existieren, dann kann die Verstärkung von Polizeikräften in Stadtteil A dazu führen, daß Delinquenten ihre Aktivitäten auf Stadtteil B verlagern ("offense spillover"[73]). Der verstärkte Einsatz von Polizei in Stadtteil A führt zu einem negativen externen Effekt, von dem Stadtteil B betroffen wird. Diese Idee ist wiederum aufgegriffen worden von Weinblatt et al[74], die sowohl räumliche als auch zeitliche Spillovers der Verbrechensbekämpfung in einem Modell abbilden. Auch in der Betriebswirtschaftslehre wurde das Konzept öffentlicher Güter genutzt, beispielsweise, um die Wirkung von Verkehrsberuhigungsmaßnahmen auf den Einzelhandel darzustellen[75]. Die

[68] Vgl. Nowotny (1991), S. 94; Atkinson, Anthony B./Stiglitz, Joseph E.: Lectures on Public Economics, New York 1980, S. 552.
[69] Vgl. Brümmerhoff (1990), S. 489.
[70] Vgl. Diller, Hermann: Ausstrahlungseffekte, in: WiSt, Heft 4, April 1978, S. 177-181, hier S. 177; Nieschlag/Dichtl/Hörschgen (1991), S. 851.
[71] Vgl. Shoup (1964).
[72] Vgl. Fabrikant, Richard: A Long Overdue Comment on Shoup's "Standards for Distributing a free Governmental Service: Crime Prevention", in: Public Finance, Vol. XXXII, No.1/1977, S. 111-118.
[73] Fabrikant (1977), S. 113.
[74] Vgl. Weinblatt, J. u. a.: Crime Prevention Policies and Externalities: A Theoretical Analysis, in: Public Finance, Vol. 38, No. 1/1983, S. 110-131, besonders S. 112 und S. 121.
[75] Vgl. Wellenreuther, Hans: Die Wirkungen öffentlicher Güter - untersucht am Beispiel von Fußgängerbereichen, Berlin 1982, S. 5.

Wirkungsinterdependenz von in einzelnen Einkaufsstätten genutzten Aktivitäten der Sicherheitsproduktion wird im folgenden analysiert.

Im Einzelhandel beschränkt sich die Wirkung von Maßnahmen zur Sicherung der Eigentumsrechte nicht isoliert auf den anvisierten Zielbereich innerhalb der einzelnen Einkaufsstätte. Vielmehr führen Aktivitäten der Sicherheitsproduktion zu Verlagerungen innerhalb
der Einkaufsstätte und zu Wirkungsinterdependenzen mit anderen Einkaufsstätten. Der Einsatz der Exklusions-Technologie führt zu Wirkungen, die hier als Spillover von Sicherheitsmaßnahmen klassifiziert werden. Dazu dient die folgende Systematik (vgl. Abbildung
Z.15).

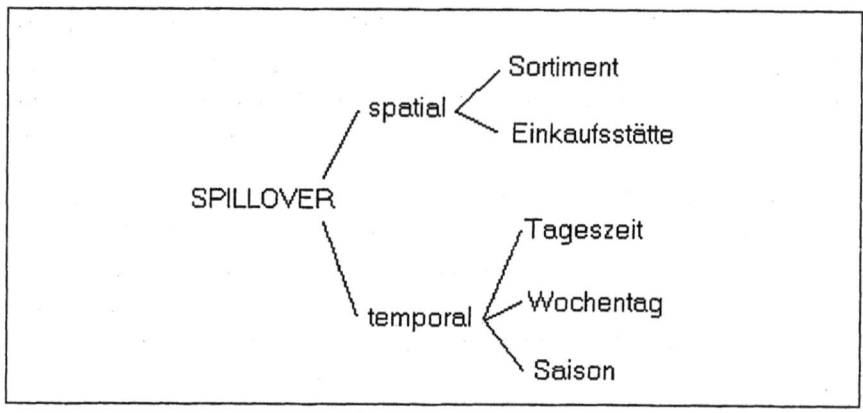

Abb. Z.15: Systematik der Spillover-Effekte

Spillover kann in spatialer oder in temporaler Dimension auftreten.

Spatialer Spillover:
Spatialer Spillover liegt vor, wenn der Einsatz der Exklusionstechnologie zu räumlichen
Verlagerungen von Aktivitätsgebieten der Tätergruppen führt. Diese Verlagerung kann sich
zunächst nur auf die einzelne Einkaufsstätte beziehen. So ist es aus technischen und wirt-
schaftlichen Gründen nicht möglich, alle Waren eines Sortiments durch EAS-Systeme abzu-
sichern. Es kommt daher in einer Einkaufsstätte zur Verlagerung der Aktivitätsbereiche der
Täter von den gesicherten Sortimentsteilen auf die ungesicherten Sortimentsteile[76].
Außerdem sind Einkaufsstätten nicht isoliert vom jeweiligen Umfeld (Einkaufszone,
Shopping-Center, Geschäftsstraße), das am jeweiligen Standort gegeben ist. Daraus kann

---

[76] Vgl. Wirsching (1985), S. 389-390.

eine Verlagerung der Aktivitäten von den besser gesicherten Einkaufsstätten zu den schlechter gesicherten Einkaufsstätten resultieren[77]. Schließlich kann sich spatialer Spillover dergestalt äußern, daß Täter die Tatsache nutzen, daß die Einstellung von Verfahren nicht zentral erfaßt wird. Ein Ersttäter kann in einem anderen Landgerichtsbezirk erneut in den Genuß der Verfahrenseinstellung nach § 153, 153a StPO kommen, ohne daß der dort zuständige Staatsanwalt davon erfährt[78].

Temporaler Spillover:

Als temporaler Spillover werden die Verlagerungen bezeichnet, die zeitlich strukturiert sind und im wesentlichen auf die veränderte Wirksamkeit der Exklusions-Technologie bei wechselnder Kapazitätsbeanspruchung zurückzuführen sind. Beispielsweise ergeben sich Probleme, wenn nach Schulende Schülergruppen eine Einkaufsstätte aufsuchen. Sicherheitsprobleme können auch entstehen, wenn Täter im Gedränge der Haupteinkaufszeit am Nachmittag auftreten. Schließlich ergeben sich für Delinquenten besondere Gelegenheiten bei hohen Beschäftigungsgraden in der Saison, beispielweise in der Weihnachtszeitszeit und bei Schlußverkäufen. Bei temporalem Spillover nutzen Delinquenten u. U. bewußt die mangelnde Anpassungsfähigkeit der Sicherheitsproduktion.

Für die Betriebsformen-Politik im Handel ergibt sich das Resultat, daß für einzelne Einkaufsstätten durch spatialen Spillover auch eine verschlechterte Wettbewerbsposition droht. Verfügt die Konkurrenz über eine überlegene Exklusions-Technologie, die 'Risiken' besser selektiert, dann kann es in der von spatialem Spillover betroffenen Einkaufsstätte zu einem Aufzehren der Umsatzgewinnrate kommen, da 'schlechte Risiken' wegen einer ungenügenden Exklusions-Technologie angezogen werden. Spillover zeigt auf, daß die sicherheitstechnische Optimierung einer einzelnen Einkaufsstätte nicht gleichbedeutend ist mit der Optimierung eines Gesamtsystems (z. B. einer Einkaufszone). Wird die Gesamtzahl der Eigentumsdelikte[79] für eine bestimmte Einkaufszone als determiniert und konstant verstanden, dann impliziert der Abbau von deliktbedingten Inventurdifferenzen bei einer Einkaufsstätte die Zunahme von deliktbedingten Inventurdifferenzen bei anderen Einkaufsstätten (Nullsummenspiel).

Die Effizienz der Faktorallokation bei der Durchsetzung von Eigentumsrechten in einzelnen Einkaufsstätten ist folglich nicht mehr unabhängig von den resultierenden Spillover-Effekten

---

[77] Vgl. Loitz/Loitz (1987), S. 126; Schwarz (1992), S. 31; Weisenberger, Kurt: Welchen Verdrängungseffekt haben gesicherte Geschäfte?, in: BAG-Nachrichten, Nr. 9, 1984, S. 16.
[78] Vgl. Füllkrug (1986b), S. 320.
[79] Es wird idealtypisch angenommen, daß die Schadenssumme pro Delikt konstant ist.

der Sicherheitsproduktion. Das Phänomen spatialen Spillovers verweist auf die Notwendigkeit, die externen Effekte der Sicherheitsproduktion durch ein mehrere Einkaufsstätten umfassendes Sicherungssystem zu internalisieren, speziell, wenn staatliche Beiträge zur Sicherheitsproduktion reduziert werden. Die Problematik der sicherheitstechnischen Optimierung eines Gesamtsystems mit Hilfe von privaten Faktoreinsätzen wird im folgenden erörtert.

5.3.2 City-Streifen und öffentliche Güter

Steigende Kosten der Exklusions-Technologie und die Erkenntnis, daß Insellösungen bei der Bekämpfung von Straftaten in Einzelhandelsunternehmen nicht ausreichen, führen vermehrt zur Kooperation von Einzelhandelsunternehmen[80]. Diese Kooperationen sind dem Handelspraktiker unter der Bezeichnung 'City-Streife' bekannt. Mit dem Terminus 'City-Streife' werden freiwillige Kooperationen von Einzelhandelsunternehmen bezeichnet, bei denen mehrere Händler den Faktoraufwand für eine Sicherheitspatrouille abgelten, die in einem bestimmten, regional abgegrenzten Gebiet (z. B. Einkaufszone, Innenstadtbereich, Shopping-Center) den Dienst versieht.

Gründe, die für eine Beteiligung von Händlern an einem solchen System sprechen, sind zunächst potentielle economies of scale. Während ein einzelner (unabhängiger) Händler nicht in der Lage wäre, den erforderlichen Set-Up-Input zu tragen, wird durch die City-Streife eine verbesserte Exklusions-Technologie auch für kleine Händler verfügbar. Ergänzend kommt hinzu, daß mit City-Streifen innerhalb des Tätigkeitsgebietes das Phänomen spatialen Spillovers eingedämmt werden kann. Schließlich können City-Streifen zur Bekämpfung von Delikten eingesetzt werden, die sich gegen die Kunden von Handelsunternehmungen richten. Beispielsweise werden potentielle Kunden vor dem Besuch von Einkaufsstätten in Einkaufszonen oder Parkhäusern bzw. in den Einkaufsstätten selbst zu Opfern von Taschendiebstahl. Auch diese Delikte strahlen zumindest mittelbar negativ auf die wahrgenommene Qualität der angebotenen Handelsleistung aus.

Damit eine Kooperation zwischen Händlern zustande kommen kann, muß jedoch eine Einigung über den Modus der Faktorabgeltung der City-Streifen erzielt werden. Dieser Prozeß der Einigung ist jedoch problematisch. Der Bedarf, die tatsächliche Inanspruchnahme und

---

[80] Beispielsweise sei hier genannt der Verein 'Zeil aktiv' in Frankfurt am Main, die 'City Streifen' des Offenbacher Einzelhandelsverbandes und der Verein SKIB e.V. (Sicherheitskonzept Innenstadt Bochum) in Bochum. Vgl. Weinberger, Anton Jacob (1993): "Die Prävention ist für uns das wichtigste", Frankfurter Allgemeine Zeitung, Rhein-Main, 13. Juli 1993, Nr. 159, S. 34; Peterdorf-Campen, Wienand von (1994): Zeil-Kaufleute gründen Verein, Frankfurter Allgemeine Zeitung, 16. Februar 1994, Nr. 39, S. 34; Panne, Hans Joachim: Detektive schneller am Einsatzort, in: Dynamik im Handel, 12/1992, S. 28-29.

der Nutzen der City-Streifen kann für verschiedene Händler sehr heterogen sein. Damit verbinden sich dann auch heterogene Vorstellungen über den zu erbringenden Anteil an der Faktorabgeltung. Im Gegensatz zur staatlichen Sicherheitsproduktion erfordert die Inanspruchnahme der City-Streife von den Handelsunternehmen einen spezifischen Beitrag zur Alimentierung, jedoch ist auch dieser Beitrag unabhängig von der tatsächlichen Faktorinanspruchnahme[81].

Die Dienstleistung der City-Streifen wird im folgenden in der Perspektive der Theorie 'unvollständiger lokaler öffentlicher Güter' analysiert. Bei unvollständigen öffentlichen Gütern ist die Nutzungsmöglichkeit für Mitglieder des Wirtschaftssystems unterschiedlich, von Bedeutung sind besonders die Anzahl der Nutzer und der Ort der Bereitstellung[82]. Beispielsweise tritt ein Überfüllungsproblem erst ab einer bestimmten Nutzungsintensität auf. Wird ein Gut regional begrenzt angeboten, dann nimmt die Nutzungsmöglichkeit mit steigender Entfernung ab[83] - es handelt sich um ein lokales öffentliches Gut. Die Dienstleistung der City-Streifen wird im folgenden dieser Kategorie zugeordnet. Zum einem ist das Charakteristikum des öffentlichen Gutes nur auf der lokalen Ebene gegeben, d.h. im Bereich des Aktionsradius der City-Streife. Zum anderen ist es durchaus plausibel, daß ab einem bestimmten Nachfrageniveau nach dem Einsatz der City-Streife (z. B. simultaner Ruf zu mehreren Einkaufsstätten) auch Rivalitäten im Konsum auftreten. Daraus resultiert dann ein Überfüllungsproblem. Es äußert sich darin, daß die Qualität mit steigender Anzahl der Nutzer abnimmt[84]. Im vorliegenden Beispiel könnte der Qualitätsverfall in einer verminderten Reaktionszeit der City-Streife oder in ihrer Nichtverfügbarkeit bestehen.

Das Abgeltungsproblem soll an einem praktischen Beispiel erläutert werden[85]. Der Einzelhandelsverband der Stadt Offenbach am Main hat für den Innenstadtbereich seit Ende 1991 eine entsprechende City-Streife eingerichtet. Von den 150 Einzelhändlern, die als Verbandsmitglieder in der Innenstadt ein Geschäft besitzen, haben sich bis zum Juli 1993 insgesamt 63 Händler an der Streife beteiligt. Der Monatsbeitrag ist nach Umsätzen gestaffelt und liegt zwischen 100 und 400 Deutsche Mark. Der Offenbacher Einzelhandelsverband äußert sich verärgert über Filialbetriebe, die sich weigern, dem System beizutreten.

---

[81] Die Alimentierung erfolgt üblicherweise gemäß den Umsätzen oder entsprechend der Geschäftsfläche einer Einkaufsstätte bzw. Handelsunternehmung.

[82] Vgl. Brümmerhoff (1990), S. 88.

[83] Vgl. Brümmerhoff (1990), S. 486.

[84] Vgl. Bonus, Holger: Ordnungspolitische Aspekte öffentlicher Güter, in: Neuere Entwicklungen in den Wirtschaftswissenschaften, hrsg. von E. Helmstädter, NF Bd. 98, Berlin 1978, S. 51-74, hier S. 65.

[85] Vgl. Weinberger, Anton Jacob (1993): "Die Prävention ist für uns das wichtigste", Frankfurter Allgemeine Zeitung, 13. Juli 1993, Nr. 159, S. 34.

Die Weigerung zur Teilnahme von etwa 50 Prozent der potentiellen Teilnehmer des Systems soll unter Berücksichtigung der öffentlichen Gutseigenschaft betrachtet werden. Wenn das Dienstleistungsangebot der City-Streife seinen Eigenschaften nach kein reines privates Gut ist, dann ist auch das Ausschlußprinzip hier nicht mehr ohne weiteres anwendbar. Jene Händler, die sich an der Faktorabgeltung nicht beteiligen, können dennoch einen Nutzen aufgrund der Präsenz der City-Streife in der Einkaufszone beziehen, beispielsweise, wenn eine Abschreckungswirkung im Sinne der Generalprävention entsteht. Dieser Zugang von Nutzen kann von Seiten des Einzelhandelsverbandes nicht von einer Entgeltzahlung abhängig gemacht werden. Hier kommt es daher zu einem positiven externen Effekt (spillin), der Nicht-Teilnehmern zufließt.

In der Finanzwissenschaft wird diese Konstellation als 'free-rider-Problem'[86] bezeichnet. Es handelt sich um einen Anwendungsfall des Theorieansatzes, der Situationen beschreibt, in denen die 'Großen' durch die 'Kleinen' ausgebeutet werden[87]. Jene Mitglieder ('die Großen'), die einen hohen Nutzen aus der Bereitstellung des öffentlichen Gutes ziehen, sind bereit, das Gut zu finanzieren, obwohl die anderen Nicht-Mitglieder ('die Kleinen') sich strategisch verhalten und Vorteile aus der Bereitstellung des öffentlichen Gutes auch ohne Entgeltzahlung beziehen. Die Verlagerung von handelsbezogenen Sicherheitsdienstleistungen, die ursprünglich den Aufgaben der staatlichen Sicherheitsproduktion zugeordnet sind, auf private Initiativen der Handelsverbände substituiert daher möglicherweise staatliche Faktoreinsätze. Die Substitution führt jedoch nicht zwangsläufig zu einer optimalen Versorgung mit Sicherheitsdienstleistungen, wenn die Nachfrager ihre Präferenzen wegen der Eigenschaft der Sicherheitsdienstleistung als öffentliches Gut nicht hinreichend offenbaren. Lösungsmöglichkeiten eröffnen sich, wenn es gelingt, das Ausschlußprinzip bei der Dienstleistung von City-Streifen anzuwenden, mithin die Inanspruchnahme an eine spezifische Faktorabgeltung zu koppeln. Sind jedoch die Kosten der Einführung eines diesgearteten Preismechanismus sehr hoch, dann können neben technischen auch ökonomische Gründe dem Versuch entgegenstehen, eine Anwendung des Ausschlußprinzips bei der privaten Bereitstellung der Sicherheitsdienstleistung zu realisieren. Werden diese Kosten der Einführung eines Preismechanismus als Transaktionskosten definiert, dann ist das Vorliegen hoher Transaktionskosten ein Grund, warum es vorteilhafter sein kann, die Sicherheitsdienstleistungen nicht durch private Anbieter bereitzustellen, sondern durch den Staat.

---

[86] Vgl. Nowotny (1991), S. 32.
[87] Vgl. Olson, Mancur: Die Logik kollektiven Handelns - Kollektivgüter und die Theorie der Gruppen, Tübingen 1968, S. 34.

Die Delegation von Aufgaben an den Staat ist vergleichbar dem organisationstheoretischen Koordinationskonzept der Hierarchie. Dazu werden einer Instanz bestimmte Weisungsrechte eingeräumt[88]. So könnte die Betreibergesellschaft, die das Management eines Shopping Centers bereitstellt, auch das Recht erhalten, Sicherheitsdienste einzurichten und von den im Center ansässigen Händlern eine pauschale Abgeltung für die Bereitstellung dieser Dienste zu fordern. Die Delegation an diese Instanz bewirkt zwar nicht, daß eine Faktorabgeltung durch die Händler gemäß der tatsächlichen Inanspruchnahme der Sicherheitsdienstleistung ermöglicht wird. Jedoch wirkt das Ausschlußprinzip durch die Delegation von Entscheidungsgewalt an das Center-Management. Mit dem Eintritt des Händlers in das Center überträgt er auch das Recht zur Entscheidung über den Umfang der im Center betriebenen Sicherheitsproduktion an das Center-Management.

5.4 Zusammenfassung

Die Realisation von Sanktionsdesigns erfordert einen spezifischen Faktoreinsatz. Um die Möglichkeiten zur Überprüfung der Effizienz dieses Faktoreinsatzes zu analysieren, wird eine produktionstheoretische Analyse durchgeführt. Die Produktion von Sicherheit wird als eine Variante der Dienstleistungsproduktion verstanden. Dabei ergeben sich auch Bezüge zu Theorieansätzen der Economics of Crime. Dort werden ähnlich strukturierte Probleme bezüglich der Produktion von Polizeidiensten untersucht.

Zur Evaluation von Input-Output-Effizienz ist der Rückgriff auf das Mengengerüst der Kosten erforderlich. Die Meß- und Operationalisierungsprobleme der Inputs und Outputs der Sicherheitsproduktion werden deutlich gemacht. Der Output der Sicherheitsproduktion wird in intermediäre und finale Produkte unterteilt. Intermediäre Outputs sind in der betrieblichen Praxis durchaus erfaßbar. Als finaler Output der Sicherheitsproduktion in Handelsunternehmen wird die Generalprävention definiert. Diese Größe repräsentiert ein theoretisches Konstrukt und entzieht sich der Meßbarkeit. Intermediäre Outputs sind jedoch nur dann geeignete Ersatzgrößen, wenn die Korrelation zwischen intermediären und finalen Outputs sehr hoch ist. In der Handelspraxis dient die Abnahme der Inventurdifferenz als Surrogat. Die Möglichkeiten zur Anpassung der Sicherheitsproduktion werden diskutiert. Die unvollkommene Information über den Beschäftigungsgrad führt zu Unsicherheiten über den erforderlichen Faktoreinsatz.

---

[88] Vgl Laux (1990), S. 110.

Mit einem Modell der Budgetallokation wird verdeutlicht, wie sich fiskalische Engpässe auf die Faktoreinsätze des Staates zur Bekämpfung handelsspezifischer Delikte auswirken. Dazu wird angenommen, daß eine Budgetrestriktion der Strafverfolgungsbehörden existiert, die Gesamtkriminalität jedoch ansteigt. Die knappen Ressourcen müssen auf die Bekämpfung verschiedener Deliktarten aufgeteilt werden. Legislative und Exekutive führen diese Allokation gemäß der Einschätzung der relativen Sozialschädlichkeit der verschiedenen Deliktarten durch. Daraus folgt, daß der Faktoreinsatz für jene Deliktarten abgesenkt wird, deren relative Sozialschädlichkeit als gering eingestuft wird. Dazu gehören handelsspezifische Deliktarten. Entkriminalisierungsmaßnahmen werden als Bemühungen interpretiert, mit legislativen Mitteln die Sozialschädlichkeit so zu verändern, daß eine Reallokation des Budgets möglich wird. Für Handelsunternehmen wird daher ein erhöhter Faktoreinsatz notwendig, denn private und staatliche Faktoreinsätze stehen in einem Verhältnis der peripheren Substituierbarkeit.

Die Begrenztheit der staatlichen Faktoreinsätze führt zu Bemühungen der Handelsunternehmen, kooperative Sicherheitslösungen einzuführen. Dazu werden die in Großstädten von Einzelhandelsverbänden organisierten City-Streifen analysiert. Mit Hilfe des Konzeptes der öffentlichen Güter wird deutlich gemacht, daß es zu einer Unterversorgung mit dieser kooperativ alimentierten Sicherheitsdienstleistung kommen kann, wenn Nachfrager der Dienstleistung ihre Präferenzen nicht offenbaren. Die Abgeltungsprobleme können jedoch gelöst werden, wenn die Entscheidungsgewalt über den Umfang des Angebotes und die Festlegung des Modus der Faktorabgeltung an eine übergeordnete Instanz delegiert wird. Dabei kann es sich beispielsweise in der Praxis um das Management eines Shopping-Centers handeln. Mit dem Eintritt in das Zentrum gibt der einzelne Händler die Entscheidungsgewalt im oben beschriebenen Sinne an das Center-Management ab. Diese Lösung führt jedoch nicht automatisch auch zu einer Faktorabgeltung gemäß der tatsächlichen Inanspruchnahme der Sicherheitspatrouille.

6   Ausblick

In Zukunft wird die Notwendigkeit zur Durchsetzung von Eigentumsrechten in Handelsunternehmen zu höherem Ressourcenverbrauch in den betroffenen Einkaufsstätten führen. Diese Aufwendungen treffen mittelbar über den Mechanismus der Eigenversicherung auch die ehrlichen Kunden. Händler werden sich nicht mehr in gewohntem Maße auf die verhaltenssteuernde Wirkung der strafrechtlichen Anreizsysteme verlassen können.

Legislativ bewirkte Maßnahmen, die sinkende Ausprägungen der Sanktionsschwere zur Folge haben, müssen durch eigene Bemühungen der Händler zur Erhöhung der Sanktionswahrscheinlichkeit kompensiert werden. Präventive Maßnahmen werden verstärkt erforderlich, zumal die Anreizwirkung und die Akzeptanz von ex-post-Sanktionen tendenziell rückläufig ist. Probleme, die durch die freie Zugangsmöglichkeit der Besucher zu den Einkaufsstätten des Handels entstehen, werden zu Bestrebungen führen, die Zugangsberechtigung an bestimmte Eigenschaften der Kunden zu knüpfen. Hier liegen Faktoren, die die Entwicklungsrichtung zukünftiger Betriebsformen beeinflussen können.

Die Ansätze zur Entkriminalisierung sind insofern bedenklich, als versucht wird, über eine Neudefinition der relativen Sozialschädlichkeit bestimmter Deliktarten staatliche Budgetprobleme zu lösen. Damit verbunden ist jedoch auch die Verschiebung der Sicherheit der Eigentumsrechte hin zum privaten Gut. Diese Entwicklung dürfte insbesondere die kleineren Händler treffen, die Möglichkeiten der economies of scale bei der Sicherheitsproduktion nicht nutzen können. Die Attraktivität von Shopping-Centern auf der grünen Wiese zulasten von gewachsenen Einkaufsmeilen der Innenstädte wird daher auch aufgrund dieser Sachlage zunehmen. Das Center-Management sorgt dann für die Wahrnehmung jener Sicherungsaufgaben, die zuvor dem Aufgabenbereich des Staates zugeordnet wurden.

Erwartungsgemäß werden sich in der Zukunft praxisorientierte Forschungsansätze der Economics of Crime auch im deutschsprachigen Raum stärker durchsetzen. Zu hoffen ist, daß sich diese Entwicklung auf der Basis wissenschaftlicher Neugierde vollzieht und nicht von Trends der Kriminalstatistik diktiert wird.

Literaturverzeichnis

Adams, Michael (1991): Eigentum, Kontrolle und beschränkte Haftung, Baden-Baden 1991.

Akerlof, George A. (1970): The Market for 'Lemons': Quantitative Uncertainty and the Market Mechanism, in: Quarterly Journal of Economics, 84, 1970, S. 488-500.

Albrecht, Hans-Jörg (1985): Generalprävention, in: Kleines Kriminologisches Wörterbuch, hrsg. von Günther Kaiser u.a., Heidelberg 1985, S. 132-139.

Albrecht, Peter-Alexis, u.a. (Hg.) (1992a): Strafrecht - ultima ratio, Baden-Baden 1992.

Albrecht, Peter-Alexis, u.a. (Hg.) (1992b): Rechtsgüterschutz durch Entkriminalisierung, Baden-Baden 1992.

Alchian, Armen A. (1987): Property Rights, in: The New Palgrave, hrsg. von John Eatwell u.a., Vol. 3, London/Basingstoke 1987, S. 1031-1034.

Alchian, Armen/Demsetz, Harold (1972): Production, Information Costs, and Economic Organization, in: American Economic Review, Vol. 62, 1972, S. 777-795.

Andel, Norbert (1992): Finanzwissenschaft, 3. Aufl., Tübingen 1992.

Anderson, R.W. (1976): The Economics of Crime, London/Basingstoke 1976.

Arrow, Kenneth J. (1987): The Economics of Agency, in: Principals and Agents: The Structure of Business, hrsg. von John W. Pratt and Richard J. Zeckhauser, Boston 1987, S. 37-51.

Arzt, Gunther, u.a. (1974): Entwurf eines Gesetzes gegen Ladendiebstahl (AE-GLD), Tübingen 1974.

Atkinson, Anthony/Stiglitz, Joseph E. (1980): Lectures on Public Economics, New York 1980.

Axelrod, Robert (1995): The Evolution of Cooperation, New York 1984, deutsch: Die Evolution der Kooperation, übersetzt mit einem Nachwort von Werner Raub und Thomas Voss, Studienausgabe, 3. Aufl., München/Wien 1995.

Bamberg, Günter/Coenenberg, Adolf (1992): Entscheidungstheorie, 7. Aufl., München 1992.

Barth, Klaus (1988): Betriebswirtschaftslehre des Handels, 1. Aufl., Wiesbaden 1988.

Beccaria, Cesare (1764): Dei Delitti E Delle Pene, Mailand 1764.

Becker, Gary S. (1965): A Theory of the Allocation of Time, in: Economic Journal, Vol. 75, 1965, S. 493-517.

171

Becker, Gary S. (1968): Crime and Punishment - An Economic Approach, in: Journal of Political Economy, Vol. 76, No. 2, March/April 1968, S. 169-217.

Becker, Gary S. (1976): Crime and Punishment - An Economic Approach, Reprint in: The Economic Approach to Human Behaviour, Chicago 1976, S. 39-85.

Bentham, Jeremy (1789): An Introduction to the Principles of Morals and Legislation, London 1789.

Berckhauer, Friedrich Helmut (1979): Kriminologische und kriminalpolititsche Aspekte des Ladendiebstahls, in: Problem Ladendiebstahl. Moderner Selbstbedienungsverkauf und Kriminalität, hrsg. von Armin Schoreit, Heidelberg 1979, S. 19-38.

Berlitz, Claus u.a. (1987): Grenzen der Generalprävention - Das Beispiel der Jugendkriminalität, in: Kriminologisches Journal, Nr. 1, 1987, S. 13-31.

Bidlingmaier, Johannes (1974): Einzelhandel, Betriebsformen des, in: Handwörterbuch der Absatzwirtschaft, hrsg. von Bruno Tietz, Stuttgart 1974, Sp. 526-546.

Blankenburg, Erhard (1979): Rechtspolitische Folgerungen aus einigen Ergebnissen der Kriminologie des Ladendiebstahls, in: Problem Ladendiebstahl. Moderner Selbstbedienungsverkauf und Kriminalität, hrsg. von Armin Schoreit, Heidelberg 1979, S. 39-49.

Böhler, Joachim (1993): Betriebsform, Wachstum und Wettbewerb, Wiesbaden 1993.

Bössmann, Eva (1979): Externe Effekte (I), in: Das Wirtschaftsstudium, Heft 2, 1979, S. 95-98.

Bohnenkamp, Ruth (1993): Richter entlarfen Langfinger im Supermarkt als Betrüger, Tagesspiegel, Nr. 24, 49. Jg., 13. Juni 1993, S. 43.

Bonus, Holger (1978): Ordnungspolitische Aspekte öffentlicher Güter, in: Neuere Entwicklungen in den Wirtschaftswissenschaften, hrsg. von E. Helmstädter, NF Bd. 98, Berlin 1978, S. 51-74.

Boulding, Kenneth E. (1968): Beitrag zu einer Friedenstheorie, in: Friedensforschung, hrsg. von Ekkehart Krippendorf, Köln/Berlin 1968.

Brand, Karl (1992): Geschichte der deutschen Volkswirtschaftslehre, Bd.1, Von der Scholastik bis zur klassischen Nationalökonomie, Freiburg i. Br. 1992.

Brockdorff, Cay Baron von, u.a. (1986): Tatort Modehaus: Ladendiebstahl im Textileinzelhandel: Tricks erkennen, Diebstahl verhindern, Verluste vermindern, Frankfurt am Main 1986.

Brümmerhoff, Dieter (1990): Finanzwissenschaft, 5. Aufl., München/Wien 1990.

Buddeberg, Hans (1959): Betriebslehre des Binnenhandels, Wiesbaden 1959.

Bundeskriminalamt (Hg.) (1993): Polizeiliche Kriminalsstatistik, Berichtsjahr 1992, Wiesbaden 1993.

Bundeskriminalamt (Hg.) (1994): Polizeiliche Kriminalstatistik, Berichtsjahr 1993, Wiesbaden 1994.

Coase, Ronald H. (1960): The Problem of Social Cost, in: Journal of Law and Economics, Vol. 3, 1960, S. 1-44.

Cohen, Percy S. (1980): Rationalität, in: Handbuch wissenschaftstheoretischer Begriffe, Band 3, hrsg. von Josef Speck, Göttingen 1980, S. 531-537.

Cole, Catherine (1989): Deterrence and Consumer Fraud, in: Journal of Retailing, Vol. 65, Iss. 1, Spring 1989, S. 107-120.

Cooter, Robert/Ulen, Thomas (1988): Law and Economics, Harper Collins Publishers 1988.

Corsten, Hans (1985): Die Produktion von Dienstleistungen. Grundzüge einer Produktionswirtschaftslehre des tertiären Sektors, Berlin 1985.

Corsten, Hans (1988): Betriebswirtschaftslehre der Dienstleistungsunternehmungen. Eine Einführung, München 1988.

Cox, Dena/Cox, Anthony, D./Moschis, George P. (1990): When Consumer Behavior goes bad: An investigation of Adolescent Shoplifting, in: Journal of Consumer Research, Vol. 17, Iss. 2, September 1990, S. 149-159.

Darby, Michael R./Karni, Edi (1973): Free Competition and the Optimal Amount of Fraud, in: Journal of Law and Economics, Vol. 16, 1973, S. 67-88.

Darrough, Masako N./Heineke, John M. (1978): The Multi-Output Translog Cost Function: The Case of Law Enforcement Agencies, in: Economic Models of Criminal Behavior, hrsg. von J.M. Heineke, Amsterdam u.a. 1978, S. 259-275.

Dawson, Scott (1993): Consumer Responses to Electronic Article Surveillance Alarms, in: Journal of Retailing, Vol. 69, Iss. 3, Fall 1993, S. 353-362.

Demsetz, Harold (1967): Toward a theory of property rights, in: AER, Papers and Proceedings, Vol. 57, Number 2, May 1967, S. 347-359.

Demsetz, Harold (1988): The Exchange and Enforcement of Property Rights, in: Ownership, Control, and the Firm - The Organization of Economic Activity, Volume I, hrsg. von Harold Demsetz, Reprint Journal of Law and Economics October 1964, Oxford/New York 1988, S. 31-46.

Diller, Hermann (1978): Ausstrahlungseffekte, in: WiSt, Heft 4, April 1978, S. 177-181.

Dörmann, Uwe (1979): Statistik des Ladendiebstahls, in: Problem Ladendiebstahl, hrsg. von Armin Schoreit, Heidelberg 1979, S. 51-67.

Dörre, Reinhard (1979): Ladendiebstahl - Die Problematik aus der Sicht des Einzelhandels, in: Problem Ladendiebstahl, hrsg. von Armin Schoreit, Heidelberg 1979, S. 69-76.

Ehrlich, Isaac (1981): On the Usefulness of Controlling Individuals: An Economic Analysis of Rehabilitation, Incapacitation and Deterrence, in: AER, Vol. 71, Nr. 3, June 1981, S. 307-322.

Ehrlich, Isaac (1987): Crime and Punishment, in: The New Palgrave, hrsg. von John Eatwell u.a., Vol. 1, London/Basingstoke 1987, S. 721-723.

173

Eisenberg, Ulrich (1990): Kriminologie, 3. Aufl., Köln u.a. 1990.

El-Dirghami, Amin (1974): Shoplifting Among Students, in: Journal of Retailing, Vol. 50, No. 3, Fall 1974, S. 33-42.

Emmerich, Volker (1994): Zur Zulässigkeit von Taschenkontrollen in einem Supermarkt, in: Juristische Schulung, Heft 5, 1994, S. 434-435.

Etzioni, Amitai (1988): The Moral Dimension. Toward a New Economics, New York/London 1988.

Fabrikant, Richard (1977): A Long Overdue Comment on Shoup's "Standards for Distributing a free Governmental Service: Crime Prevention", in: Public Finance, Vol. XXXII, No.1/1977, S. 111-118.

Falk, Bernd/Wolf, Jakob (1991): Handelsbetriebslehre, 10. Aufl., Landsberg am Lech 1991.

Fandel, Günter (1989): Produktion I: Produktions- und Kostentheorie, 2. Aufl., Berlin u.a. 1989.

Feichtinger, Gustav (1983): A Differential Games Solution to a Model of Competition between a Thief and the Police, in: Management Science, Vol. 29, Issue 6, June 1983, S. 686-699.

Frank, Robert H. (1987): If Homo Economicus Could Choose His Own Utility Function, Would He Want One with a Conscience?, in: AER, Vol. 77, 1987, S. 593-604.

Frank, Robert H. (1988): Beyond Self-Interest: Prisoner's Dilemmas and the Strategic Role of the Emotions, New York 1988.

French, Warren A., u.a. (1984): Retailers' Assessment of the Shoplifting Problem, in: Journal of Retailing, Vol. 60, No. 4, Winter 1984, S. 108-115.

Freter, Hermann (1983): Marktsegmentierung, Stuttgart u.a. 1983.

Friedman, David (1987): Law and Economics, in: The New Palgrave, hrsg. von John Eatwell u.a., Vol. 3, London/Basingstoke 1987, S. 144-147.

Friedman, Milton/Savage, Leonard H. (1948): The Utility Analysis of Choices Involving Risk, in: Journal of Political Economy, Vol. 56, 1948, S. 279-304.

Fudenberg, Drew/Tirole, Jean (1991): Game Theory, Cambridge 1991.

Füllkrug, Michael (1986a): Fangprämien für Ladendiebe, in: Kriminalistik, 40. Jg., 11/1986, S. 531-532.

Füllkrug, Michael (1986b): Freischuß für Ladendiebe - Versuch einer Versachlichung der Diskussion, in: Kriminalistik, 40. Jg., 6/1986, S. 319-321.

Furubotn, Eirik G./Pejovich, Svetozar (1974): Introduction (Chapter One): The New Property Rights Literature, in: The Economics of Property Rights, hrsg. von Eirik G. Furubotn und Svetozar Pejovich, Cambridge 1974, S. 1-9.

174

Gäfgen, Gerard (1984): Entwicklung und Stand der Theorie der Property Rights, Eine kritische Bestandsaufnahme, in: Ansprüche, Eigentums- und Verfügungsrechte, hrsg. von Manfred Neumann, Schriften des Vereins für Socialpolitik, N.F., Bd. 140, Berlin 1984, S. 43-62.

Giersberg, Georg (1994): Der kleine Ladendiebstahl soll nicht mehr bestraft werden, in: Frankfurter Allgemeine Zeitung, Nr. 236, 11. Oktober 1994, S. 27.

Gillig, Volker Kurt (1976): Soziologische Dimensionen der staatsanwaltlichen Ermittlungstätigkeit und Sanktionierungskriterien bei geringwertigen Ladendiebstahlsverfahren, Diss. Frankfurt am Main 1976.

Grasmick, Harold/Green, Donald (1981): Deterrence and the Morally Committed, in: Sociological Quarterly, Vol. 22, No. 1, 1981, S. 6.

Grohmann, Gisela (1973): Strafverfolgung und Strafvollzug. Eine ökonomische Analyse, Göttingen 1973.

Gümbel, Rudolf (1964): Die Bedeutung der Leerkosten für die Kostentheorie, in: ZfbF, 15. Jg. (1964), S. 65-81.

Gümbel, Rudolf (1985a): Handel, Markt und Ökonomik, Wiesbaden 1985.

Gümbel, Rudolf (1985b): Zur Verbindung von Handels- und Produktionsfunktionen, in: Information und Produktion, Festschrift für Waldemar Wittmann, hrsg. von Siegmar Stöppler, Stuttgart 1985, S. 125-146.

Gümbel, Rudolf (1992): Ökonomische Theorie und Handelsunternehmung, in: ZfB, 62. Jg., 1992, Heft 3, S. 335-356.

Gümbel, Rudolf/Stadler, Daniela (1988): Absatztheorie und Theorie der Verfügungsrechte, in: Betriebswirtschaftslehre und Theorie der Verfügungsrechte, hrsg. von Dietrich Budäus, Wiesbaden 1988, S. 173-195.

Guffey, Hugh J./Harris, James R./Laumer, J. Ford (1979): Shopper Attitudes Toward Shoplifting and Shoplifting Preventive Devices, in: Journal of Retailing, Vol. 55, No. 3, Fall 1979, S. 75-89.

Gutenberg, Erich (1983): Grundlagen der Betriebswirtschaftslehre, Erster Band - Die Produktion, 23. Aufl., Berlin u.a. 1983.

Häberle, Peter (1984): Vielfalt der Property Rights und der verfassungsrechtliche Eigentumsbegriff, in: Ansprüche, Eigentums- und Verfügungsrechte, hrsg. von Mafred Neumann, Schriften des Vereins für Socialpolitik, N.F., Bd. 140, Berlin 1984, S. 63-102.

Hansen, Ursula (1990): Absatz- und Beschaffungsmarketing des Einzelhandels: eine Aktionsanalyse, 2. Aufl., Göttingen 1990.

Hart, Oliver E. (1987): Incomplete Contracts, in: The New Palgrave Dictionary of Economics, hrsg. von John Eatwell u.a., Vol. 2, London/Basingstoke 1987, S. 752-759.

Hedderich, Rudolf (1984): Eine Erwiderung zu den Ausführungen von Barth, in: ZfB, 54. Jg., Heft 3, 1984, S. 299-301.

Hedderich, Rudolf (1986): Die Grundlagen des Handelsbetriebes, in: ZfB, 56. Jg., Heft 6, 1986, S. 484-499.

Heemeyer, Hermann (1981): Psychologische Marktforschung im Einzelhandel, Wiesbaden 1981.

Heineke, John M. (1978): Economic Models of Criminal Behavior: An Overview, in: Economic Models of Criminal Behavior, hrsg. von J.M. Heineke, Amsterdam/New York/Oxford 1978, S. 1-33.

Hellman, Daryl A./Alper, Neil O. (1990): Economics of Crime - Theory and Practice, 2. Aufl., Needham Heights 1990.

Hirshleiffer, J/Riley, S. (1979): The Analytics of Uncertainty and Information - An Expository Survey, in: Journal of Economic Literature, Vol. XVII (1979), S. 1375-1421.

Holler, Helmut (1990): Produktionsfunktion und Handelsbetrieb, Frankfurt am Main u.a. 1990.

Hollinger, Richard C./Clark, John P. (1983): Deterrence in the Workplace: Perceived Certainty, Perceived Severity, and Employee Theft, in: Social Forces, Vol. 62, 2, December 1983, S. 398-418.

Hopf, Michael (1983): Informationen für Märkte und Märkte für Informationen, Diss., Frankfurt am Main 1983.

Jotzo, Peter (1991): Ladendieben mit DISY noch zielgenauer auf der Spur, in: BAG-Nachrichten, 9/1991, S. 28-29.

Jung, Michael/Spremann, Klaus (1989): Transaktionsrisiken, in: ZfB, 59. Jg. Heft 1, 1989, S. 94-112.

Kaas, Klaus Peter (1987): Nachfragemodelle im Marketing, in: Marketing ZFP, Heft 4, November 1987, S. 229-236.

Kaas, Klaus Peter (1990): Marketing als Bewältigung von Informations- und Unsicherheitsproblemen im Markt, in: DBW 50, Nr. 4, (1990), S. 539-548.

Kaiser, Günther/Metzger-Pregizer, Gerhard (Hg.) (1976): Betriebsjustiz - Untersuchungen über die soziale Kontrolle abweichenden Verhaltens in Industriebetrieben, Berlin 1976.

Kaulmann, Thomas (1987): Property rights und Unternehmenstheorie, München 1987.

Klein, Benjamin, Crawford, Robert G., Alchian, Armen A. (1978): Vertical Integration, Appropriable Rents, and the Competitive Contracting Process, in: Journal of Law and Economics, Vol. 21, 1978, S. 297-326.

Kliemt, Hartmut (1993): Selbstbindung und Selbstverwirklichung - Ökonomische Analyse der Moral, in: Ökonomische Verhaltenstheorie, hrsg. von Bernd-Thomas Ramb und Manfred Tietzel, München 1993, S. 281-308.

Kossbiel, Hugo (1994): Überlegungen zur Effizienz betrieblicher Anreizsysteme, in: DBW, 54. Jg., Nr. 1, 1994, S. 75-93.

Kraut, Robert E. (1976): Deterrent and Definitional Influences on Shoplifting, in: Social Problems, Vol. 23, February 1976, S. 358-368.

Kroeber-Riel, Werner (1992): Konsumentenverhalten, 5. Aufl., München 1992.

Kromphardt, Jürgen (1987): Konzeptionen und Analysen des Kapitalismus, 2. Aufl., Göttingen 1987.

Kunz, Harald J. (1976): Die Ökonomik individueller und organisierter Kriminalität, Diss., Saarbrücken 1976.

Kunz, Harald J. (1993): Kriminalität, in: Ökonomische Verhaltenstheorie, hrsg. von Bernd-Thomas Ramb und Manfred Tietzel, München 1993, S. 181-206.

Laux, Helmut (1982): Entscheidungstheorie - Grundlagen, Berlin u.a. 1982.

Laux, Helmut (1990): Grundlagen der Organisation, 2. Aufl., Berlin u.a. 1990.

Leipold, Helmut (1978): Theorie der Property Rights: Forschungsziele und Anwendungsbereiche, in: WiSt, Heft 11, November 1978, S. 518-525.

Lerchenmüller, Michael (1995): Handelsbetriebslehre, 2. Aufl., Ludwigshafen 1995.

Lewison, Dale M./DeLozier, M. Wayne (1989): Retailing, 3. Aufl., Columbus u.a. 1989.

Lind, Robert/Lipsky, John (1971): The Measurement of Police Output: Conceptual Issues and Alternative Approaches, Law and Contemporary Problems, Autumn 1971, S. 566-588.

Loitz, Rolf/Bosch, Dieter (1994): "Einmal ist keinmal", in: BAG-Handelsmagazin, 11/1994, S. 18-20.

Loitz, Rolf/Loitz, Kurt-Michael (1987): So wehrt man sich gegen Ladendiebe: Arbeitsweise und Abwehr professioneller Ladendiebe, Köln 1987.

Loitz, Rolf/Loitz, Kurt-Michael (1990): Diebe greifen immer häufiger zu gesicherten Waren, in: BAG-Nachrichten, 4/1990, S. 12-14.

Luhmann, Niklas (1976): Funktionen und Folgen formaler Organisationen, 3. Aufl., Berlin 1976.

Maleri, Rudolf (1991): Grundlagen der Dienstleistungsproduktion, 2. Aufl., Berlin u.a. 1991.

Malinowski, Bronislaw (1951): Sitte und Verbrechen bei den Naturvölkern, Bern 1951.

March, James G./Simon, Herbert A. (1958): Organizations, New York u.a. 1958.

Marré, Heribert (1974): Handelsfunktionen, in: Handwörterbuch der Absatzwirtschaft, hrsg. von Bruno Tietz, Band 4, Stuttgart 1974, Sp. 709-720.

Mason, J. Barry / Morris, L. Mayer (1990): Modern Retailing - Theory and Practice, 5. Aufl., Homewood/Boston 1990.

Mehler, Klaus (1993): Wagenklau: Caddy für alles und jeden, in: Der Handel, Heft 4/1993, S. 32-33.

Meier, Gert (1974): Anspruchsverlust gegen Warendieb durch kalkulatorische Berücksichtigung von Manki?, in: BB, Heft 30, 30. Oktober 1974, S. 1376-1377.

Meurer, Dieter (1976): Die Bekämpfung des Ladendiebstahls. Wirtschaftlich-rechtliche Erwägungen und Daten zur kriminalpolitischen Situation, Berlin/New York 1976.

Michaelis, Jörg (1991): Kriminologisch-kriminalistische Aspekte des Ladendiebstahls unter besonderer Berücksichtigung des Warenhausdiebstahls, Frankfurt am Main u.a. 1991.

Minger, Helmar (1974): Normbruch und Sanktion, Faktoren der Überwachungseffizienz und Anzeige-Neigung bei Kaufhausdiebstählen, Diss. Erlangen-Nürnberg 1974.

Mishan, Edward J. (1971): The Postwar Literature on Externalities: An Interpretative Essay, in: Journal of Economics Literature, Vol. 9, 1971, S. 1-28.

Moxter, Adolf (1986): Bilanzlehre, Band 2, 3. Aufl., Wiesbaden 1986.

Müller-Hagedorn (1984): Handelsmarketing, Stuttgart u.a. 1984.

Murphy, Daniel J. (1986): Customers and Thieves: An Ethnography of Shoplifting, Hants/Brooksfield 1986.

Musgrave, Richard A. (1969): Finanztheorie (engl.: The Theory of Public Finance), 2. Aufl., Tübingen 1969.

Nash, John (1951): Non-Cooperative Games, Annals of Mathematics 54, 1951, S. 286-295.

Neumann, John von (1928): Zur Theorie der Gesellschaftsspiele, Mathematische Annalen 100, 1928, S. 295-320.

Neumann, John von/Morgenstern, Oskar (1944): The Theory of Games and Economic Behavior, Princeton 1944, deutsch: Spieltheorie und wirtschaftliches Verhalten, Würzburg 1961.

Neumann, Manfred (1988): Neoklassik, in: Geschichte der Nationalökonomie, hrsg. von Otmar Issing, 2. Aufl., München 1988, S. 209-224.

Nieschlag, Robert (1974): Betriebsformen, Dynamik der, in: Handwörterbuch der Absatzwirtschaft, hrsg. von Bruno Tietz, Band 4, Stuttgart 1974, Sp. 366-376.

Nieschlag, Robert/Dichtl, Erwin/Hörschgen, Hans (1991): Marketing, 16. Aufl., Berlin 1991.

Nowotny, Ewald (1991): Der öffentliche Sektor - Einführung in die Finanzwissenschaft, 2. Aufl., Berlin/Heidelberg 1991.

o. V. (1986a): Nur in 5% der Verurteilungen, in: Kriminalistik, 4/1986, S. 175.

o. V. (1986b): Freibrief?, in: Kriminalistik, 40. Jg., 4/1986, S. 175.

o. V. (1991a): Shoplifting in America: Krazy Kirk Meets Dr Shortage, in: Economist, Vol. 318, Issue 7690, Jan. 19, 1991, S. 65.

o. V. (1991b): Inventurdifferenzen - Warenhäuser verstärken Sicherungsmaßnahmen, in: BAG-Nachrichten, 9/1991, S. 27.

o. V. (1993a): Ein Desaster für die Ministerin, in: Der Handel, 11/1993, S. 16-18.

o. V. (1993b): Inventurdifferenzen - 1. Deutscher Management Congress - der 2. Seminartag, in: Wirtschaftsschutz & Sicherheitstechnik, Jan./Febr. 1993, S. 44-50.

o. V. (1993c): Zahl der Ladendiebstähle hat zugenommen, Frankfurter Allgemeine Zeitung, 8. Januar 1993, S. 11.

o. V. (1994): Inmitten des kriminellen Geschehens - eine BAG-Umfrage zu Ladendiebstahl und Inventurdifferenz, in: BAG-Handelsmagazin, 4/1994, S. 55-57.

o. V. (1995): Jetzt 15.772 Scannermärkte, in: Coorganisation, Heft 4/1995, S. 6.

Olson, Mancur (1968): Die Logik kollektiven Handelns - Kollektivgüter und die Theorie der Gruppen, Tübingen 1968.

Panne, Hans Joachim (1992): Detektive schneller am Einsatzort, in: Dynamik im Handel, 12/1992, S. 28-29.

Petersdorf-Campen, Wienand von (1994): Zeil-Kaufleute gründen Verein, Frankfurter Allgemeine Zeitung, 16. Februar 1994, Nr. 39, S. 34.

Phillips, Llad (1978): Factor Demands in the Provision of Public Safety, in: Economic Models of Criminal Behavior, hrsg. von J.M. Heineke, Amsterdam/New York/Oxford 1978, S. 211-258.

Piliavin, Irving, u.a. (1986): Crime, Deterrence and Rational Choice, in: American Sociological Review, Vol. 51, February 1986, S. 101-119.

Polinsky, A. Mitchell (1989): An Introduction to Law and Economics, 2. Aufl., Boston/Toronto 1989.

Posner, Richard A. (1986): Economic Analysis of Law, 3. Aufl., Boston 1986.

Pribram, Karl (1992): Geschichte des ökonomischen Denkens, Erster Band, übersetzt von Horst Brühmann, Frankfurt am Main 1992.

Pyle, David J. (1983): The Economics of Crime and Law Enforcement, London/Basingstoke 1983.

Quick, Reiner (1991): Grundsätze ordnungsmäßiger Inventurprüfung, Düsseldorf 1991.

Ribhege, Hermann (1993): Ökonomische Theorie der Familie, in: Ökonomische Verhaltenstheorie, hrsg. von Bernd-Thomas Ramb und Manfred Tietzel, München 1993, S. 63-87.

Richter, Rudolf (1991): Institutionenökonomische Aspekte der Theorie der Unternehmung, in: Betriebswirtschaftslehre und ökonomische Theorie, hrsg. von Dieter Ordelheide, Bernd Rudolph und Elke Büsselmann, Stuttgart 1991, S. 398-429.

Rieck, Christian (1993): Spieltheorie, Wiesbaden 1993.

Rössner, Dieter (1976): Bagatelldiebstahl und Verbrechenskontrolle - Ein exemplarischer Beitrag zur Entkriminalisierung durch quantitative Begrenzung des Strafrechts, Frankfurt am Main 1976.

Ross, Stephen A. (1973): The Economic Theory of Agency: The Principal's Problem, in: AER, Vol. 63, 1973, S. 134-139.

Rundverfügung des Justizministers von Nordrhein-Westfalen vom 2. Dezember 1985 (4001 - III A. 153) über die Einstellung von Ermittlungsverfahren nach §§ 153 Abs. 1, 153a Abs. 1 StPO.

Russell, Donald H. (1973): Emotional Aspects of Shoplifting, in: Psychiatric Annals, Vol. 3, May 1973, S. 77-79.

Sahlins, Marshall (1981): Stone Age Economics, London 1972, Reprint 1981.

Samuelson, Paul A. (1954): The Pure Theory of Public Expenditure, in: Review of Economics and Statistics, Vol. 36, 1954, S. 387-389.

Schellhoss, Hartmut (1985): Kriminalökonomie, in: Kleines Kriminologisches Wörterbuch, hrsg. von Günther Kaiser u.a., Heidelberg 1985, S. 244-248.

Schmechtig, Brigitte (1982): Personaldelikte - Parallelen und Abweichungen zum Ladendiebstahl, Diss., Marburg 1982.

Schmidt, Peter/Witte, Ann D. (1984): An Economic Analysis of Crime and Justice, Orlando u.a. 1984.

Schmidt, Reinhard H. (1980): Ökonomische Analyse des Insolvenzrechts, Wiesbaden 1980.

Schmidt, Reinhard H. (1986): Grundzüge der Investitions- und Finanzierungstheorie, 2. Aufl., Wiesbaden 1986.

Schneeweiss, Hans (1967): Entscheidungskriterien bei Risiko, Berlin u.a. 1967.

Schneider, Hans Joachim (1987): Kriminologie, Berlin/New York 1987.

Schoreit, Armin (1979): Kriminalpolitische Konsequenzen aus den Ergebnissen der Kriminalstatistik und der Dunkelfeldforschung für den Bereich der Ladendiebstahlskriminalität, in: Problem Ladendiebstahl. Moderner Selbstbedienungsverkauf und Kriminalität, hrsg. von Armin Schoreit, Heidelberg 1979, S. 99ff.

Schroeder, Friedrich-Christian (1974): Legalitäts- und Opportunitätsprinzip heute, in: Einheit und Vielfalt des Strafrechts, hrsg. von Jürgen Baumann und Klaus Tiedemann, Tübingen 1974, S. 411-427.

Schuhmann, Jochen (1987): Grundzüge der mikroökonomischen Theorie, 5. Aufl., Berlin u.a. 1987.

Schulte, Egon/Simmet, Heike (1991): Kosteneinsparungen durch Synergieeffekte - Elektronische Artikelsicherung und Warenwirtschaft, in: Dynamik im Handel, 3/1991, S. 60-62.

Schwab, Dieter (1987): Einführung in das Zivilrecht, 7. Aufl., Heidelberg 1987.

Schwarz, Wilfried (1992): Langfristige Erfolge entscheidend - Erfahrungen der Kaufring AG mit Artikelsicherungssystemen, in: Dynamik im Handel, 12/1992, S. 30-31.

Scitovsky, Tibor (1954): Two Concepts of External Economics, in: Journal of Political Economy, Vol. 62, 1954, S. 143-151.

Selten, Reinhard (1977): A Simple Model of Kidnapping, in: R. Henn/O. Moeschlin (eds.), Mathematical Economics and Game Theory, Lecture Note in Economics and Mathematical Systems 141, Berlin u. a. 1977, S. 139-155.

Selten, Reinhard (1990): Bounded Rationality, in: JITE, Vol. 146, No. 4, December 1990, S. 649-658.

Seyffert, Rudolf (1951): Wirtschaftslehre des Handels, Köln/Opladen 1951.

Shoup, Carl S. (1964): Standards for Distributing a Free Governmental Service: Crime Prevention, in: Public Finance, Vol. 19, 1964, S. 383-392.

Shoup, Carl S. (1988): Distribution of Benefits from Government Services: Horizontal Equity, in: Public Finance, Vol. XXX, No 1/1988, S. 1-18.

Simon, Herbert A. (1987): Bounded Rationality, in: The New Palgrave: A Dictionary of Economics, hrsg. von John Eatwell u.a., Vol. 1, A-D, London/Basingstoke 1987, S. 266-268.

Simon, Hermann (1985): Goodwill und Marketingstrategie, Wiesbaden 1985.

Skogh, Göran (1973): Straffrätt och samhällsekonomi, Lund Economic Studies, (mit Zusammenfassung in englischer Sprache), Lund/Schweden 1973.

Smith, Adam (1789): Der Wohlstand der Nationen (Inquiry into the Nature and Causes of the Wealth of Nations, deutsch), aus dem Englischen übertragen nach der 5. Aufl. 1789 von Horst C. Recktenwald, 4. Aufl., München 1988.

Solomon, David J. (1987): Hotlines and Hefty Rewards: Retailers Step Up Efforts to Curb Employee Theft, Wall Street Journal, 17. September 1987, S. 37.

Spence, Michael A. (1976): Informational Aspects of Market Structure: An Introduction, in: Quarterly Journal of Economics, 90. Jg., 1976, S. 591-597.

Spremann, Klaus (1990): Asymmetrische Information, in: ZfB, 60. Jg., Heft 5/6, 1990, S. 561-586.

Staehle, Wolfgang (1991): Management, 6. Aufl., München 1991.

Stahlknecht, Peter (1995): Einführung in die Wirtschaftsinformatik, 7. Aufl., Berlin u. a. 1995.

Statistisches Bundesamt (Hrsg.) (1993): Handels- und Gaststättenzählung, Fachserie 6, Wiesbaden 1993.

Sternberg, Hans (1990): Warenwirtschaftssysteme, in: Handbuch Wirtschaftsinformatik, hrsg. von Karl Kurbel und Horst Strunz, Stuttgart 1990, S. 100-118.

Stigler, George (1970): The Optimum Enforcement of Law, in: Journal of Political Economy, Vol. 78, No. 3, May/June 1970, S. 526-536.

Thorndike, Edward L. (1913): The Psychology of Learning, Vol. II, New York 1913.

Thorp, John (1983): Akrasia, in: The Encyclopedic Dictionary of Psychology, hrsg. von Rom Harré and Roger Lamb, Oxford 1983.

Tietz, Bruno (1985): Der Handelsbetrieb, 1. Aufl., München 1985.

Tietz, Bruno (1993): Der Handelsbetrieb, 2. Aufl., München 1993.

Tietz, Reinhard (1990): On Bounded Rationality: Experimental Work at the University of Frankfurt/Main, in: JITE, Vol. 146, 1990, S. 659-672.

Tilch, Horst (Hg.) (1992a), 'Ladendiebstahl', in: Deutsches Rechts-Lexikon, Band 2, 2. Aufl., München 1992, S. 832.

Tilch, Horst (Hg.) (1992b): 'Bagatellsache', in: Deutsches Rechts-Lexikon, Band 1, 2. Aufl., München 1992, S. 456.

Tilch, Horst (Hg.) (1992c): 'Hausfriedensbruch', in: Deutsches Rechts-Lexikon, Band 2, 2. Aufl., München 1992, S. 414.

Triandis, Harry C. (1975): Einstellungen und Einstellungsänderungen, Weinheim/Basel 1975.

Tullock, Gordon (1967): The Welfare Cost of Tariffs, Monopoly, and Theft, in: Western Economic Journal, Vol. 5, No. 3, June 1967, S. 224-232.

Tullock, Gordon (1987): The Logic of the Law, Basic Books, 1971, Reprint, Fairfax 1987.

Votey, Harold L./Phillips, Llad (1972): Police Effectiveness and the Production Function for Law Enforcement, in: Journal of Legal Studies, Vol. 1, No. 2, June 1972, S. 423-436.

Wagner, Joachim (1979): Staatliche Sanktionspraxis beim Ladendiebstahl, Eine kriminologische, kriminalpolitische und strafrechtsdogmatische Untersuchung, unter Mitarbeit von Joachim Brand, Göttingen 1979.

Weinberg, Peter (1986): Erlebnisorientierte Einkaufsstättengestaltung im Einzelhandel, in: Marketing ZFP, Heft 2, Mai 1986, S. 97-102.

Weinberger, Anton Jacob (1993): "Die Prävention ist für uns das wichtigste", Frankfurter Allgemeine Zeitung, Rhein-Main, 13. Juli 1993, Nr. 159, S. 34.

Weinblatt, J. u.a. (1983): Crime Prevention Policies and Externalities: A Theoretical Analysis, in: Public Finance, Vol. 38, No. 1/1983, S. 110-131.

Weise, Peter (1995): Elemente einer evolutiven Theorie der Moral, in: Studien zur Evolutorischen Ökonomik III, hrsg. von Adolf Wagner und Hans Walter Lorenz, Berlin 1995, S. 35-57.

Weisenberger, Kurt (1984): Welchen Verdrängungseffekt haben gesicherte Geschäfte?, in: BAG-Nachrichten, Nr. 9, 1984, S. 16.

Weisenberger, Kurt (1988): Müssen alle Artikel mit Spezialetiketten gesichert werden?, in: BAG-Nachrichten, 9/1988, S. 25.

Wellenreuther, Hans (1982): Die Wirkungen öffentlicher Güter - untersucht am Beispiel von Fußgängerbereichen, Berlin 1982.

Wenger, Ekkehard/Terberger, Eva (1988): Die Beziehung zwischen Agent und Prinzipal als Baustein einer ökonomischen Theorie der Organisation, in: WiSt, Heft 10, Oktober 1988, S. 506-514.

Wiese, Harald (1994): Ökonomie des Lügens und Betrügens, in: Kölner Zeitschrift für Soziologie und Sozialpsychologie, Jg. 46, Heft 1, 1994, S. 65-79.

Wilcke, Hans-Jürgen (1994): Die Diebes-Detektoren, in: Einzelhandelsberater, 37. Jg., Nr. 3, März 1994, S. 58-62.

Wilkes, Robert (1978): Fraudulent Behavior by Consumers, in: Journal of Marketing, Vol. 42, October 1978, S. 67-74.

Williamson, Oliver E. (1990): Die ökonomischen Institutionen des Kapitalismus: Unternehmen, Märkte, Kooperationen, Tübingen 1990.

Wirsching, Rainer W. (1984a): Vorsicht an der Kasse: Methoden und Tricks betrügerischer Kunden, Frankfurt am Main 1984.

Wirsching, Rainer W. (1984b): Inventurdifferenzen. 300 Fälle aus der Praxis. Erkennung, Analyse, Beseitigung., Frankfurt am Main 1984.

Wirsching, Rainer W. (1985): Die unheimlichen Aufpasser: Warensicherungssysteme gegen Ladendiebstahl, Ingelheim 1985.

Wirsching, Rainer W. (1986): Den Schnüfflern auf der Spur - Die geheimnisvolle Branche der Detektive, Ingelheim 1986.

Witt, Ulrich (1995): Moralität vs. Rationalität - Über die Rolle von Innovation und Imitation in einem alten Dilemma, in: Studien zur Evolutorischen Ökonomik III, hrsg. von Adolf Wagner und Hans Walter Lorenz, Berlin 1995, S. 11-33.

Woratschek, Herbert (1992): Betriebsform, Markt und Strategie, Wiesbaden 1992.

Zellekens, Hermann-Josef (1992): Breites Fehlerspektrum - Inventurdifferenzen "in der Totale", in: Dynamik im Handel, 1/1992, S. 44-46.

Zipf, Heinz (1974): Kriminalpolitische Überlegungen zum Legalitätsprinzip, in: Einheit und Vielfalt des Strafrechts, hrsg. von Jürgen Baumann und Klaus Tiedemann, Tübingen 1974, S. 487-502.

Zöllner, Rolf-Dieter (1977): Der Ladendiebstahl als betriebswirtschaftliches Problem im Einzelhandel, Diss. Köln 1976, Köln 1977.

Zöllner, Rolf-Dieter (1979): Der Ladendiebstahl als betriebswirtschaftliches Problem im Einzelhandel, in: FfH-Mitteilungen, Neue Folge, XX/2, Februar 1979, S. 1-9.

Aus unserem Programm

Heiko Fischer
Countertrade im Osthandel
Gegenwärtige und zukünftige Bedeutung des
Kompensationshandels mit den GUS-Staaten
1996. XVIII, 302 Seiten, Broschur DM 98,-/ ÖS 715,-/ SFr 89,-
GABLER EDITION WISSENSCHAFT
ISBN 3-8244-6376-8
Eine Gegenüberstellung der Transformationsprobleme der GUS-
Staaten mit den allgemein als Countertrade-auslösend anerkannten
makroökonomischen Faktoren zeigt, daß Kompensationsgeschäfte
nach wie vor eine zentrale Rolle für die Volkswirtschaften spielen.

Michael Froböse
Mikrogeographische Segmentierung von Einzelhandelsmärkten
1995. XII, 341 Seiten, 29 Abb., 18 Tab.,
Broschur DM 118,-/ ÖS 861,-/ SFr 105,-
DUV Wirtschaftswissenschaft
ISBN 3-8244-0233-5
Die Arbeit zeigt, für welche Einzelhandels-Betriebstypen und wie mi-
krogeographische Segmentierungssysteme genutzt werden können.

Albert Gamper
Erfolgsfaktoren im internationalen Handel
Das Beispiel europäischer Trading-Houses
1996. XXII, 300 Seiten, Broschur DM 98,-/ ÖS 715,-/ SFr 89,-
GABLER EDITION WISSENSCHAFT
ISBN 3-8244-6358-X
A. Gamper zeigt am Beispiel europäischer Trading-Houses theore-
tisch und empirisch die Erfolgsfaktoren auf, die das Überleben die-
ser Unternehmungen sichern.

Regine Kalka
Marketingerfolgsfaktoren im Facheinzelhandel
1996. XXII, 315 Seiten, Broschur DM 98,-/ ÖS 715,-/ SFr 89,-
GABLER EDITION WISSENSCHAFT
ISBN 3-8244-6356-3
Regine Kalka untersucht, wie sich der Facheinzelhandel trotz zu-
nehmendem Verdrängungswettbewerb am Markt behaupten kann.

DUV DeutscherUniversitätsVerlag
GABLER · VIEWEG · WESTDEUTSCHER VERLAG

Hendrik Meyer-Ohle
Dynamik im japanischen Einzelhandel
Einführung, Durchsetzung und Fortentwicklung neuer Betriebstypen
1954 bis 1994
1995. XVII, 233 Seiten, Broschur DM 98,-/ ÖS 715,-/ SFr 89,-
GABLER EDITION WISSENSCHAFT
ISBN 3-8244-6157-9
Das Buch analysiert den Entwicklungsprozeß des japanischen Einzelhandels. Als Fazit kann festgehalten werden, daß sich durch
vielfältige Innovations- und Anpassungsprozesse moderne Betriebstypen im japanischen Einzelhandel durchsetzen konnten.

Achim Petri
Geldautomatenmißbrauch aus juristischer Sicht
1993. XVIII, 185 Seiten, Broschur DM 89,-/ ÖS 650,-/ SFr 81,-
DUV Wirtschaftswissenschaft
ISBN 3-8244-0134-7
Neben den kriminologischen und kriminalistischen Untersuchungen
liegt der Schwerpunkt der Arbeit auf der Frage nach der Strafbarkeit
des unbefugten Benutzens einer fremden Codekarte, vor und nach
Inkrafttreten des 2. Gesetzes zur Bekämpfung der Wirtschaftskrimi-
nalität.

Michaela Stoffl
Personalmanagement in Großbetrieben des Einzelhandels
1996. XX, 356 Seiten, Broschur DM 118,-/ ÖS 861,-/ SFr 105,-
GABLER EDITION WISSENSCHAFT
ISBN 3-8244-6384-9
M. Stoffl systematisiert auf Basis einer Bedarfsplanung mögliche
Ansätze zur Steuerung der Personalkapazitäten. Im Mittelpunkt der
Betrachtung stehen drei einzelhandelsspezifische Ansätze zur Öko-
nomisierung des Faktors Arbeit.

Die Bücher erhalten Sie in Ihrer Buchhandlung!
Unser Verlagsverzeichnis können Sie anfordern bei:

Deutscher Universitäts-Verlag
Postfach 30 09 44
51338 Leverkusen

If you have any queries about our products
you can contact us at
Product-Safety@springernature.com

In case the product is a printed item outside the EU,
the EU authorised representative is
Springer Nature Customer Service Center GmbH
Europaplatz 3, 69115 Heidelberg, Germany

Printed by Elke Bange GmbH
in Limburg, Germany